突发事件应急物资的储备与治理优化策略

郭　影　孟庆春　著

科学出版社

北　京

内 容 简 介

本书针对固定保质期应急物资缺货与过期风险并存这一困境,验证应急物资储备治理策略的可行性和有效性,进而给出不同治理策略的应用边界。首先,基于应急物资储备系统面临的应急需求多维不确定环境,构建自由分布规划模型;其次,探索面向消费者和面向企业的销售策略下应急物资储备优化决策;再次,分析补贴协同治理策略下应急物资储备优化决策,并界定剩余应急物资销售策略与补贴协同治理策略的比较优势;最后,给出剩余应急物资销售策略的实施框架。

本书适合管理科学与工程、工商管理、系统工程、应急管理等领域的教研人员、研究生、本科生阅读参考。同时,本书也可为从事物流管理、应急管理的实践人员提供一定的决策参考。

图书在版编目(CIP)数据

突发事件应急物资的储备与治理优化策略 / 郭影,孟庆春著. -- 北京:科学出版社, 2025.3. -- ISBN 978-7-03-081311-4

Ⅰ. F253

中国国家版本馆 CIP 数据核字第 2025HZ9663 号

责任编辑:陈会迎 / 责任校对:姜丽策
责任印制:张 伟 / 封面设计:有道设计

科 学 出 版 社 出版

北京东黄城根北街 16 号
邮政编码:100717
http://www.sciencep.com

北京九州迅驰传媒文化有限公司印刷
科学出版社发行 各地新华书店经销

*

2025 年 3 月第 一 版 开本:720×1000 1/16
2025 年 3 月第一次印刷 印张:12 1/4
字数:245 000

定价:136.00 元

(如有印装质量问题,我社负责调换)

前　　言

党的十八大以来，以习近平同志为核心的党中央对应急管理工作高度重视。2022 年 10 月应急管理部等四部委印发的《"十四五"应急物资保障规划》指出，中央及地方各级应急物资储备库有力应对了 2008 年汶川地震、2021 年河南郑州"7·20"特大暴雨灾害等一系列重特大灾害事故。然而，人民日益增长的美好生活需要对应急物资保障提出更高要求，对应急物资保障时效和水平以及应急救灾物资的品种、质量、款式等提出了更高的要求。实践中，应急物资储备存在大量过期浪费和应急保障能力不足问题，比如，加拿大安大略省 5500 万个 N95 口罩的过期以及全球抗击新冠疫情突发公共卫生事件初期的医疗物资短缺等。

2019 年 2 月 26 日美国全国公共广播电台（National Public Radio）发布了"拖车房、帐篷之类：用剩的救灾物资怎么办？"的消息，报道了美国联邦应急管理局（Federal Emergency Management Agency）计划拍卖救援飓风灾难剩余的拖车房，而由此引发一系列争议与不满。2020 年 1 月武汉市商务局向市民出售山东寿光抗疫驰援武汉的捐赠应急蔬菜，虽有法律（《中华人民共和国公益事业捐赠法》第十七条：对于不易储存、运输和超过实际需要的受赠财产，受赠人可以变卖，所取得的全部收入，应当用于捐赠目的）的支持，但也引起了一些网络讨论。事实上在我国，通过拍卖竞价轮换中央储备粮棉以及中央储备冻牛羊肉已获得成功实践，如 2023 年 10 月拍卖轮换中央储备粮 167 388 吨。此外，2023 年我国地方各级政府及应急管理部门开始探索面向社会公众拍卖报废应急物资，例如，10 月江西省奉新县应急管理局面向社会个体或法人单位公开拍卖一批报废应急物资，11 月河南省博爱县政府面向社会公民拍卖应急隔离方舱等。因此，用剩的或临期的应急物资是否可以销售给消费者？用剩的或临期的应急物资销售给企业能否提升应急物资治理效果？与此同时，近年来兴起的应急物资储备管理理论重视政企合作协同，在增加应急保障能力的同时，利用市场需求缓解固定保质期（fixed-lifetime）应急物资的严重过期浪费现象。所以，应急物资销售策略与基于政府补贴的政企协同治理策略（简称补贴协同治理策略）是否存在替代或者互补效应？各自应用边界又是什么？

本书针对这一系列问题，系统分析了应急物资库存管理相关研究，结合实践观察，归纳出理论研究在实践应用中的挑战，包括难以精准估计应急需求分布函数、忽略政企协同治理中应急救援规定等。以实施应急物资销售策略争议性的问题为切入点，探究了销售策略的可行性和有效性，即对应急物资储备治理效果的增值作用，为应急物资销售策略的争议性实施提供证据支撑，同时为应急物资储备依据保障能力与过期浪费制定或选择相应的治理策略提供指导。主要工作包括以下内容。

（1）针对应急需求分布函数未知在实践应用中的挑战，构建了自由分布应急库存规划模型，实现了仅已知随机变量的均值与上下界分布信息的可靠决策。在应急管理优化模型中，学者大多假设随机应急需求分布信息已知，而实践中难以精准地估计随机变量分布全部信息，特别是在数据较少的应急环境中更是如此。本书给出成本目标所有可能中的最好与最坏结果，在 Hurwicz（赫维兹）准则下进行决策。研究发现，自由分布应急库存规划模型具有稳定性或鲁棒性。

（2）针对应急管理部门或应急组织销售用剩或临期应急物资在实践中的争议性问题，设计了应急物资销售策略，并探究了其对应急供给能力与过期浪费的影响，根据美国联邦应急管理局和我国中央储备物资的销售实践，将销售策略分为面向消费者、面向企业两种销售方式，分别研究了两种销售方式下的库存决策，不同的是面向消费者销售时需要考虑消费者的公益偏好，而面向企业销售时则需要考虑应急储备中心的批发价格，具体包括两个方面。

第一，考虑应急需求数量与应急需求时间间隔的随机性，基于消费者公益偏好，构建用剩或临期应急物资面向消费者销售的库存模型。为解决销售策略的争议性，同时构建被动接受策略、捐赠策略下的库存模型，以应急储备中心期望成本、销售企业利润、消费者剩余组成的社会整体价值为目标，采用自由分布优化方法，分析销售策略的适用条件。结果发现，销售策略总是优于被动接受策略，在经济不发达地区，具有人道主义救助精神的捐赠策略的治理效果更好。

第二，引入应急储备中心与销售企业的互动关系，建立了用剩或临期应急物资面向企业销售的库存模型。结果发现，面向企业的销售策略可以同时降低过期风险与缺货风险，而面向企业销售策略顺利实施的前提条件是应急储备中心设定的足够小的批发价格，初步验证了政企合作治理在一定条件下的有效性。

（3）鉴于政企合作治理的常用性与有效性，在中国政府应急救援的"应急物资协议储备和集中生产调度""社会应急物资征用补偿""应急期间实行先征用后结算的办法""对国家粮食和物资储备局委托相关单位代储的物资保管费补贴"等规定下，设计了补贴协同治理策略。一方面，探索补贴协同治理策略的有效性，另一方面，对比说明补贴协同治理策略与销售策略的优势范围，进一步探究政企协同治理下引入销售策略的有效性，具体包括下述两个方面。

第一，在政企合作治理方式下，构建补贴契约下的应急库存随机模型，分析政府补贴契约对政企合作治理的协调作用，剖析补贴协同治理策略对应急物资储备治理的效果，给出销售策略与补贴协同治理策略优势条件。理论分析结果验证了补贴契约对政企协同治理系统的协调性，以及不同治理策略之间存在应用边界，为进一步探究协同治理下引入销售策略提供基础。

第二，已有研究证明多种策略混合治理比单一策略更有效，因此，本书尝试在补贴协同治理策略的基础上引入面向消费者销售策略，构建了基于销售与补贴协同治理的混合策略，即补贴协同治理下的销售策略，设计了近似算法。分析发现，关键性强的应急物资或者发生频率高的事故风险地区，引入销售策略是有利的。

本书的主要创新之处在于：①基于销售用剩或临期应急物资的争议性，设计了面向消费者与面向企业的销售策略，探索了其治理的优势条件，为应急物资销售策略的实施提供依据。②鉴于政企合作治理的有效性，在"代储物资补贴""征用补偿管理"等政策下，提出了补贴协同治理策略，设计了政企协同治理下的销售策略，探析了应急物资储备不同治理策略的应用边界。③考虑应急需求分布函数难以估计的特征，给出了部分需求分布信息下的应急库存规划方法。

本书的主要内容包括以下几个方面。

第一，从总体上介绍本书的研究背景，回顾应急物资储备及其治理的重要性，介绍近期研究的现状并梳理分析在实践应用中存在的问题和挑战，最后简述本书的主要创新点和工作。

第二，扩展过去的研究，构建一个应急需求数量和应急需求时间间隔双重不确定的报童模型，将不确定变量的分布信息界定为均值和上下界，并由此得到一种简单易行的规划求解方法。

第三，从剩余应急物资面向消费者视角出发，提出在消费者公益偏好影响下应急物资需求和库存状态的变化，构建应急物资面向消费者销售的库存规划模型，进而可以确定该销售策略的可行性和有效性。

第四，考虑到应急物资面向消费者销售对企业的挤占效应和不确定转移效应，建立剩余应急物资面向企业销售的库存规划模型，其主要目的是初步探索政府与企业合作治理的条件基础。

第五，鉴于政企协同治理方式的鼓励式发展，研究补贴协同治理策略的效果，进而分析政府补贴对政企协同治理系统的协调作用。与此同时，分析面向消费者销售策略对此策略的替代或互补效应。

第六，探讨补贴协同治理下引入面向消费者销售策略的问题，基于模型求解的复杂性，给出约束空间紧缩的算法，并综合性界定了捐赠策略、补贴协同治理策略、销售策略、补贴协同治理与销售的混合策略等治理策略的应用边界。

第七，对本书的相关研究进行总结，并且讨论今后可能的发展方向。

本书出版得到了国家自然科学基金青年项目"未知分布条件下应急物资销售

式轮储策略研究"（项目批准号：72104131）、国家自然科学基金重点项目"全时域视角下重大突发事件应急响应与协同决策机制研究"（项目批准号：72134004）和山东省自然科学基金项目"重大突发事件下应急医疗物资的企业转扩产策略研究"（项目批准号：ZR2024QG196）的资助。

限于著者的学术能力和知识经验，本书一定还有不足之处，敬请各位读者批评指正。谨致谢忱！

郭　影　孟庆春

2024 年 3 月

目　　录

第1章 突发事件应急物资储备系统概述

1.1 应急物资储备重要性及其困境

打突发事件响应保卫战，实际上是打应急物资后勤保障战。对于 2019 年底暴发的重大公共卫生事件，在应急响应过程中，医疗设备、病毒防护服、消毒液、口罩等应急物资频频告急，反映了国家应急物资保障体系存在短板（Sodhi and Tang，2022），同时也说明建立科学有效的应急物资保障体系，是提高突发事件应对处置能力的基础和重要前提。2022 年 10 月印发的《"十四五"应急物资保障规划》强调，应急物资保障是国家应急管理体系和能力建设的重要内容。因此，研究应急物资储备及其治理优化策略，可以帮助应急管理部门从体制机制上补齐应急物资保障体系的短板，有利于提高应急组织应对重大突发事件的能力。

应急准备阶段的应急物资储备是应急响应及恢复阶段的关键前提，鉴于突发事故发生时间、发生需求与发生地点的不确定性，应急物资的提前储备可以有效缩短救援反应时间、提高救援效率（Campbell and Jones，2011；Balcik et al.，2010；Duran et al.，2011；Richardson et al.，2016）。所以，应急物资的战略性储备已成为应急管理中的重要工具，被应急组织广泛使用。例如，红十字会与红新月会国际联合会（International Federation of Red Cross and Red Crescent Societies）、世界粮食计划署（World Food Programme）、无国界医生（法文名称：Médecins Sans Frontières）等大型国际应急组织均建立了基本应急物资库存系统；我国民政部与财政部在 1998 年设立了应急物资储备制度，即救灾储备物资以地方政府储备为主，确保每年都储备一定数量的帐篷、被服、食品、饮水、照明取暖设备、消毒药、防护用品、急救药品等救灾应急物资。

然而，应急物资的库存控制对管理者和研究者造成很大困扰。一方面，如果应急需求数量较大，应急物资储备有可能不能满足应急需求而造成缺货，不能有效控制灾难损失，带来严重的负面影响，如重大突发公共卫生事件期间物资短缺造成市民极度恐慌，进而增加市场混乱。另一方面，由于应急物资的需求发生概率低以及物资保质期的限制，若应急管理部门或应急组织储备大量物资，一旦在保质期限内需求没有发生，势必会因物资损耗而造成物力财力的浪费。事实上，新西兰政府应急储备中心倾倒了 150 万剂过期抗流感药品，英国政府应急储备中心也面临着价值 1.5 亿美元流感药的过期浪费（Duff，2014），澳大利亚政府应急储备中心由于应急物资过期产生 20 亿美元的损失（Zhou and Olsen，2017），美国国家安全局的储备物资中超过 80%的医疗物资面临过期浪费（Zhou and Olsen，2018），我国每年药品过期浪费 1.5 万吨。但是，过期浪费问题不仅存在于应急医疗物资存储过程中，也包括饮用水、速食品等保质期较短的应急物资（Whybark，2007）。此外，应急救援用剩的应急物资，也会由于处置不当而存在浪费。这说明了应急物资储备面临缺货风险与过期风险并存的管理困境，同时也说明应急物资储备治理策略研究对完善我国应急物资储备保障体系、提高应对重大突发事件的能力、降低剩余应急物资的过期浪费，均有重要的意义。

1.2 应急物资储备的治理优化实践

为缓解这种应急物资储备管理困境，实践界与学术界尝试研究了多种治理策略，包括捐赠策略、补贴协同治理策略等。比如，中国红十字会相关人员表示，救援结束后用剩的救援物资，在征求捐献者同意的前提下，可以转赠给其他非营利组织或者过期处理；无国界医生组织后勤主管表示，一旦危机结束或到了缩减规模的时候，他们团队则计划将用剩的药品、医疗设备和帐篷捐赠给需要的组织或个人。在我国，一方面，中央政府储备的战略储备粮，通过拍卖竞价完成在计划规定的时间内的轮换，进而实现政府储备组织与企业的销售互动。另一方面，《中华人民共和国突发事件应对法》[①]第三十二条与第五十二条规定，"与有关企业签订协议，保障应急救援物资、生活必需品和应急处置装备的生产、供给"，以及"必要时可以向单位和个人征用应急救援所需设备、设施、场地、交通工具和其他物资"。我国民政部或各级地方政府应急救援建议"在适量存储的基础上，与有关企业签订应急供货协议，应急期间实行先征用后结算的办法"[②]。上述操作实践以及政策规定准则彰显了我国应急物资储备在现实实践中常采用政府鼓励企业参与的治理方式。政企合作治理方式有多种实现策略，包括竞价拍卖、预付款、弹性数量、期权、奖励、外包等（Liang et al.，2012；Balcik and Ak，2014；Wang et al.，2016；Liu et al.，2019），以及横向库存调拨合作（Schulz and Blecken，2010；Yadavalli et al.，2015；Toyasaki et al.，2017）。政企合作治理可以在一定条件下降低政府应急物资库存水平，进而降低过期损失。

近些年，一个新的应急物资储备治理策略的出现被逐渐被关注。2019 年 2 月美国联邦应急管理局计划开始拍卖飓风灾难救援剩余的应急物资——拖车房。然

---

① 《中华人民共和国突发事件应对法（主席令第六十九号）》，https://www.gov.cn/zhengce/2007-08/30/content_2602205.htm?from=groupmessage&isappinstalled=0，2024 年 3 月 28 日。

② 《转发关于印发救灾应急物资协议储备工作指导意见的通知》，https://yjj.huaian.gov.cn/content/article/132780084，2024 年 3 月 28 日。

而，这种销售拍卖策略引起了较大的社会争议，许多公益组织负责人认为"还没有见到过不是捐赠而是销售的方式"。2020 年初武汉市商务局销售受赠蔬菜等生活物资，也引起了网友强烈的谴责与质疑。2023 年开始我国地方应急管理部门开始尝试探索面向社会公开拍卖报废应急物资的处置模式，比如，2023 年 10 月 31 日江西省奉新县应急管理局面向社会个体或单位公开拍卖一批报废应急物资[①]；河南省博爱县人民政府委托焦作市正大拍卖有限责任公司，自 2023 年 11 月 2 日开始至2024 年 12 月 31 日每周五公开向社会合法公民或法人单位拍卖应急隔离方舱一批（每套方舱含方舱箱体、挂机空调、铁床、坐便器、热水器等设施，单个整体出让）[②]，但这些拍卖实施过程还未被个体消费者关注与熟识。可见，应急物资直接销售策略在国内外应急物资管理实践应用中还未形成普遍的统一认知和支持，但针对应急物资销售并没有明确法律规定禁止，说明应急物资销售策略具有可操作性。所以，以实现过期浪费的降低与应急供给能力的提高为判断标准，应急储备中心面向市场实施销售策略是否可行（即是否优于被动接受策略）？鉴于销售策略争议聚焦点可能会偏离救助物资本质属性，则考虑救助物资给需要救助人员带来的福利水平，对比体现人道主义精神的捐赠策略，在什么情形下可以实施销售策略？在我国应急管理部门"代储物资补贴、征用补偿管理"的现行政企协同治理政策约束下，引入销售策略是否更有效？

基于上述背景和问题，本书系统地分析了应急物资库存管理相关研究成果，为应对应急库存规划理论模型在实践应用中的挑战、解决剩余应急物资销售策略的争议性、拓展应急物资库存管理相关研究寻找理论支撑。

1.3 国内外研究现状

应急管理包含减缓（mitigation）、准备（preparedness）、响应（response）、恢复（recovery）四个阶段（Altay and Green, 2006；Ergun et al., 2023）。减缓和准备属于灾前缓解行动，具体包括应急仓库选址、应急物资提前存储、应急预案等（Toregas et al., 1971；Beamon and Balcik, 2008；Shen et al., 2011b；Aboolian et al., 2013；Altay, 2013；石彪等, 2017a, 2017b；马祖军和周愉峰, 2018；欧阳桃花等, 2020；Liu et al., 2022）。响应和恢复属于灾后救援行动，重点是及时配送应急物资至灾区与疏散灾民（Haghani and Oh, 1996；Yi and Özdamar, 2007；Sheu, 2007b；Campbell et al., 2008；张江华等, 2009；Saadatseresht et al., 2009；Huang

---

① 《奉新县应急管理局一批报废应急物质拍卖公告》，http://www.fengxin.gov.cn/fxxrmzf/jyxxd9/202310/56c408b7d20f4c6994e66039860971b1.shtml，2023 年 10 月 20 日。

② 《博爱县应急隔离方舱拍卖公告》，http://www.boai.gov.cn/sitegroup/root/html/40288ae84f4fb92f014ff2987f06063b/60c7397a1a7e4ccbb870ac45cbce12f3.html，2023 年 11 月 2 日。

et al.，2013；Anaya-Arenas et al.，2014；祁超等，2021；Liu et al.，2023）。关于应急管理选址、存储、配送，甚至物资回收的整体过程优化，也有较多研究（Sheu，2007a；Mete and Zabinsky，2010；Rawls and Turnquist，2010，2011；Salmerón and Apte，2010；Campbell and Jones，2011；Bozorgi-Amiri et al.，2013；Davis et al.，2013；Dalal and Üster，2018；Ni et al.，2018；Guo et al.，2020；Stauffer and Kumar，2021）。具体来说，学者根据响应时间、覆盖水平、公平分配、经济成本等目标合理选择储备地址、科学决策库存水平、动态设计配送方案、协调优化合作机制等。Ergun 等（2023）指出物资提前储备是应对应急突发事件的最有效方式。因此，本书聚焦在应急物资储备管理领域，以"突发事件/应急/灾难/人道主义/救援"和"物资/库存/储备/供应链"为关键词在中国知网等数据库收集文献，以"emergency/disaster/humanitarian/relief"和"supplies/pre-position/stock/inventory/logistics/supply chain"为关键词在 Web of Science、Informs 等数据库收集文献，并系统分析相关文献。

1.3.1　应急物资储备优化

关于应急物资的研究自 20 世纪 90 年代开始逐步丰富，较早关于应急救援物资的研究包括 Wood 等（1995）的文章，通过访谈大量应急管理相关人员，从应急需求预测、来源、包装、入库、储存、运输、救灾服务等方面论述应急物资的科学管理，他们认为应急物资的库存可以带来较高的时间价值，有效缩短救援响应时间。由于应急物资库存在应急救援过程中的重要性，Whybark（2007）研究了灾难救援库存管理中存在的问题，具体包括应急物资的获取、存储以及配送三个方面。Ozguven 和 Ozbay（2013，2015）从射频技术角度分析了关键应急物资的实时在线监控系统可以实现应急资源的有效库存管理，但是对于需求率低、需求量大的应急物资来说，高成本的实时监控系统对应急救援效果的改善作用可能并不显著。

在突发事件应急需求发生之前，应急物资储备决策就已经实现了，包括订购多少、何时订购以及在何处存储（Mete and Zabinsky，2010；Campbell and Jones，2011；Davis et al.，2013；Balcik et al.，2016；Ni et al.，2018；Ye et al.，2020；Guo et al.，2020；Upadhyay et al.，2022；Eftekhar et al.，2022）。Ozguven 和 Ozbay（2014）与 Balcik 等（2016）综述了应急物资库存管理研究，但是应急物资库存管理与一般商业库存管理存在区别，包括优化目标、所有权、需求环境、存储条件、资金资源、采购等方面，应急物资库存决策研究包括灾前与灾后的库存决策，库存优化决策包括响应时间最短、覆盖水平最大、分配公平程度最高、经济成本最低等单个或多个目标。综述发现研究的主要特点包括以下几点。

（1）应急需求随机分布假设。应急库存决策需要根据预测的未来应急需求的可能情况来确定库存量，具体来讲，学者在建立应急库存规划模型时均考虑突发事件的随机需求，大多数学者采用离散情景表示应急需求的不确定性（Mete and Zabinsky，2010；Noyan，2012；Bozorgi-Amiri et al.，2013；Salehi et al.，2019；Ni et al.，2018），基于离散情景的方法虽不需要假设随机需求的具体分布函数，但是也需要估计不同情景下的概率大小。Garrido 等（2015）和 Klibi 等（2018）采用蒙特卡罗模拟方法产生不同应急需求情景，Campbell 和 Jones（2011）、Chakravarty（2014）、Roni 等（2015）、Rabbani 等（2015）、Yadavalli 等（2015）、Guo 等（2018）在研究过程中分别假设应急需求服从正态分布、Weibull（韦布尔）分布、泊松分布、复合泊松分布（较低的到达率，但较高的需求数量）、三角函数分布、均匀分布等，有一些研究通过历史数据估计应急需求分布参数的均值确定分布函数（Paul and MacDonald，2016），有一些研究（如郭影等，2019）没有给出具体的分布函数，得到带有分布参数的解析解，但是在具体应用时仍需要估计分布参数。综上，大部分研究在应急物资库存随机规划过程中需要掌握随机需求的分布信息，然而，在应急管理实践中有较少的数据可以使用，特别是发生数量较少的突发事件（Balcik et al.，2016；Liu et al.，2017；Ali Torabi et al.，2018），使得应急需求分布参数的估计存在一定困难与挑战性。

（2）应急需求时间间隔的随机性。在研究过程中，常见的是研究单一周期的库存量决策问题，并假设单一周期内最多发生一个突发事件，或者将多个突发事件合并集成为一个突发事件（Liang et al.，2012；田军等，2014；Wang et al.，2016；扈衷权等，2018；Shamsi et al.，2018；Liu et al.，2019；Zhang et al.，2019），利用离散情景下的发生概率与后果建立期望函数（Paul and MacDonald，2016），以避免应急需求数量与应急需求时间间隔等多个维度不确定性带来的维度灾难。然而，一个计划周期突发事件发生时间对下一个计划周期突发事件发生时间有着显著影响。举例说明：假设计划周期长度为 3 个月，突发事件发生时间间隔在 0～12 个月随机分布，如果前 3 个计划周期内（0～9 个月）没有突发事件发生，则在第 4 个周期以概率 1 会发生突发事件，即每个计划期突发事件发生概率并非独立同分布的。假设单一周期内至多发生一个突发事件对于低概率突发事件类型有一定合理性，然而应急物资储备保障是为所有可能的突发事件类型而准备的，所以，这种假设下的单周期随机规划模型存在一定不足。

（3）易逝性应急物资保质期约束。随着应急物资库存管理研究的丰富与成熟，学者开始探索特殊应急物资库存的应用研究，如固定保质期应急物资（如食物、水、医疗物资等）库存管理（Zhou and Olsen，2017；Meng et al.，2017；Guo et al.，2018；Besiou and van Wassenhove，2020；Zhang et al.，2023a，2023b）。Rodríguez-Pereira 等（2021）和 Corbett 等（2022）也强调将可持续性纳入应急物资储备优化的目标，包括耐用性应急救援物资的回收可利用性以及易逝性应急物资的过期损失。Stauffer 和 Kumar（2021）将应急物资的回收行为考虑进入提前储备优化，发现其明显提高了应急储备服务能力水平。因此，固定保质期应急物资的储备优化在不同治理策略下有显著的不同结果，进而产生不同的治理效果。

1.3.2　应急物资储备治理优化策略

应急需求时间间隔与应急需求数量的随机性以及储备能力的有限性，使应急储备中心储备物资时面临两难的困境：一是由于政府采购资金及设施设备容量的约束，应急物资的储备数量往往难以满足严重大型事故发生时的应急需求，即应急储备中心储备的应急物资存在缺货风险；二是由于应急需求发生时间的不确定性，需要应急储备中心长时间持续保持一定的库存量以准备随时救援某一突发事件，而一些救援物资（如创可贴、感冒药、消毒用品等应急药品，棉衣被、帐篷、不少于三天的应急饮用水及食物等生活类物资，以及电池、手机、电子设备等通信设备）有一定的保质期要求（称之为固定保质期应急物资），若在物资的保质期限内没有发生应急需求，势必会造成应急物资过期浪费，即应急储备中心的固定保质期应急物资存在过期风险。

针对保质期限制下的应急物资库存管理的缺货风险与过期风险并存的两难困境，学者设计并提出了很多困境缓解策略并取得了较大的研究成果，可划分为政府治理与政企合作治理两种治理方式下的策略，具体包括以下内容。

1. 政府治理下的固定保质期应急物资库存研究

应急物资的易腐性衡量需要考虑时间窗口，在界定的应急物资固定保质期时间窗口内，随机突发事件需求数量与发生的时间是不确定的，且随机发生时间影响着应急物资的过期状态。潘伟等（2015）考虑了应急物资的易腐蚀性特点，引入了随机发生时间下的过期成本函数，而 Yadavalli 等（2015）研究了连续性检查库存的两种相互可以替代的易腐性应急物资，模型中考虑了应急物资的生命周期时间窗口，并假设时间窗口内应急物资需求的到达服从泊松分布，即固定时间窗口内突发事件发生的次数服从泊松分布，或者突发事件发生时间间隔服从负指数分布。但是，突发事件发生并非一个稳定系统，且随机发生时间不一定服从负指数分布，如民航事故发生时间分布大致满足均匀分布（孙瑞山和孟令慧，2013）。Rezaei-Malek 等（2016）也考虑了部分应急物资的易逝性特点，将库存问题固定在一个时间窗口内，但是文章假设突发事件发生的间隔时间足够长，以说明时间窗口内的突发事件最多发生一次，并设计了一种互动方法建立鲁棒性模型，灾难发生时间的随机性对易腐性应急物资的库存影响需要进一步考虑。

从以政府应急管理部门或应急组织为治理主体的视角，Zhang 等（2020）重点探索了剩余的应急物资的捐赠分配，设计了公平有效的信息披露与捐赠分配机制，此研究在于缓解政府组织对接受者的捐赠产品需求程度信息不对称性而导致的分配低效问题。与此研究不同，本书更注重应急物资储备治理策略以解决物资过期损失浪费与供给能力不足的问题。Zhou 和 Olsen（2017）研究了一个计划周期内国家医疗物资储备中心与医院的销售轮换，应急医疗物资的储存周期被关键时间点划分为两个阶段，而求出的关键时间点即为储备中心与医院销售轮换模式的实施判断条件。Meng 等（2017）和 Guo 等（2018）提出了应急储备中心与供应商回收置换模式下的易逝应急物资的库存优化，提出的回收置换模式包含两种置换机制，即基于应急物资的剩余生命周期和基于应急物资储备中心的剩余数量。Zhang 等（2023b）提出了一个易逝性应急医疗物资共享策略，其中一个地点的应急需求变化很大。他们利用埃默里大学医院库存系统数据验证，与不共享的情况相比，共享物资可以使得应急医疗物资过期率降低约 20%。

在单个计划周期内决策库存量，或者在库存周期末更新库存状态，或者假设单个周期内至多发生一次突发事件，可以避免易腐性应急物资需求时间与数量的不确定带来的维度灾难。关于一般性易腐性物资的库存控制已取得大量研究（Nahmias，1982，2011；Karaesmen et al.，2011；Keskin et al.，2022；Zhang et al.，2023a，2023b；Bu et al.，2023），并首次被 Fries（1975）和 Nahmias（1975）建立多维动态规划求解，而随机需求产生的"维度灾难"使得动态规划的求解困难，所以后来关于易腐性物资控制的研究集中在设计近似算法或启发式算法（Zhang et al.，2023a）。而应急物资库存与一般物资库存有着显著差别，将成熟的易腐性物资库存控制系统管理应用到易腐性应急物资库存系统管理是有意义的。Salehi 等（2019）提出了血液应急供应链的多周期鲁棒优化模型，并以伊朗首都德黑兰地震数据估计参数，分析模型最优解与鲁棒性。Ferreira 等（2018）建立了易腐性应急物资库存的马尔可夫链过程，模拟仿真一个无限长周期的决策。

2. 政企合作治理下的固定保质期应急物资库存研究

实践中的应急管理者积极探索政府应急管理部门的应急储备中心与企业合作，或者政府各地方应急储备中心之间的合作，并且显著提高了应急救援效果，同时缓解了应急储备中心的过期浪费问题，比如，美国联邦应急管理局与强生公司、沃尔玛超市合作，利用沃尔玛强大的储备系统与物流系统，有效提高对 2017 年 8 月美国哈维飓风灾难的响应速度与效果；2023 年浙江省应急管理厅与菜鸟、京东、顺丰等大型物流企业合作进一步提高应急物资多元化储备能力①。所以，政企合作

---

① 《浙江省应急管理厅与菜鸟、京东、顺丰等大型物流企业签订合作框架协议》，https://yjt.zj.gov.cn/art/2023/10/26/art_1228977987_59137817.html，2023 年 11 月 6 日。

治理策略是实践中常用并且有效的库存控制策略，如何设计有效政企合作框架以及协调政企合作成为研究关注的重点。

在宏观合作框架设计方面，Green 和 Kolesar（2004）通过分析消防救援实践应急案例，调研应急研究带来新策略的实践性应用，指出提高应急响应性需要建立一个定义好的应急管理组织，并组织协调各救援单位。van Wassenhove（2006）强调了人道主义救助与灾难救援中供应链管理的重要性，并认为结合人道主义应急物流的特征要求，通过与私营企业的物流合作竞争，提高人道主义救援供应链的灵敏性和动态适应性，缩短应急响应时间，挽救灾难中的更多生命，用案例证明这一合作竞争可以获得更好、更有效的应急供应链。Faraj 和 Xiao（2006）调查了医疗行业的快速响应组织之间的协作关系，针对不确定程度高、响应速度要求快和错误决策后果损失大的应急救援，提出了基于协议、知识共享等的快速响应组织之间的协调。Tang 和 Shen（2015）与 Liu 等（2021）研究了协调多方参与联合应急救援预案的建立，考虑到应急指挥体系的特殊操作要求（如目标任务层级分解、监控计划有效性、各项救援任务之间的依存关系和时间约束等），基于整合层次任务网络（hierarchical task network，HTN）、基于案例与模型混合等方法而形成救援或疏散预案。可以看出，宏观应急协调文献是指参与应急救援组织之间的协调，即政府部门、企业、非营利第三方机构等之间以及救援人员之间的协调（Balcik et al.，2010）。

在微观合作策略与协调机制设计方面，Anaya-Arenas 等（2014）综述了 1991 年到 2013 年学术界关于应急救灾供应链的研究成果，提出应急协调策略与机制特别是应急物资供应链（供应商、零售商、应急储备中心）上的互动协调是未来需要进一步研究的问题。关于应急库存管理策略，许多研究都集中于政府的应急储备中心与有大规模常规市场需求的私营企业（如沃尔玛、强生等）之间的合作（Chen et al.，2017；Zhang et al.，2019；Wang et al.，2019；扈衷权等，2023）。通过各种协调合同实现的合作可以作为一种机制，帮助应急管理部门或应急组织对抗库存过期和库存不足的风险。协调契约包括：批发价格契约、弹性数量契约、收入共享契约、回购契约、灵活性期权契约、库存补贴契约（Taylor，2002；Cachon，2003，2004；Cachon and Lariviere，2005；Arshinder et al.，2008；Zhao et al.，2010；Chen et al.，2016；Jia and Zhao，2017；Tucker et al.，2020），在应急物资供应链环境中，学者展开了大量研究。具体来讲，主要包括预付款契约（丁斌和邹月月，2012）、弹性数量契约（Balcik and Ak，2014；张琳等，2016；Nikkhoo et al.，2018；Ali Torabi et al.，2018；扈衷权等，2023）、基于能力或实物期权契约（张海青和田军，2011；Liang et al.，2012；田军等，2013，2014；Wang et al.，2015；扈衷权等，2018；Shamsi et al.，2018；Liu et al.，2019；Hu et al.，2019；胡婉婷等，2023；杨曼等，2023）、最小订货量契约（Zhang et al.，2019）、价格折扣契约（Hu and Dong，2019）、奖励策略（Wang et al.，2019）、外包策略（Wang et al.，2016）等，也包括应急储备中心之间的横向库存调拨合作（Schulz and Blecken，2010；Yadavalli et al.，2015；Toyasaki et al.，2017）。Dai 等（2016）根据流感疫苗供应链的实践运作观察，研究了常用的依赖配送时间的弹性数量契约以及延迟折扣契约，发现两种契约均不能实现疫苗供应链的协调，所以设计了回购与延迟折扣混合契约，证明此混合契约不仅可以实现供应链协调，还能提高供应链成员之间利润分配的灵活性。

1.3.3　实践应用中的挑战

通过上述文献梳理发现：在应急物资储备治理优化策略领域，一方面，应急物资储备保障体系的控制研究主要集中在补贴协同治理策略方面，往往采取供应链合作契约，弱化应急救援特殊情景下政府应急救援规定的作用，这可能会导致协同治理契约的协调性降低；另一方面，实践中，由政府应急管理部门采取销售策略处理用剩或临期的应急物资，存在较大的争议性，需要丰富应急物资销售策略的研究。在应急物资储备治理优化方法领域，应急需求时间间隔与应急需求数量的随机性会带来优化求解的"维度灾难"问题，往往通过集成或确定性转化以降低不确定维度；同时未知随机变量分布函数条件下的应急库存规划方法也增加了求解难度，而应急环境下随机变量的分布信息往往难以准确估计。虽然学者研究了根据响应时间、覆盖水平、公平分配、经济成本等目标合理选择储备地址、科学决策库存水平、动态设计配送方案、政企合作治理机制等问题，但关于应急物资储备与优化策略的研究仍存在空白，具体包括以下几点。

（1）剩余应急物资销售策略的研究存在空白。在土地、汽车牌照和公共电视等公共产品销售的直接销售策略领域，拍卖和抽签是广泛使用的有效工具（Chen et al.，2022）。例如，美国联邦应急管理局拍卖飓风灾后重建中剩余的拖车房，我国地方政府或应急管理部门拍卖用剩的应急隔离舱或者报废的帐篷等应急物资，它们面对的是社会公众个人消费者。应急管理部门或应急组织对个人消费者的直销策略与亲社会行为有关，它将营销活动与非营利组织的使命联系在一起。一些消费者是亲社会的，他们喜欢购买与慈善事业相关的产品（Gao，2020）。Kraft 等（2018）通过实证的方法验证了消费者有不同的社会偏好程度，即消费者公益偏好的异质性。在此基础上，Gao（2020）利用博弈论方法研究异质性消费者公益偏好对企业及供应链公益营销的影响，发现在异质性消费者环境下，企业的最优决策是降价而非提高价格，是否专门设计一款公益产品（苹果红色手机、Gap 红色 T 恤等）主要取决于市场上公益偏好的消费者规模大小，以及基于公益营销策略的供应链分散决策是否会产生比集中决策更高的社会价值。Gao（2020）证实消费者对社会事业的偏好对慈善机构和企业的事业相关营销都有重大影响。他们都表明消费者的公益偏好影响着企业或慈善机构的公益销售。现有的许多研究都强调了剩余非营利商品的分配（Zhang et al.，2020）。然而，在考虑消费者亲社会行为对应急组织销售策略的影响以及应急组织销售策略对企业营销的影响时，如何构建库存模型，是一个非常紧迫的问题。为了填补这一空白，本书重点研究了应急物资销售策略下消费者的亲社会行为以及与企业的互动。然而，在探究应急物资销售策略时，仍有实践问题需要解决。

（2）已知随机变量全部分布信息的库存规划模型在实践应用中存在限制，这些限制体现在对需求情景的界定以及不同情景发生概率的计算。应急需求常常面临高度不确定性，如应急需求的时间、数量、地点，但是实践中往往难以准确获取随机分布信息（Yue et al.，2007），特别是在数据匮乏且复杂多样的应急环境下更是如此（Beamon and Kotleba，2006；Ni et al.，2018）。

（3）政企协同治理已成为应急库存控制的常用方法，但政府应急救援规定的影响是不容忽视的。比如，我国应急管理部及相关部门在《"十四五"应急物资保障规划》中对应急物资储备保障要求① "发挥中国特色社会主义制度优越性，建立政府集中管理的应急物资保障制度，打破部门、区域、政企壁垒，实行统一指挥、统一调拨、统一配送，确保应急物资调运快捷高效" "建立健全应急物资采购、捐赠、征用等管理制度和工作机制"等；我国部分地方政府在加强救灾应急物资储备工作中要求② "在适量存储的基础上，与有关企业签订应急供货协议，应急期间实行先征用后结算的办法"；我国国家粮食和物资储备局及相关部门在《中央应急抢险救灾物资储备管理暂行办法》第十七条规定③ "对国家粮食和物资储备局委托相关单位代储的物资保管费补贴"。这些说明了应急响应期间，期权、弹性数量、价格折扣等契约在政企合作治理中效力受到一定限制。

在克服上述理论在实践应用中面临的挑战的基础上，本书重点解决固定保质期应急物资储备销售策略的可行性与有效性问题，具体研究包括以下几点。

（1）针对应急需求分布函数难以精准估计的问题，构建了自由分布（distribution-free）应急库存规划模型，该模型仅需随机变量的均值与上下界限分布信息，计算所有可能中的最好结果与最坏结果，在 Hurwicz 准则下决策，自由分布规划模型具有一定的鲁棒性，为研究应急物资储备治理策略提供分析工具支撑。

---

① 《应急管理部 国家发展改革委 财政部 国家粮食和储备局关于印发〈"十四五"应急物资保障规划〉的通知》，https://www.gov.cn/zhengce/zhengceku/2023-02/03/content_5739875.htm，2022 年 10 月 12 日。

② 《转发关于印发救灾应急物资协议储备工作指导意见的通知》，https://yjj.huaian.gov.cn/content/article/132780084，2019 年 7 月 30 日。

③ 《中央应急抢险救灾物资储备管理暂行办法》，https://www.gov.cn/zhengce/zhengceku/2023-02/25/5743273/files/bdfdbce802964dd6b5a43ee40f224907.pdf，2023 年 2 月 15 日。

（2）在完成上述未知应急需求分布函数条件下的库存优化的基础上，探索了政府应急物资面向消费者销售对缓解过期风险与缺货风险的治理效果，进而对比被动接受策略、捐赠策略等政府治理方式的治理策略，以应急储备中心期望成本、销售企业利润、消费者剩余组成的社会价值体系为标准，探索应急物资面向消费者销售治理策略的应用边界，为解决剩余应急物资销售策略争议性提供理论依据。与此同时，探索了政府应急物资面向企业销售治理的有效性，初步给出政府与企业参与治理的有效性。

（3）考虑政府与企业合作治理应急物资的强实践背景，从政府应急救援规定入手，设计了"代储物资补贴、征用补偿管理"现行政策下的补贴协同治理策略，在此基础上形成基于销售与补贴协同治理的混合策略。此部分研究内容主要聚焦在分析政企协同治理下销售策略的可行性、解决争议性，探索补贴协同治理策略的有效应用条件，给应急储备中心治理策略制定提供指导。

本书为应对应急库存规划理论模型在实践应用中的挑战、解决剩余应急物资销售策略的争议性、拓展应急物资库存管理相关研究提供理论支撑，对应急物资储备治理研究有重要理论价值；本书创新完善应急物资储备治理策略，最终为缓解固定保质期应急物资的过期浪费问题提供策略方法，有利于固定保质期应急物资储备保障体系的改善，对解决应急物资销售策略争议性现实问题具有重要的实践参考价值，对应急物资储备治理策略选择具有重要的指导价值。

1.4　应急物资储备系统界定与优化方法

1.4.1　应急物资储备与治理优化系统界定与特征

本书的应急物资储备系统固定保质期应急物资的库存管理系统，属于政府应急管理部门或应急组织负责，其储备机构统称为应急储备中心。应急物资储备系统包括固定保质期应急物资定义及其类型、应急物资储备治理优化策略，以及应急物资需求特征。

1. 固定保质期应急物资定义及其类型

固定保质期应急物资是指那些有保质期要求的应急物资，比如，瓶装水、面包、牛奶等生活物资，血液、药品、酒精、消毒液等医疗物资，以及电池、电话等电子通信物资。应急物资须满足其基本质量保障要求才能在应急救援中发挥价值。固定保质期应急物资包括易腐性应急物资，本书研究的固定保质期应急物资的库存控制策略，也适用于易腐性应急物资库存控制与管理。此外，美国联邦应急管理局销售的拖车房、我国各级政府及应急管理部门拍卖的隔离舱等，因为长时间未使用会有性能与功能的损耗，也可视为有时间要求的应急物资。

　　针对固定保质期内的物资，一般性质较稳定，定期检查库存的便捷性与易操作性，使其比连续性检查更流行。已有文献验证了连续性检查库存并不适用需求发生稀少的事件（Berk and Gürler，2008），且连续检查监管的成本居高不下；对关键应急物资，（$S-1$，S）补货策略在实践中更常见（Schmidt and Nahmias，1985）；基于上述原因，固定保质期应急物资储备系统一般采取定期检查、（$S-1$，S）补货策略，也称为卖一补一（sell-one-store-one）库存策略，也就是说，应急储备中心在应急救援结束后以及临期轮换时进行补货，则应急救援结束后用剩的以及非应急时期临期的应急物资，统称为剩余应急物资。举例说明剩余应急物资范围：2019 年美国联邦应急管理局销售的拖车房为飓风应急救援结束后用剩的应急物资，2023 年河南省博爱县公开向社会合法公民或法人单位拍卖的应急隔离方舱为重大公共卫生事件响应结束后用剩的应急物资；应急储备中心储存 20 个月的瓶装水（一般保质期 2 年）中即将过期的应急物资为临期应急物资，济南市代储企业贮存的剩余保质期 0.5 年的冷冻储备肉（保质期 2 年）也为临期应急物资（济南市政府规定企业代储的冷冻储备肉剩余保质期至少 0.5 年）。因为有固定保质期要求，如果不及时轮换就会出现报废或过期，造成资源浪费，而处置不合理也会引起社会争议，因此，剩余应急物资的过期或浪费处理一直是应急库存体系中的重要问题。

　　具体实践层面，我国应急管理部规定的常用物资储备包括：救援工具（如锤子、哨子、铁锹、担架、灭火器等）、应急药品（如创可贴、感冒药、消毒用品等）、生活类物资（如棉衣被、帐篷、睡袋、不少于三天的应急饮用水及食物等）、通信设备（如喇叭、手机、对讲机等）、照明工具（如应急灯、手电筒）等[①]。为方便进一步研究，可以将应急物资类型进行简单划分，如图 1-1 所示。

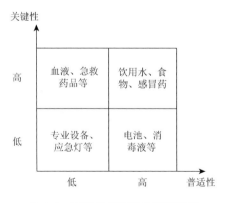

图 1-1　固定保质期应急物资类型

---

　　① 《物资储备》，https://www.emerinfo.cn/2017-11/14/c_1210109805.htm，2022 年 10 月 11 日。

2. 应急物资储备治理优化策略

本书中的策略是指宏观层面的手段或实现方式，而非微观中的决策结果，表示为实现目标的一种战略。应急物资储备治理策略是指为了实现过期浪费降低与应急供给能力提高，进而缓解应急物资储备管理困境而采取的治理策略，也可以称为应急物资库存控制策略。本书中的治理方式包括政府治理和政企合作治理两种方式，治理策略包括书中出现的被动接受策略、捐赠策略、销售策略、补贴协同治理策略、补贴协同治理下的销售策略等。

在治理方式中，政府治理是指由政府（应急管理部门）单一主体进行应急物资储备治理。政企合作治理是指以政府为主导力量，企业共同参与的应急物资储备多元主体治理。

治理策略中，被动接受策略是指不会主动采取行动，而只是对过期应急物资进行浪费处理，及时补充相等数量的新物资。捐赠策略是指将用剩的或临期的应急物资捐赠给弱势群体，改善生活条件、提供急需援助、促进社会公平正义。销售策略是指在应急救援结束后对用剩的应急物资以及正常应急准备阶段临期的应急物资，以市场价销售给消费者（称为面向消费者的销售策略）或者以低于市场价销售给企业（称为面向企业的销售策略）。补贴协同治理策略：政府通过交易行为或契约设计与企业互动合作治理应急物资储备，政府通过补贴契约激励企业合作储备并利用市场常规需求定期轮换应急物资。补贴协同治理下的销售策略是指在政企协同治理下引入面向消费者的销售策略，即政企协同治理与销售治理共同存在的混合策略。本书研究应急物资储备治理策略，一方面为解决应急物资销售策略争议性；另一方面为探索上述不同治理策略的侧重与应用边界。

3. 应急物资需求特征

应急物资需求最明显的特征之一就是需求分布信息不完备，即只有部分需求分布信息。在数据较少的应急环境下，不能获取应急需求分布全部数字特征的信息，无法准确估计随机需求数量与随机需求时间等随机变量的分布函数。本书中，需求分布信息是指仅仅已知应急需求数量与应急需求时间间隔随机分布中的部分分布信息。由于随机变量的均值与上下界在所有的分布信息中比较容易获得，所以，研究中假设已知随机变量的均值与上下界的分布信息。本书中的随机变量包括应急需求数量和应急需求时间间隔。

应急物资需求的另一个特征是突发事件类型复杂多样。根据发生概率与后果影响，概率小、后果影响大的突发事件称为"黑天鹅"事件（如"3·11"日本地震、"9·11"事件、2020 年全球突发公共卫生事件等），概率大、后果影响大的突发事件称为"灰犀牛"事件（如飓风、海啸、台风等），概率大、后果影响小的突发事件可以称为常见事件（如交通事故等），概率小、后果影响小的突发事件称为可忽略事件（如标准化作业过程中的失误）。为方便进一步研究，可以将应急物资储备面临的突发事件类型进行简单划分，如图 1-2 所示。

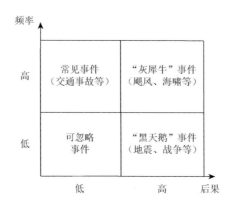

图 1-2　应急物资储备面临的突发事件类型

1.4.2　应急物资储备与治理优化方法

在应急物资库存管理与控制决策相关的研究中，研究方法有定性的，也有定量的。比如，在实践中，案例知识分析是一种重要的工具，即通过抽取应急管理案例中蕴含的大量应急管理知识，满足"情景-应对"模式中案例推理的需要，可以更有效地实现不同情景下的应急救援（王宁等，2015）。在复杂应急情景下，应急物资的优化问题需要设计算法进行模拟仿真，除了模型的复杂性以外，还有数据稀缺性的原因（Liu et al.，2017）。Caunhye 等（2012）通过综述 20 世纪 70 年代以来的应急文献，认为优化模型是应急研究的主要方法，也是应急救援实践中的强有力工具，优化模型在应急设施选址、应急物资配送、灾民运输以及救援规划等应急决策过程中收获了较多的研究和应用成果，并在应急物资浪费回收问题和救援协调有效性的研究中发挥了重要作用。Altay 和 Green（2006）与 de la Torre 等（2012）主要综述了应急救援供应链的 OR（operations research，运筹学）模型，Anaya-Arenas 等（2014）梳理了应急配送网络方面关于仓库选址与运输模型的文献，Özdamar 和 Ertem（2015）系统分析了在应急响应阶段与恢复阶段的数学模型，Hoyos 等（2015）则综述了不确定性因素与随机模型在人道主义物流或者应急库存系统中的研究。本书主要采用的优化方法为随机规划和鲁棒规划。

1. 随机规划

随机规划是某个或某几个参数作为随机变量的一类数学规划，如经典的报童模型。随机变量可以在目标函数中，引入决策者风险态度，构建期望目标函数进行优化；也可以在约束条件中，根据决策者风险态度，在一定的概率意义下实现模型优化。随机规划的求解一般有两种方式，一种是将随机规划等价或近似转化为确定性规划再求解，另一种是利用随机模拟技术，通过智能算法进行近似求解。

在应急物资库存优化决策中，主要采用情景概率方法来表示应急需求地点与需求数量的不确定性（Mete and Zabinsky，2010；Noyan，2012；Bozorgi-Amiri et al.，2013；Salehi et al.，2019），或者假设给定应急需求的分布函数（Campbell and Jones，2011；Chakravarty，2014；Yadavalli et al.，2015；Paul and MacDonald，2016；Guo et al.，2018）。然而，一方面，在应急管理实践中有较少数据可以使用，使应急需求分布参数难以精准估计（Liu et al.，2017；Ali Torabi et al.，2018），所以未知需求分布函数条件下的应急物资库存规划需要进一步探索研究；另一方面，应急需求时间间隔的随机性影响着易腐性应急物资的库存优化与决策（潘伟等，2015；Meng et al.，2017；Guo et al.，2018；郭影等，2019），忽略应急需求时间间隔的随机性会影响决策的准确性，因此，考虑应急需求时间间隔随机性有一定的理论与实践意义。

随机规划过程中多采取风险中性报童模型方法，即以期望值为目标（Rawls and Turnquist，2010；Mete and Zabinsky，2010；Bozorgi-Amiri et al.，2013；Davis et al.，2013；Dalal and Üster，2018）。应急决策环境充满不确定性，不确定性意味着风险，而应急决策者对风险的不同态度会导致不同的应急策略选择，所以在研究应急决策时，需要考虑决策者的风险态度。CVaR（conditional value at risk，条件风险价值）是金融领域研究风险的工具（Rockafellar and Uryasev，2000，2002），被许多学者用来研究其他领域风险问题（许明辉等，2006；Jammernegg and Kischka，2007，2009，2013；Wu et al.，2013）。Noyan（2012）提出了使用 CVaR 风险规避态度下的应急规划模型，Guo 等（2018）利用 CVaR 方法建立了易腐性应急物资库存规划模型。Bozorgi-Amiri 等（2013）引入了一个多目标鲁棒规划，目标包括最小化成本的方差以弥补期望成本目标的风险中性。而 Rawls 和 Turnquist（2011）、Hong 等（2015）、Tofighi 等（2016）引入了目标概率约束以保证应急物资至少满足一定的目标需求。Koudstaal 等（2016）通过实验调查的方法分析了不同行业决策者面对不同风险类型时的风险态度，公共部门决策者更保守。所以可以认为在政府相关部门，特别是在变动复杂且可能会带来巨大损失的应急管理环境中，决策者一般持悲观决策态度。因此，基于悲观准则，在应急管理决策过程中，首先计算出每个策略（方案）在所有可能的随机状态下的最大成本值，即最差状态下的最优成本值；求各个最大成本值中的最小值；最小值对应的策略即为选择的策略。

本书的主要研究问题是应急物资储备与治理优化问题，而突发事件最大的特征就是应急发生时间与后果的不确定性、不可预知性，因而采用随机规划的方法契合性更高。由于需求发生时间通过影响应急物资的过期浪费损失对具有固定保质期应急物资的存储决策有影响，需求数量通过影响应急物资的缺货损失与过期浪费损失对应急物资存储决策也有影响，因此，本书研究的应急物资库存优化是一种双重随机规划模型，包含需求时间与需求数量两个维度。

2. 鲁棒规划

如前所述，报童模型是运营管理研究中最常用的模型，因为其不仅能准确捕获商业决策过程中的基本要素，而且简单直观，被广泛应用在库存管理、供应链管理与协调、生产管理、排队调度、期权定价模型等领域，详细介绍可见关于报童模型的研究综述，如 Khouja（1999）、Petruzzi 和 Dada（1999）、Qin 等（2011）、Choi（2012）。报童模型是一种典型随机规划模型，随机变量的分布函数需要被提前估计，然而在实践过程中，真正的需求分布或许难以方便且准确估计（Yue et al.，2006），特别是在数据较少且动荡的应急环境中更难估计，在这种条件下，报童模型变成自由分布决策（distribution-free decision）问题。

自由分布决策问题被 Scarf（1957）首次进行探索并研究，假设仅知道随机需求 x 的均值 u 与方差 σ^2 有限信息，证明并给出了企业期望利润函数的下界函数，对下界函数进行最大化决策，得出最优解，又称为 Scarf 准则。

Scarf 的研究被学者进一步扩展与应用，比如，Gallego 和 Moon（1993）用 Cauchy-Schwarz（柯西-施瓦茨）不等式重新证明了期望成本函数的最坏分布为两点分布，并利用 Cantelli（坎泰利）和 Marshall（马歇尔）不等式给出了 Scarf 准则下最优解的上下界。Agrawal 和 Seshadri（2000）在经典 EOQ（economic order quantity，经济订货批量）模型中考虑服务水平约束，假设提前期的需求随机，给出了在自由分布条件下最优订货量与最优订货点的上下界限。Vairaktarakis（2000）、Alfares 和 Elmorra（2005）、Liao 等（2011）分别研究了延迟惩罚、缺货损失、单产品、固定订货成本、生产供给不确定性、资源限制下的多产品等情形下的自由分布报童问题，并利用 Scarf 准则［min-max（最小化最坏情况下的最大损失）准则］求解。这些研究丰富了仅已知随机需求的均值与方差分布信息时的优化问题。

另外，Yue 等（2006）以随机变量分布信息的期望价值为目标，即特定分布下的成本与自由分布下的成本差，根据 min-max 准则，首先计算所有可能下最大的随机分布信息价值，并最小化计算最优的自由分布决策。进一步，Yue 等（2007）

降低随机分布信息估计要求，以更容易获取的均值、上下界为随机变量已知分布信息，利用凸函数性质与上下界大小关系，给出自由分布经典报童模型中成本函数的上界与下界，验证了最有利分布为一点分布，最不利分布为两点分布；给出最优订货量的上界与下界，进而通过权重组合给出最优订货量的近似解，并通过与不同分布下最优解的数值对比分析，得出其近似解比 Scarf 准则下近似解的优越性。Ng 等（2011）利用马尔可夫不等式给出了未知随机分布函数条件下的运输系统出行时间可靠性评估。Kamburowski（2014）利用目标优化的思想给出了自由分布报童模型中的最好情景与最坏情景。

min-max 准则在研究固定保质期应急物资库存控制方面也有应用，Lodree（2011）和 Ni 等（2018）研究暴风雪恶劣天气下和地震灾难下需求激增的应急物资库存，并利用 min-max 准则求解有限分布信息下应急物资库存模型。他们发现，鲁棒模型优于确定性模型和随机模型。在先进需求预测工具日益普及的推动下，Hu 等（2021）将数据驱动的需求预测整合到库存规划模型，预测驱动决策虽然接近实现了未知随机分布的最优均衡，但是预测也需要数据，这在应急环境下较难获得。而本书主要研究固定保质期应急物资库存控制策略，通过构建报童模型，分析控制策略下的决策与协调性以及多策略下的方案对比选择。所以，在未知随机应急需求分布函数条件下，考虑应急环境下决策的风险规避态度，采取 min-max 准则研究固定保质期应急物资库存控制策略，有一定契合性与可行性。

本书参考自由分布规划方法，假设已知随机变量的均值与上下界有限信息，给出期望目标函数的上下界函数，并根据悲观准则进行决策，构成鲁棒优化方法。此外，本书的应急物资库存系统，由应急储备中心、销售企业、消费者构成，决策主体包括应急储备中心、销售企业，分别决策其储备库存量、订货量。两个主体的决策相互影响，构成一种博弈关系。由于应急储备中心在博弈系统中拥有较高的地位与决策优势，为核心决策者，因此应急储备中心作为领导者先行决策，并且与销售企业构成上下层结构关系。所以，该应急物资储备与治理优化策略也采用了双层规划模型，探索双层规划求解过程中复杂性降低的近似方法，包括双层迭代以及双层规划转换成单层规划求解的相关算法。

1.5　主要创新点

本书从 2019 年 2 月美国联邦应急管理局发布销售拍卖飓风救援剩余的拖车房、2020 年 1 月武汉商务局销售抗疫蔬菜而引发的社会争议性问题出发，结合 2023 年我国各级政府及应急管理部门尝试性探索面向社会拍卖报废应急物资的行为，设计了政府治理下的销售策略，全面地探索了应急物资销售策略的实施效果与价值，给出了销售策略的实施条件，进而为解决销售策略的争议性提供了判断依据。与此同时,创新应急物资储备治理策略,指导选择不同治理策略,完善应急物资储备保障体系。为了探究应急物资治理策略下的库存控制系统,首先系统研究了应急物资库存管理相关文献,得出了应急库存理论研究在实践应用过程存在的一些挑战,包括应急需求分布信息未知、忽略常见政企协同治理中的应急救援规定等。鉴于上述挑战是探究应急物资销售策略的基础与关键点,本书在解决上述挑战的基础上,研究应急物资销售策略的设计与实施,主要创新之处体现在以下三个方面。

(1)构建了应急需求时间间隔与应急需求数量随机的应急库存规划模型,尝试性给出了需求分布未知条件下的应急库存规划方法。目前,应急物资库存随机规划模型研究中,较少考虑应急需求发生时间随机性的影响,一般假设需求到达时间服从泊松分布,或者假设库存周期内至多发生一次应急需求,但是这些强假设在实践应用中有可能不满足。另外,应急库存规划过程常假设需求服从某一具体分布或者情景概率,但是实践中应急数据的缺乏导致随机需求分布函数估计困难。所以,针对上述不足与挑战,①同时考虑应急需求时间间隔与应急需求数量的随机性,建立单个应急准备阶段的库存规划模型,避免库存周期的强假设与“维度灾难”;②借鉴自由分布报童问题研究方法,给出自由分布应急库存规划方法,构建部分需求分布信息下应急库存规划模型,验证模型的可行性与稳定性。

(2)设计了应急物资的销售策略,探究了销售策略对应急库存控制的效果,界定了销售策略的实施有利条件。为解决剩余应急物资面向公众销售拍卖时存在的社会争议问题,本书首先设计了政府治理与政企合作治理下的应急物资销售策略。具体来讲,①设计了面向消费者的销售策略,该策略考虑异质性消费者的公益偏好,构建应急库存规划模型,利用未知需求分布条件下的规划方法,对比分析被动接受策略与捐赠策略,描述了不同策略的适用范围,判断在什么情形下实施销售策略拥有比具有人道主义救助精神的捐赠策略更高的社会价值,进而给出了捐赠策略与销售策略的应用范围;②设计了面向企业的销售策略,鉴于企业实践中采购成本在库存管理方面的重要作用,构建了低价销售策略下的库存模型,分析了该策略中应急储备中心的批发价格对策略可行性和有效性的影响,给出了面向企业销售策略的实施动机条件,初步验证了应急储备中心与销售企业共同参与治理的可行性与有效性。

(3)提出了基于“代储物资补贴、征用补偿管理”政策下的补贴协同治理策略,在此基础上设计了政企协同治理下的销售策略,给出了不同治理策略之间的应用边界。在政企协同治理中,政府应急管理部门的“代储的物资保管费补贴”“应急期间先征用后结算”的应急救援规定影响着应急物资的储备决策。为了更好地研究应急物资补贴协同治理策略的效果,解决销售策略的争议性问题,①在我国应急救援规定情景下,提出了补贴协同治理策略,并分析了政府补贴契

约在什么条件下可以实现应急物资储备系统协调，什么条件下补贴协同治理策略
对应急物资储备治理是有效的，以及什么条件下销售策略是较优的；②在完成补
贴协同治理策略研究之后，设计了基于销售与补贴协同治理的混合策略，构建了
补贴协同治理下的销售策略，分析了补贴协同治理下销售策略的引入优势，最终
形成了更全面的固定保质期应急物资销售策略的争议性探究体系，给出了应急物
资储备不同治理策略的应用边界。

1.6　主体内容与章节框架

1.6.1　主体内容

应急物资储备因其在应急管理中的重要地位与关键作用，已成为实践管理者
与学术研究者的关注点。而通过实践观察，发现销售剩余应急物资可能会违背人
道主义精神而存在较大的社会争议性。所以，应急物资销售策略是否有利于过期
浪费降低、应急供给能力提高、社会整体福利改善，值得探索与研究。

为了探索剩余应急物资销售策略的有效性与优势性，需要解决目前理论研究
与实践应用之间存在的问题，包括应急需求时间间隔的随机性对库存决策的影响、
应急需求分布函数难以精准估计、忽略政府应急救援规定在政企协同治理运行中
的影响等。因此，本书需要研究：基于应急需求数量与应急需求时间间隔的自由
分布规划方法、基于政府救援规定的补贴协同治理策略、剩余应急物资销售策略
在政府治理与政企合作治理下的对比优势。具体的内容及逻辑思路如图 1-3 所示。

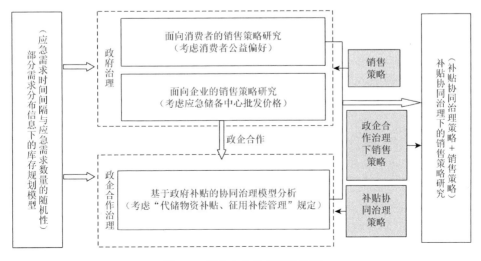

图 1-3　研究内容及其逻辑关系

（1）研究主线：设计用剩或临期应急物资销售策略，并探索销售策略的实施效果。本书的研究切入点是应急物资销售策略在实践应用中引发的社会争议和有效性验证，故研究目的主要是探索用剩或临期应急物资销售策略带来的库存控制效果及社会经济价值，包括过期损失的降低、应急供给能力的提高、社会综合经济价值的改善。直观上，虽然用剩或临期应急物资销售策略可能会违反人道主义精神，并且损害市场企业的销售利益，但是，销售策略可以避免应急储备中心的过期浪费，也可以增加应急储备中心的财政收入，还可能由于收入增加与过期降低而提高库存水平，从而实现应急供给能力的提高。因此，探究用剩或临期应急物资销售策略可以解决社会争议，并可能会得到一种更有效的固定保质期应急物资储备治理策略；同时，剖析固定保质期应急物资储备不同治理策略的比较优势，界定不同治理策略的应用边界，指导应急储备中心治理策略选择。

（2）研究技术：未知需求分布条件下的随机规划方法。应急需求时间间隔与应急需求数量的不确定性，是固定保质期应急物资库存管理中的本质特征，应急需求数量不确定性影响着库存的缺货风险，应急需求时间间隔影响着固定保质期库存的过期风险。应急需求时间间隔与应急需求数量的分布函数估计，是求解库存规划的前提，其决定了固定保质期应急物资库存决策的准确性与可靠性，是后续关于应急物资库存控制策略决策的方法支撑。因此，在数据较少的应急管理环境中，未知应急需求（时间与数量）分布条件下的规划方法是库存决策的关键前提技术。

（3）研究重点：未知需求分布条件下，设计固定保质期应急物资的销售策略，比较销售策略与其他应急物资储备治理策略的实施效果，给出不同治理策略的应用边界，为解决销售策略争议性提供理论依据，为应急物资储备治理提供策略选择指导。应急物资储备主要可分为政府治理、政企合作治理方式，其中政府治理是应急物资储备治理研究的基本情形，政企合作治理是政府治理方式的进一步研究，引入政府应急管理部门和企业的多元主体合作关系。需要注意的是，本书根据政府应急救援规定，设计了补贴协同治理模型，构建了更合理的补贴协同治理策略，可以分析其与销售策略的实施选择，也可以进一步构建补贴协同治理下的销售策略。

首先，根据用剩或临期国家储备物资的市场流向渠道，设计了政府治理下的面向消费者和面向企业的销售策略。分析销售策略实施的本质特征，以消费者的公益偏好和企业后期采购效应为主要特征因素，构建了考虑消费者公益偏好的面向消费者销售策略以及考虑较低批发价和风险转移的面向企业销售策略的库存模型，探索销售策略的效果改善和价值增加。

其次，根据面向企业销售策略的实施有效性，进一步考虑政府和企业合作的可能性，基于"代储物资补贴、征用补偿管理"的救援规定，设计了补贴协同治理策略。在上述基础上，分析得到政府治理和政企合作治理的适用区域，以及实施销售策略的优势范围。

最后，在之前销售策略与补贴协同治理策略的设计研究基础上，融合销售策略与补贴协同治理策略，形成了基于销售与补贴协同治理的混合策略，探究现行"代储物资补贴、征用补偿管理"的政企协同治理方式下，引入应急物资的销售策略，是否可以实现当前补贴协同治理的效果与价值增加。此部分研究，一方面可以为销售策略争议性提供进一步的分析依据，另一方面可以丰富拓展应急物资储备治理策略。

1.6.2　章节框架

本书共七章，包含五个具体的研究内容。研究一是关于未知需求分布条件下应急库存规划方法研究；研究二、研究三是政府治理下应急物资销售策略的设计与探索；研究四是基于应急救援规定"代储物资补贴、征用补偿管理"的补贴协同治理策略的设计与研究；而研究五是销售与补贴协同治理的混合策略设计与探索。

其中，五个具体研究内容之间的关系为：研究一是本书的研究基础，在未知需求分布函数条件下，给出研究固定保质期应急物资库存控制系统的一般规划方法；研究二、研究三分别考虑消费者公益偏好与应急储备中心批发价格，设计面向消费者、面向企业的两种销售策略，是政府治理方式下的治理优化策略；研究四考虑"代储物资补贴、征用补偿管理"政策，设计在补贴协同治理策略，是政企合作治理策略研究的一部分，一方面是为了对比销售策略与补贴协同治理策略，进而给出销售策略的有效性条件，另一方面是形成应急物资储备治理策略的应用边界，也为了进一步设计政企协同治理的销售策略，是研究五的前提性研究；研究五是在研究二、研究三、研究四的基础上，设计在补贴协同治理下引入销售策略的混合策略，是销售策略研究的另一部分，即补贴协同治理下的销售策略。本书的具体研究框架如图 1-4 所示。

第 1 章介绍了剩余应急物资销售拍卖引发社会争议性和尝试性的背景，分析了固定保质期应急物资储备系统面临的过期风险与缺货风险并存困境，提出了探究用剩或临期应急物资销售策略及其优势的现实必要性与重要性。梳理了应急库存管理、应急库存控制策略与应急库存研究方法相关文献，得到了应急库存研究中存在的应用挑战，包括未知应急需求分布函数、忽略政企协同治理中的应急救援规定。基于实践背景与研究挑战，形成了本书的主要研究内容，即在解决上述两个应用挑战的基础上探究销售策略的优势条件，界定不同治理策略应用情形。

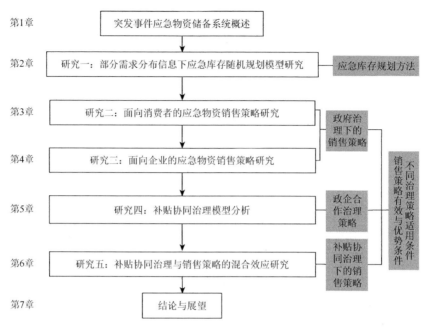

图 1-4　本书的具体研究框架

　　第 2 章分析了应急需求时间间隔与应急需求数量不确定性的影响,建立单个应急准备阶段的库存规划模型。该模型避免了单周期至多发生一次事故的假设,也避免了"维度灾难"带来的求解复杂性问题,并在未知应急需求(时间与数量)分布函数条件下,给出了自由分布应急库存规划方法,构建了部分需求分布信息下应急库存规划模型,通过我国 7.0 级以上地震事故中的实例数据说明了自由分布规划模型的可行性以及稳定性。

　　第 3 章设计了在政府治理下,用剩或临期应急物资面向消费者的销售策略。该策略中引入了消费者公益偏好,同时构建了应急储备中心无任何行动的被动接受策略模型、捐赠策略模型,将公众社会福利纳入社会经济价值,利用第 2 章未知分布函数条件下的库存规划方法,对比被动接受策略、捐赠策略下的库存决策,在悲观决策准则下,分析了销售策略对过期浪费降低、应急供给能力提升、综合社会价值增加的作用,判断什么情形下销售策略拥有比具有人道主义救助精神的捐赠策略更高的社会价值,进而为解决销售策略违反人道主义救助精神的争议性提供支撑,也给出了捐赠策略与销售策略的选择依据。

　　第 4 章设计了在政府治理下,用剩或临期应急物资面向企业的销售策略。该策略考虑应急储备中心与零售商/批发商等销售企业的交易关系,构建了应急物资低批发价销售策略,探究了面向企业的销售策略对降低过期风险与缺货风险的作用。进一步地,与面向消费者的销售策略比较,判断面向企业销售策略的有效性,为面向消费者销售策略的争议性提供判别依据，为应急储备中心与销售企业之间是否需要构建政企协同治理提供基础判断。

第 5 章提出了在政企合作治理下，基于"代储物资补贴、征用补偿管理"的现行政策下的补贴协同治理策略。该章根据实践中应急救援规定，提出了基于政府采购补贴的协同治理策略，即补贴协同治理策略，分析了采购补贴对政企协同治理系统的协调作用，以及补贴协同治理策略的应用条件。给出了选择销售策略或者补贴协同治理策略的实施条件，也为构建补贴协同治理下的销售策略提供基础。这是研究的一个分支，有着承上启下的作用。

第 6 章构建了基于销售策略与补贴协同治理策略的混合策略。补贴协同治理下，应急储备中心仍可以将自储的应急物资面向消费者进行销售，所以本书尝试性探究了补贴协同治理下，应急储备中心对剩余应急物资进行销售的有效性，即补贴协同治理策略与销售策略的混合使用的效应，进而给出补贴协同治理下销售策略的实施条件，最终形成了固定保质期剩余应急物资销售策略实施框架。另外，鉴于问题求解的复杂性，设计了一种近似算法。

第 7 章归纳总结了本书的主要研究内容，整理出了本书的研究结论，同时给出了未来的研究方向。

需要说明的是，本书根据销售渠道，设计了面向消费者与面向企业的销售策略，而没有涉及同时面向消费者与面向企业的销售策略。一是因为本书在研究中考虑应急物资是常规需求物资，即市场需求总量是一定的，面向消费者销售时吸引了市场上一部分公益偏好消费者，而未满足的公益偏好消费者会转向企业购买，所以，在同时面向消费者与面向企业的销售系统中，总体销售规模是两种销售方式的加总。二是因为消费者公益偏好效应以及市场价出售，使得面向消费者销售时产生更多的社会福利，故此可以推断，同时面向消费者与面向企业的销售系统最终会演化成面向消费者的销售。综上，本书中同时面向消费者与企业的销售情景对应急物资库存系统的影响较小，故忽略此混合销售情景。

第2章 部分需求分布信息下应急库存随机规划模型研究

2.1 引 言

在应急管理领域，应急物资储备保障是提高突发事件救援效果的一种主要工具。应急物资储备与商业物资储备的主要区别在于不确定性，商业储备有相对稳定的需求环境，而应急库存管理的挑战在于需求时间、需求数量、需求地点的高度变动性（Beamon and Balcik，2008；Berenguer and Shen，2020）。在固定保质期应急物资库存系统中，需求时间和需求数量的不确定性会严重影响应急物资的库存水平。需求数量通过应急物资的缺货损失进而影响其库存水平，而需求时间影响着应急物资的过期损失进而影响其库存水平（比如，有的食品的保质期一般 6 个月，如果突发事件在第 3 个月发生，则应急食品过期损失可认为为 0；如果突发事件在第 7 个月发生，如果不及时轮换处理，则第 1 批的食品全部过期；如果突发事件在第 23 个月，同样不及时轮换处理时，会损失前 3 批的应急食品）。然而，需求地点的不确定性仅仅影响应急物资的库存选址和配送路径，并不会影响应急库存水平。因此，本章考虑需求时间和需求数量两个维度的不确定性，正如 Gupta 等（2016）指出，不同突发事件类型有不同的特征，同时考虑突发事件后果与概率的研究会更真实和有趣，这也驱动研究同时考虑需求数量和需求时间不确定性的优化问题。

需求数量和需求时间的不确定性是研究应急库存决策问题的关键因素（Liang et al.，2012；Balcik and Ak，2014）。首先，对于需求数量的不确定性，大部分学者基于不同情景建立概率随机模型，即将随机需求数量划分成已知概率的有限几种需求情景。其次，对于需求时间的不确定性，学者往往考虑一个保持物资直至需求发生的库存周期，或者将计划期内所有可能的突发事件集成为一个综合突发事件，或根据突发事件的低频特性假设研究期内至多发生一个突发事件，以降低需求时间维度的不确定性。然而，一方面，固定保质期应急物资存在较大的过期风险，应急需求时间间隔的不确定性影响着应急物资过期风险，同时，每个计划期突发事件发生概率并非独立同分布的 [假设计划周期长度为 3 个月，突发事件发生时间间隔在 0～12 个月随机分布，如果前 3 个计划周期内（0～9 个月）没有突发事件发生，则在第 4 个周期以概率 1 会发生突发事件]，因此，文献假设计划期内至多发生一次突发事件，以降低应急需求时间间隔不确定维度，是存在挑战的。另一方面，由于实际突发事件相关数据较少，突发事件等级以及不同突发事件等级的发生概率是较难准确预测的，因此，如何界定需求情景以及如何计算不同情景发生的概率，是充满挑战的。

基于上述挑战，本章构建应急需求时间间隔与应急需求数量不确定的库存规划模型，而库存规划模型求解过程中，针对未知分布函数的条件限制，本章借鉴 Scarf（1957）提出的 min-max 准则，界定所有分布中最不利的分布，利用最不利的分布得到悲观态度下的优化解。进一步地，在未知分布条件下应急决策研究中，Ben-Tal 等（2011）、Najafi 等（2013）、Ni 等（2018）是建立了基于 min-max 鲁棒性优化模型以规避风险的少数研究代表。其中 Ni 等（2018）假设仅仅知道随机变量部分信息（最可能值、最大值、最小值），将决策者风险规避态度引入模型，并证明最优解可以在顶点集合取到，采取 Benders 分解算法求解，与确定性模型、情景概率随机模型对比，验证了其模型的鲁棒性。建立具有鲁棒性的随机规划模型，可以帮助应急库存系统有效应对随机性应急需求带来的波动变化（McCoy and Brandeau，2011；Bozorgi-Amiri et al.，2013）。鲁棒性包括解的鲁棒性和模型的鲁棒性，解的鲁棒性是指在所有波动情况下，该解几乎（如95%以上）都是最优解；而模型的鲁棒性是指在所有波动情景下，其解均是可行解。

因此，本章通过分析应急物资库存特征，针对应急需求时间间隔不确定性被忽略以及应急需求分布函数信息难以确定的挑战，需要研究下列几个问题。

（1）应急需求时间间隔的不确定性是如何影响应急物资库存决策和库存绩效的？与应急需求时间间隔确定的情形相比，应急需求时间间隔的不确定性是否会带来过期损失的增加，成为固定保质期应急物资库存过期损失的来源之一？

（2）面对实践中不能准确确定随机分布信息的挑战，如何建立鲁棒性规划模型？在应急需求的任何分布下，如何保证模型的最优解均是稳定的？

（3）在实践应用中更易操作可行的基于 min-max 准则的自由分布规划模型，相对于随机规划模型，是否有利于降低固定保质期应急物资的库存成本、改善过期损失？分布信息是否会失去存在价值？

为了回答上述问题，在单产品、定期检查的固定保质期应急物资库存系统中，本章首先建立应急需求时间间隔和应急需求数量不确定的随机规划模型，对比不考虑应急需求时间间隔随机因素的规划模型，分析应急需求时间间隔对应急库存决策的影响，验证其是否是应急物资过期浪费的重要来源。其次，面对估计概率分布函数难的挑战，根据随机函数的均值与上下界信息，确定期望成本的上下界，即最有利分布和最不利分布下的期望成本，给定一个乐观系数代表决策者的风险态度，建立应急需求时间间隔和应急需求数量随机规划的鲁棒模型——自由分布应急库存规划模型，并验证该近似规划模型对应急库存决策的影响。最后，通过真实数值案例，分析自由分布应急库存规划模型的敏感性和有效性。

本章的主要贡献在于：①构建了应急需求数量和应急需求时间间隔不确定性的应急库存规划模型，分析了应急需求时间间隔的不确定性对应急物资过期损失的影响，并验证其是否为过期损失的来源之一。②针对实践难以估计应急需求分布函数的挑战，本章界定了最好情形和最坏情形下的期望成本函数，进而构建了自由分布应急库存规划模型。③对比随机规划模型与自由分布规划模型的最优解和最优值，并通过实际地震数据验证了自由分布规划模型的鲁棒性，给出了分布信息价值失效的应用条件。

2.2　随机规划模型构建

这里考虑一个单产品、定期检查的固定保质期应急物资库存系统，如一个为预防灾难的存储水、食品、医疗品等应急物资的储备中心。应急库存决策的环境特征为应急需求 (t, x) 的高度不确定性，其中 t 是随机变量应急需求时间间隔 τ 的实现值，$t \in [0, V]$，均值为 n，V 为突发事件之间最大的时间间隔；x 是随机变量应急需求数量 X 的实现值，$x \in [0, M]$，均值为 u，M 为最严重突发事件的灾难需求。在固定保质期应急物资库存系统中，需要决策应该存储多少应急物资。利用报童模型，建立库存期望成本函数，包括缺货惩罚成本、未过期剩余价值、过期损失，根据我国应急实践，突发事件结束时应急储备中心会处置未使用的应急物资，如捐赠或回收再利用，所以本书对应急响应结束后剩余未使用应急物资给定一个剩余价值（Wang et al.，2019），剩余价值 c_v 的取值可能为 0，也可能为一个正数。

本章固定保质期应急物资库存规划模型的计算周期为单个应急准备阶段，即从上一个突发事件结束到下一个突发事件发生的时间间隔。目标函数的计算周期是随机的，但是期望目标函数依然具有可比性。究其原因：一方面，每个应急准备阶段有相似的成本结构，包括缺货损失、过期浪费、销售收入等；另一方面，每个应急准备阶段的期望时间长度是相同的。在本章中，根据应急系统中严重的缺货后果事实，设置了一个较高的缺货惩罚成本，以保障应急物资有一个较高的库存水平，即较高的应急救援能力，满足应急物资以最大程度救援为首要目标。

根据上述系统与问题描述，本章分别建立了应急需求数量随机的库存规划模型、应急需求数量与应急需求时间间隔随机的库存规划模型、自由分布应急库存规划模型，以验证应急需求时间间隔不确定性对库存决策的影响以及自由分布规划的有效性与鲁棒性。

2.2.1　应急需求数量随机的应急库存规划模型

该规划模型仅仅考虑应急需求数量的不确定性。已有研究中，部分学者按照情景概率（如 0～5 级）计算离散分布下的期望成本，这种基于情景的随机规划模型假设在给定计划期内，有至多一个突发事件发生，而这种假设假定了每个计划期内面临相同的随机应急需求情景。换个角度，上述研究优化问题等同于应急需求时间间隔确定下的随机优化问题，研究中假设应急需求时间间隔为确定值 $\tilde{t}$，此情景下不会存在过期损失，因为只需要在 $\tilde{t}$ 时购买到一定数量的应急物资即可，而购买量的多少由下述规划模型来决定，即每个应急准备阶段内的规划模型为

$$\min_{Q} c_{es}E(x-Q)^+ + pQ - c_vE(Q-x)^+ \tag{2-1}$$

最佳库存量是缺货成本、采购成本、剩余价值之间的均衡。其中，c_{es} 为单位缺货惩罚成本；p 为应急物资的市场单价；c_v 为应急准备阶段末应急物资的剩余价值；Q 为应急物资的储备购买量，为决策变量；$E(x-Q)^+$ 为期望过期数量；$(x-Q)^+ = \max(x-Q,0)$。不失一般性地，有 $c_{es} > p \geqslant c_v$。

2.2.2　应急需求数量和应急需求时间间隔随机的应急库存规划模型

需求时间的不确定性要求提前采购存储应急物资，假设固定保质期应急物资保存周期为 N，而应急需求有可能发生在 $[0,V]$ 的任意时间点。因为固定保质期应急物资的短生命周期性以及低频率事故的长间隔性，不失一般性地，有 $N \leqslant V$。令 $\lfloor V/N \rfloor = k$，表示对 V/N 向下取整，则 $k \geqslant 1$ 且为整数。假设应急需求发生在第 i 个应急物资保存周期，$0 \leqslant i \leqslant k$。因此，在整个应急准备阶段内，应急需求数量和应急需求时间间隔不确定的随机规划模型为

$$\min_{Q} \left[\begin{array}{l} \sum_{i=0}^{k-1} \int_{iN}^{(i+1)N} E(c_{es}(x-Q)^+ - c_v(Q-x)^+ + ic_oQ + (i+1)pQ)g(t)dt \\ + \int_{kN}^{V} E(c_{es}(x-Q)^+ - c_v(Q-x)^+ + kc_oQ + (k+1)pQ)g(t)dt \end{array} \right] \tag{2-2}$$

模型（2-2）考虑了需求时间不确定性带来的过期损失，用 c_o 表示单位过期损失费用，如果在 N 时期内没有发生应急需求，则在 N 时全部库存产生过期损失，并且需要重新补充新的应急物资。将模型（2-2）展开，等价于下述模型：

$$\min_{Q} \left\{ \begin{array}{l} \sum_{i=0}^{k-1} \int_{iN}^{(i+1)N} \left[\int_{Q}^{M} [(c_{es}-c_v)(x-Q)]f(x)dx - c_v(Q-u) + ic_oQ + (i+1)pQ \right] g(t)dt \\ + \int_{kN}^{V} \left[\int_{Q}^{M} [(c_{es}-c_v)(x-Q)]f(x)dx - c_v(Q-u) + kc_oQ + (k+1)pQ \right] g(t)dt \end{array} \right\}$$

2.2.3　自由分布应急库存规划模型

如前文强调，在实践过程中估计应急需求数量和应急需求时间间隔的概率分布是非常困难的，而上述两个随机规划模型，即模型（2-1）和模型（2-2），均需

要已知随机变量的概率分布函数。为了解决这个难题，本书参考自由分布报童模型相关研究成果，构建自由分布应急库存规划模型。

在自由分布规划模型中，假设仅知道随机变量的均值、最大值、最小值三个方面信息，即应急需求数量的均值 u、最小值 0、最大值 M 是已知分布信息，同样应急需求时间间隔的均值 n、最小值 0、最大值 V 也为已知分布信息。自由分布决策问题被 Scarf（1957）等开始探索并研究，假设仅知道随机需求 x 的均值 u 与方差 σ^2 信息，证明并给出了企业期望利润函数 $E\Pi = -cq + r(q - (q - x)^+)$ 的下界函数：

$$E\Pi^{f\min} = -cq + r\left(\frac{u+q}{2} - \frac{1}{2}\sqrt{(q-u)^2 + \sigma^2}\right)$$

其等价期望成本函数 $EC = c_{es}(x-q)^+ + c_o(q-x)^+$ 的上界函数为

$$EC^{f\max} = \frac{c_o - c_{es}}{2}(q-u) + \frac{c_o + c_{es}}{2}c_o[(q-u)^2 + \sigma^2]^{1/2}$$

根据模型 $\min\limits_{q} \max EC = \min\limits_{q} EC^{f\max}$ 求出最优解（又称为 Scarf 准则）：

$$q^{f\max*} = u + \frac{\sigma}{2}\left[(c_{es}/c_o)^{1/2} - (c_o/c_{es})^{1/2}\right]$$

Scarf 研究的报童模型已知方差和均值，而方差和均值的两个参数有时是可以估计出分布函数的，如正态分布，所以相对于 Scarf 构建的自由分布决策模型，本书假设的部分分布参数信息更简单，并且在实践中更容易得到或估计。

为构建自由分布鲁棒性规划模型，需要先引入两个引理，即引理 2-1 和引理 2-2。$\lfloor a/b \rfloor$ 是对 a/b 向下取整，例如 $a=1$，$b=3$ 时，$\lfloor a/b \rfloor = 0$，而 $a=8$，$b=3$ 时，$\lfloor a/b \rfloor = 2$。

引理 2-1　$\max(n/N - 1, 0) \leqslant \sum\limits_{i=0}^{k-1} \int_{iN}^{(i+1)N} ig(t)\mathrm{d}t + \int_{kN}^{V} kg(t)\mathrm{d}t \leqslant n/N$。

证明　当 $t \in [iN, (i+1)N)$ 时，有 $i = \lfloor t/N \rfloor$，即

$$\sum\limits_{i=0}^{k-1} \int_{iN}^{(i+1)N} ig(t)\mathrm{d}t + \int_{kN}^{V} kg(t)\mathrm{d}t = E\left(\lfloor t/N \rfloor\right)$$

另外，因为 $\max(t/N - 1, 0) \leqslant \lfloor t/N \rfloor \leqslant t/N$，以及 $\lfloor t/N \rfloor$ 与 t/N 是 t 的单调非减函数，所以，根据单调性以及期望定义 $E(t) = \int_{\Omega} tg(t)\mathrm{d}t$，进而有

$$\max(E(t/N - 1), 0) = n/N - 1 \leqslant E\left(\lfloor t/N \rfloor\right) \leqslant E(t/N) = n/N$$

可得 $\max(n/N - 1, 0) \leqslant \sum\limits_{i=0}^{k-1} \int_{iN}^{(i+1)N} ig(t)\mathrm{d}t + \int_{kN}^{V} kg(t)\mathrm{d}t \leqslant n/N$，引理得证。

引理 2-2　$Z^{f\min} \leqslant E\{c_{es}(x-Q)^+ - c_v(Q-x)^+\} \leqslant Z^{f\max}$，其中，$Z^{f\min} = c_{es}(u-Q)^+ - c_v(Q-u)^+$，$Z^{f\max} = (c_{es} - c_v)(M-Q)\dfrac{u}{M} - c_v(Q-u)$。

证明　参照 Yue 等（2007）中的定理证明过程，首先验证 $c_{es}(x-Q)^+ - c_v(Q-x)^+$ 是 x 的凸函数。

令 $C(x) = c_{es}(x-Q)^+ - c_v(Q-x)^+$，则 $C(x) = \begin{cases} c_v(x-Q), & x \leqslant Q \\ c_{es}(x-Q), & x > Q \end{cases}$。

由于 $c_{es} > c_v$，所以根据定义可以判断 $C(x)$ 是 x 的凸函数。

则根据凸函数性质，可得 $E(C(x)) \geqslant C(E(x))$，即

$$E\{c_{es}(x-Q)^+ - c_v(Q-x)^+\} \geqslant c_{es}(E(x)-Q)^+ - c_v(Q-E(x))^+$$

故，最有利分布 $f^{\min}$ 为全概率取值 $E(x)$（一点分布），进而成本下界函数 $Z^{f^{\min}} = c_{es}(u-Q)^+ - c_v(Q-u)^+$。

然后，证明成本上界函数。不失一般性地，假设 $\int_Q^M f(x)\mathrm{d}x = \dfrac{u}{M} - \Delta$（$\Delta \geqslant 0$），有

$$\int_Q^M (x-Q)f(x)\mathrm{d}x \leqslant (M-Q)\int_Q^M f(x)\mathrm{d}x \leqslant (M-Q)\frac{u}{M}$$

假设 $\int_Q^M f(x)\mathrm{d}x = \dfrac{u}{M} + \Delta$（$\Delta \geqslant 0$），有

$$\begin{aligned}
\int_Q^M (x-Q)f(x)\mathrm{d}x &= u - \int_0^Q xf(x)\mathrm{d}x - \int_Q^M Qf(x)\mathrm{d}x \\
&\leqslant u - Q\int_Q^M f(x)\mathrm{d}x = u - Q\left(\frac{u}{M} + \Delta\right) \\
&\leqslant u - Q\frac{u}{M} = (M-Q)\frac{u}{M}
\end{aligned}$$

$$\begin{aligned}
E\{c_{es}(x-Q)^+ - c_v(Q-x)^+\} &= E\{(c_{es}-c_v)(x-Q)^+ - c_v(Q-x)\} \\
&= (c_{es}-c_v)\int_Q^M (x-Q)f(x)\mathrm{d}x - c_v(Q-u) \\
&\leqslant (c_{es}-c_v)(M-Q)\frac{u}{M} - c_v(Q-u)
\end{aligned}$$

故最不利分布 $f^{\max}$ 是以概率 $\dfrac{M-u}{M}$ 取值 0、以概率 $\dfrac{u}{M}$ 取值 M 的两点分布，成本上界函数 $Z^{f^{\max}} = (c_{es}-c_v)(M-Q)\dfrac{u}{M} - c_v(Q-u)$。引理 2-2 得证。

根据引理 2-1 和引理 2-2，可以得到期望成本目标函数的上界 $\mathrm{EC}^{f^{\min}}$ 和下界 $\mathrm{EC}^{f^{\max}}$：

$$\mathrm{EC}^{f^{\min}} = c_{es}(u-Q)^+ - c_v(Q-u)^+ + \max(n/N-1,0)c_oQ + \max(n/N,1)pQ$$

$$\mathrm{EC}^{f^{\max}} = (c_{es}-c_v)(M-Q)u/M - c_v(Q-u) + n/Nc_oQ + (n/N+1)pQ$$

则将随机规划模型转换为确定性数学规划模型，自由分布应急库存规划模型为

$$\min_{0 \leqslant Q \leqslant M} \frac{\mathrm{EC}^{f^{\max}} + \rho\mathrm{EC}^{f^{\min}}}{\rho+1} \tag{2-3}$$

规划模型引入乐观系数 $\rho \in [0,1]$，当 $\rho = 1$ 时为风险中性准则下的决策；而当 $\rho = 0$ 时，为完全悲观准则下的决策，即考虑应急需求数量和应急需求时间间隔都取最大值的情景，此时得出的解过于保守。本书可以通过调解 ρ 的值验证决策者的风险规避态度对应急库存决策的影响。

2.3　应急库存规划模型分析

对比分析模型（2-1）和模型（2-2），可以得到应急需求时间间隔对过期损失和库存效率带来的影响；对比分析模型（2-2）和模型（2-3），可验证自由分布应急库存规划模型的有效性和鲁棒性。用 EC_1、EC_2、EC_3 分别表示模型（2-1）～模型（2-3）的成本目标函数，相应地，Q_1^*、Q_2^*、Q_3^* 分别表示模型（2-1）～模型（2-3）的最优库存水平，即决策值。

2.3.1　应急需求时间间隔随机性影响

在应急准备阶段，应急物资的提前准备往往来源于应急需求时间间隔的不确定性，而固定保质期应急物资的过期损失是由于提前准备的应急物资在保质期内未被需求产生的。为了分析应急需求时间间隔不确定性带来的影响，给出模型（2-1）和模型（2-2）的最优解并对比，如定理 2-1。

定理 2-1　模型（2-1）和模型（2-2）的最优解关系有 $Q_1^* \geqslant Q_2^*$，其中，

$$Q_1^* = F^{-1}\left(\frac{c_{es} - p}{c_{es} - c_v} \right)$$

$$Q_2^* = F^{-1}\left(\max\left(0, \frac{c_{es} - p - (p + c_o)\left(\sum_{i=0}^{k-1} \int_{iN}^{(i+1)N} ig(t)\mathrm{d}t + \int_{kN}^{V} kg(t)\mathrm{d}t \right)}{c_{es} - c_v} \right) \right)$$

证明　因为 $EC_1 = c_{es} \int_Q^M (x-Q)f(x)\mathrm{d}x + pQ - c_v \int_0^Q (Q-x)f(x)\mathrm{d}x$，则有 $\dfrac{\partial EC_1}{\partial Q} =$

$-c_{es}\int_Q^M f(x)\mathrm{d}x + p - c_v \int_0^Q f(x)\mathrm{d}x$，$\dfrac{\partial^2 EC_1}{\partial Q^2} = (c_{es} - c_v)f(Q) \geqslant 0$。

所以模型（2-1）有唯一最优解，即 Q_1^* 满足 $\dfrac{\partial EC_1}{\partial Q}\bigg|_{Q=Q_1^*} = 0$。

由 $EC_2 = \left\{ \begin{array}{l} \sum_{i=0}^{k-1} \int_{iN}^{(i+1)N} \left[\int_Q^M [(c_{es} - c_v)(x - Q)]f(x)\mathrm{d}x - c_v(Q - u) + ic_oQ + (i+1)pQ \right]g(t)\mathrm{d}t \\ + \int_{kN}^{V} \left[\int_Q^M [(c_{es} - c_v)(x - Q)]f(x)\mathrm{d}x - c_v(Q - u) + kc_oQ + (k+1)pQ \right]g(t)\mathrm{d}t \end{array} \right\}$，

得 $\dfrac{\partial EC_2}{\partial Q} = -c_{es}\int_Q^M f(x)\mathrm{d}x - c_v\int_0^Q f(x)\mathrm{d}x + p + (p+c_o)\left[\sum_{i=0}^{k-1}\int_{iN}^{(i+1)N} ig(t)\mathrm{d}t + \int_{kN}^V kg(t)\mathrm{d}t\right]$,

$\dfrac{\partial^2 EC_2}{\partial Q^2} = (c_{es} - c_v)f(Q) \geqslant 0$ 。

所以模型（2-2）有唯一最优解，即 Q_2^* 满足 $\dfrac{\partial EC_2}{\partial Q}\Big|_{Q=Q_2^*} = 0$ 。

因为 $c_{es} > p \geqslant c_v \geqslant 0$ ，所以 $0 < \dfrac{c_{es}-p}{c_{es}-c_v} \leqslant 1$ ，即 $0 < Q_1^* \leqslant M$ ，同理， $0 < Q_2^* \leqslant$ M ，即最优解均为可行解。

又因为 $\dfrac{c_{es} - p - (p+c_o)\left(\displaystyle\sum_{i=0}^{k-1}\int_{iN}^{(i+1)N} ig(t)\mathrm{d}t + \int_{kN}^V kg(t)\mathrm{d}t\right)}{c_{es}-c_v} \leqslant \dfrac{c_{es}-p}{c_{es}-c_v}$ ，且 $F^{-1}(\xi)$ 为 ξ 的增函数，所以 $Q_2^* \leqslant Q_1^*$ 。定理 2-1 得证。

对比最优解 Q_1^* 与 Q_2^* 发现以下两点。

（1） $Q_2^* \leqslant Q_1^*$ ，说明应急需求时间间隔的不确定性是固定保质期应急物资过期损失的来源之一。因为如果应急需求时间间隔是确定的，不会存在过期损失，即过期损失值为 0；而如果应急需求时间间隔具有不确定性时，存在过期损失，且过期损失值为 $c_o\left(\displaystyle\sum_{i=0}^{k-1}\int_{iN}^{(i+1)N} ig(t)\mathrm{d}t + \int_{kN}^V kg(t)\mathrm{d}t\right) \geqslant 0$ 。

（2）当 $c_{es} > p + (p+c_o)\left(\displaystyle\sum_{i=0}^{k-1}\int_{iN}^{(i+1)N} ig(t)\mathrm{d}t + \int_{kN}^V kg(t)\mathrm{d}t\right)$ 时， $Q_2^* > 0$ ，否则 $Q_2^* = 0$ ，说明面对不确定的应急环境，比较关键的应急物资（其单位缺货惩罚大于采购成本和过期成本）应该提前存储（ $Q_2^* > 0$ ），而不太关键的应急物资则不需要存储。这个结论与应急物资管理实践一致，比如，应急储备中心往往提前采购血液、水、食物、帐篷等关键性应急物资，往往需要进行战略性储备。

2.3.2　自由分布库存规划模型的有效性

因为自由分布规划模型的最优解和最优值在应急需求分布的任何变动下均为最优解和最优值，具有一定的鲁棒性，且求解过程不需要已知明确的分布信息，所以自由分布规划模型在实践应用中更易操作可行。但是，由于信息的价值性，一般情况下是否会有自由分布规划模型带来成本的增加？或者在什么条件下，分布信息价值失效？本节从过期成本的降低和总期望成本降低两个维度，说明自由分布规划模型的绝对充分有利实施条件。

1. 模型最优解分析

求解模型（2-3），最优解与缺货惩罚、价值剩余、过期损失、采购价格的关系有关，如定理 2-2 所示。

定理 2-2 模型（2-3）的最优解为

$$Q_3^* = \begin{cases} 0, & c_{es} < \underline{c}_{es}(\rho, c_v, c_o, p) \\ u, & \underline{c}_{es}(\rho, c_v, c_o, p) \leqslant c_{es} < \overline{c}_{es}(\rho, c_v, c_o, p) \\ M, & c_{es} \geqslant \overline{c}_{es}(\rho, c_v, c_o, p) \end{cases}$$

其中，$\underline{c}_{es}(\rho, c_v, c_o, p) = p + \dfrac{(p+c_o)\left(\rho\left(\dfrac{n}{N}-1\right)^+ + \dfrac{n}{N}\right) + (p-c_v)\dfrac{M-u}{M}}{\rho + \dfrac{u}{M}}$，$\overline{c}_{es}(\rho, c_v, c_o, p) = $

$$p + \frac{(p+c_o)\left(\rho\left(\dfrac{n}{N}-1\right)^+ + \dfrac{n}{N}\right) + (p-c_v)\left(\rho + \dfrac{M-u}{M}\right)}{\dfrac{u}{M}} \text{。}$$

证明　因为 $EC_3 = \dfrac{\left[\begin{array}{l}(c_{es}-c_v)(M-Q)\dfrac{u}{M} - c_v(Q-u) + \dfrac{n}{N}c_oQ + \left(\dfrac{n}{N}+1\right)pQ \\ +\rho\left(c_{es}(u-Q)^+ - c_v(Q-u)^+ + \max\left(\dfrac{n}{N}-1,0\right)c_oQ + \max\left(\dfrac{n}{N},1\right)pQ\right)\end{array}\right]}{\rho+1}$，

$\max\left(\dfrac{n}{N}-1,0\right) = \left(\dfrac{n}{N}-1\right)^+$，以及 $\max\left(\dfrac{n}{N},1\right) = \left(\dfrac{n}{N}-1\right)^+ + 1$，可知以下结论。

（1）当 $0 \leqslant Q \leqslant u$ 时，有

$$\frac{\partial EC_3}{\partial Q} = \frac{1}{\rho+1}\left[-\left(\rho+\frac{u}{M}\right)c_{es} - \frac{M-u}{M}c_v + \left(\rho\left(\frac{n}{N}-1\right)^+ + \frac{n}{N}\right)c_o + \left(\rho\left(\frac{n}{N}-1\right)^+ + \rho+1+\frac{n}{N}\right)p\right]$$

（2）当 $u \leqslant Q \leqslant M$ 时，有

$$\frac{\partial EC_3}{\partial Q} = \frac{1}{\rho+1}\left[-\frac{u}{M}c_{es} - \left(\rho+\frac{M-u}{M}\right)c_v + \left(\rho\left(\frac{n}{N}-1\right)^+ + \frac{n}{N}\right)c_o + \left(\rho\left(\frac{n}{N}-1\right)^+ + \rho+1+\frac{n}{N}\right)p\right]$$

综上可知，$Q_3^* = \{0, u, M\}$，即三个端点值之一。定理 2-2 得证。

1）应急物资类型的影响

从定理 2-2 可以看出，应急库存水平与缺货成本、价值剩余呈正相关关系，而与过期损失和产品价值呈负相关关系。因而可以得到：如果应急物资较关键（水、血液、药品）或者可回收价值较大（帐篷、粮食），应急储备中心可以保持较高的存储水平，而对环境污染严重（过期损失较大，如电子产品、化学药剂等）或者

比较贵重（运输车、拖车房、隔离舱等）的产品，应急储备中心应当保持较低的存储量。这一结论与实践结果是一致的，即应急储备中心往往储备一定水平的战略物资，如石油、粮食、水等。

2）突发事件类型的影响

分析突发事件的类型与决策值的关系。如第 1 章中相关概念界定，采用风险矩阵的形式，突发事件的类型从发生后果与发生频率两个维度来刻画，简单分为高频严重突发事件（台风等）、低频严重突发事件（地震、世界战争等）、高频轻微突发事件（交通事故等）、低频轻微突发事件（操作标准化作业出错）四种类型。应急需求数量表示突发事件后果的大小，应急需求数量越大说明突发事件越严重；应急需求时间间隔表示突发事件频率，应急需求时间间隔越短则说明突发事件时间间隔越短，即突发事件频率越高。本章中，应急需求数量和应急需求时间间隔的参数包括均值、最大值、最小值，根据定理 2-2 结果，均值 u 代表突发事件后果大小，注意后果大小增强也有可能 $\dfrac{u}{M}$ 的值不变，如均匀分布，但一般情况下突发事件平均需求数量 u 越大说明后果越严重；同理，均值 n 可以表示突发事件发生频率，如果突发事件平均时间间隔 n 越大，说明发生频率越低。

根据定理 2-2，有 $\dfrac{\partial \underline{c}_{es}(\rho,c_v,c_o,p)}{\partial n}>0$，$\dfrac{\partial \overline{c}_{es}(\rho,c_v,c_o,p)}{\partial n}>0$，即给定一个 c_{es}，随着 n 的增加，$c_{es}\in(p,\underline{c}_{es}(\rho,c_v,c_o,p))$ 的区间范围变大，$Q_3^*=0$ 的可能性增加；而其余参数不变时，有 $\dfrac{\partial \underline{c}_{es}(\rho,c_v,c_o,p)}{\partial u}<0$，$\dfrac{\partial \overline{c}_{es}(\rho,c_v,c_o,p)}{\partial u}<0$，即随着 u 的增大，$c_{es}\in(\overline{c}_{es}(\rho,c_v,c_o,p),\infty)$ 的区间范围变大，$Q_3^*=M$ 的可能性增加。所以，可以得到：突发事件发生频率越高、突发事件后果越严重，决策者会存储越多的应急物资，所以针对经常发生严重突发事件的地区（如地震带国家或地区、易燃易爆炸工厂园区等），需要保持较高的应急库存水平。这一结论与实践结果也是一致的，比如，美国应急管理部门每年提前储备较多应急物资应对龙卷风，印度尼西亚会储备较多物资应对台风海啸，处在地震带的日本也会提前储备较多应急物资以应对地震灾害。

3）乐观系数的影响

分析乐观系数与决策值的关系发现：如果 $n\leqslant N$ 时，即突发事件发生频率较高时，乐观系数不会影响库存决策；而如果 $n>N$ 时，即突发事件时间间隔较长（低频突发事件）时，随着乐观系数 ρ 增高，$Q_3^*=u$ 的概率会增高，而随着 ρ 降低，$Q_3^*=0$ 与 $Q_3^*=M$ 的概率均会增加。由于 $\dfrac{\partial \underline{c}_{es}(\rho,c_v,c_o,p)}{\partial \rho}<0$ 以及 $\dfrac{\partial \overline{c}_{es}(\rho,c_v,c_o,p)}{\partial \rho}\geqslant 0$，所以，当 ρ 增高时，$\underline{c}_{es}(\rho,c_v,c_o,p)$ 减小，$\overline{c}_{es}(\rho,c_v,c_o,p)$ 增大，

即 $[\underline{c}_{es}(\rho,c_v,c_o,p),\ \overline{c}_{es}(\rho,c_v,c_o,p)]$ 的区间范围会变大,进而 c_{es} 落在此范围的可能性变大。

探究上述结论背后的原因:最优库存水平是平衡过高库存带来的成本与过低库存带来的成本之间的均衡解,其中,过高库存带来的成本包括期望过期损失和价值损失(采购成本-剩余价值),过低库存带来的成本包括期望缺货损失。乐观系数 ρ 增高是指决策者风险规避程度减弱,当 ρ 降低时,决策者对过高库存带来的库存风险和过低库存带来的缺货风险的风险规避意识增强,因此,如果期望缺货风险突出时,决策者会选择较高库存水平($Q_s^* = M$)以降低缺货损失,相反,决策者会保持较低库存水平以降低过期损失;而当 ρ 增加时,决策者对过高库存带来的库存风险和过低库存带来的缺货风险的风险规避意识减弱,此时会大概率选择平均水平,以根据期望准则平衡过期损失和缺货损失。

综上,可以得到:针对低频突发事件,决策者风险规避程度越强,对缺货风险和过期风险越敏感,则会选择较高或者较低的库存水平;而风险规避程度较弱的决策者,往往倾向选择平均需求量的库存水平。比如,针对地震、战争等破坏力严重的低频突发事件,相关部门负责人往往尽可能多地存储关键应急物资。而针对高频突发事件,决策者风险规避态度的变化不会改变库存决策水平,但库存量高于为响应低频率突发事件而储备的应急物资量。

4)应急物资保质期的影响

固定保质期应急物资的库存周期也影响着库存水平,根据最优解表达式,有 $\dfrac{\partial \underline{c}_{es}(\rho,c_v,c_o,p)}{\partial N}<0$,$\dfrac{\partial \overline{c}_{es}(\rho,c_v,c_o,p)}{\partial N}<0$。所以,可以得到以下结论。

应急储备中心往往较少储存保质期非常短的应急物资。实际上,应急物资保质期越短,储备中心提前储备量越少。但是如水、血液、食物等保质期非常短的关键物资,物资的关键性要求应急储备中心需要提前储备较多的库存,而物资的固定保质期要求应急储备中心少量储存,所以应急储备中心往往与市场需求大且稳定的企业合作,提前储存关键的固定保质期应急物资,包括灵活采购量契约、期权契约、补贴契约、奖金契约等合作协调机制,本书的第 5 章和第 6 章内容将会研究这种合作协调机制。

从最优解的形式上来看,该自由分布规划模型的库存决策量在实践中容易实施,因为决策值在 $\{0,u,M\}$ 三个已知参数中选择,另外,决策过程不需要决策者估计各种突发事件类型的应急需求随机分布信息。从自由分布规划模型的有效性方面来看,需要对比该模型与模型(2-2)的最佳库存水平与最优成本。为了获得理论模型的解析解,假设应急需求数量服从均匀分布、应急需求时间间隔服从负指数分布,如接下来关于具体分布下的分析,随后会利用真实案例数据模拟仿真各种分布下的结果。

2. 具体分布下的对比分析

此部分主要假设应急需求数量为均匀分布,应急需求时间间隔为负指数分布,本章选择均匀分布和负指数分布兼具其合理性与可行性。据观察所知,四种随机分布类型是常见的,具体包括正态分布、泊松分布、指数分布、均匀分布。正态分布在现实生活中经常遇到,如学生成绩、地区居民身高、产品市场需求等,但是在新型产品库存管理研究中,由于新产品市场需求存在不稳定性,往往认为假设新产品市场需求为均匀分布更合理(Wanke,2008)。Das 和 Hanaoka(2014)也将不稳定的应急需求假设为均匀分布。因此,将应急需求数量假设为均匀分布是可行的。泊松分布是针对离散事件,用来表述单位时间内随机事件发生次数,如某一时间内到达银行的顾客数、生产机器故障次数、交通事故数、自然灾害数等一般是服从泊松分布的,而服从泊松分布的离散事件时间间隔是服从负指数分布的,即到达银行两个连续顾客的时间间隔、机器故障的时间间隔、交通事故的时间间隔、自然灾害的时间间隔一般是服从负指数分布的。因此,将应急需求时间间隔假设为负指数分布是合理可行的。

应急需求数量 x 服从 $[0,M]$ 上的均匀分布,则有 $f(x)=\begin{cases} \dfrac{1}{M}, & x\in[0,M] \\ 0, & 其他 \end{cases}$,

$$u=\frac{M}{2}, \quad F(x)=\begin{cases} 0, & x\leqslant 0 \\ \dfrac{x}{M}, & 0<x\leqslant M \\ 1, & x>M \end{cases}。$$

应急需求时间间隔 t 服从 $[0,V]$ 上截尾负指数分布,则有 $g(t)=\begin{cases} \lambda\mathrm{e}^{-\lambda t}, & t\in[0,V] \\ 0, & 其他 \end{cases}$,

$$\lambda=\frac{1}{n}, \quad G(t)=\begin{cases} 0, & t\leqslant 0 \\ 1-\mathrm{e}^{-\lambda t}, & 0<t\leqslant V \\ 1, & t>V \end{cases}。$$

首先,求解应急需求数量为均匀分布、需求时间为负指数分布的库存规划模型。因为 $\sum\limits_{i=0}^{k-1}\int_{iN}^{(i+1)N}ig(t)\mathrm{d}t+\int_{kN}^{V}kg(t)\mathrm{d}t=\sum\limits_{i=0}^{k-1}i(G((i+1)N)-G(iN))+k(1-G(iN))$, 而

$$\sum_{i=0}^{k-1}i(G((i+1)N)-G(iN))+k(1-G(iN))=0+1\times(G(2N)-G(N))+2\times(G(3N)-G(2N))+$$

$\cdots+(i-1)\times(G(iN)-G((i-1)N))+i\times(G((i+1)N)-G(iN))+\cdots+k(1-G(kN))$。所以, 有

$$\sum_{i=0}^{k-1}\int_{iN}^{(i+1)N}ig(t)\mathrm{d}t+\int_{kN}^{V}kg(t)\mathrm{d}t=k-\sum_{i=1}^{k}G(iN)=\sum_{i=1}^{k}\mathrm{e}^{-\lambda iN}=\frac{\mathrm{e}^{-\lambda N}(1-\mathrm{e}^{-\lambda kN})}{1-\mathrm{e}^{-\lambda N}}。$$

最后一个等式成立的依据是等比求和公式，需注意的是 $\left(\dfrac{n}{N}-1\right)^{+}\leqslant\sum\limits_{i=1}^{k}\mathrm{e}^{-\lambda iN}\leqslant$ $\dfrac{n}{N}$，因为任一分布下，均有 $\max(E(T/N-1),0)\leqslant E(\lfloor T/N\rfloor)\leqslant E(T/N)$。

所以，将 $f(x)$、$g(t)$ 代入定理2-1与定理2-2，有

$$Q_2^{*}=\begin{cases}M-\dfrac{(p-c_v)+(p+c_o)\sum\limits_{i=1}^{k}\mathrm{e}^{-\lambda iN}}{c_{\mathrm{es}}-c_v}M,&c_{\mathrm{es}}>p+(p+c_o)\sum\limits_{i=1}^{k}\mathrm{e}^{-\lambda iN}\\0,&\text{其他}\end{cases}$$

$$\mathrm{EC}_2^{*}=(c_{\mathrm{es}}-c_v)(M-Q_2^{*})-c_v(Q_2^{*}-u)+pQ_2^{*}+(p+c_o)Q_2^{*}\dfrac{\mathrm{e}^{-\lambda N}(1-\mathrm{e}^{-\lambda kN})}{1-\mathrm{e}^{-\lambda N}}$$

因为，$Q_3^{*}=\begin{cases}0,&c_{\mathrm{es}}<\underline{c}_{\mathrm{es}}(\rho,c_v,c_o,p)\\u,&\underline{c}_{\mathrm{es}}(\rho,c_v,c_o,p)\leqslant c_{\mathrm{es}}<\bar{c}_{\mathrm{es}}(\rho,c_v,c_o,p)\\M,&c_{\mathrm{es}}\geqslant\bar{c}_{\mathrm{es}}(\rho,c_v,c_o,p)\end{cases}$，其中 c_{es} 的边界条件

取值为

$$\underline{c}_{\mathrm{es}}(\rho,c_v,c_o,p)=p+\dfrac{(p+c_o)\left(\rho\left(\dfrac{n}{N}-1\right)^{+}+\dfrac{n}{N}\right)+(p-c_v)\dfrac{M-u}{M}}{\rho+\dfrac{u}{M}}$$

$$\bar{c}_{\mathrm{es}}(\rho,c_v,c_o,p)=p+\dfrac{(p+c_o)\left(\rho\left(\dfrac{n}{N}-1\right)^{+}+\dfrac{n}{N}\right)+(p-c_v)\left(\rho+\dfrac{M-u}{M}\right)}{\dfrac{u}{M}}$$

$$\mathrm{EC}_3^{*}=\begin{cases}\dfrac{\rho}{\rho+1}\left[c_{\mathrm{es}}(u-Q_3^{*})^{+}-c_v(Q_3^{*}-u)^{+}+pQ_3^{*}+(p+c_o)\left(\dfrac{n}{N}-1\right)^{+}Q_3^{*}\right]\\+\dfrac{1}{\rho+1}\left[(c_{\mathrm{es}}-c_v)(M-Q_3^{*})\dfrac{u}{M}-c_v(Q_3^{*}-u)+pQ_3^{*}+(p+c_o)\dfrac{n}{N}Q_3^{*}\right]\end{cases}$$

定理 2-3 当 $\breve{c}_{\mathrm{es}}<c_{\mathrm{es}}<\bar{c}_{\mathrm{es}}(\rho,c_v,c_o,p)$ 时，存在 $Q_3^{*}\leqslant Q_2^{*}$ 与 $\mathrm{EC}_3^{*}<\mathrm{EC}_2^{*}$，基于自由分布规划模型的决策实现了过期风险与库存成本的降低，即除均值与上下界外，随机变量的其他分布信息是不存在价值的。其中，$\breve{c}_{\mathrm{es}}=p+(p+c_o)\sum\limits_{i=1}^{k}\mathrm{e}^{-\lambda iN}$。

证明 令 $\dot{Q}_2=M-\dfrac{(p-c_v)+(p+c_o)\sum\limits_{i=1}^{k}\mathrm{e}^{-\lambda iN}}{c_{\mathrm{es}}-c_v}M$，将最优解对比划分为六种情景：

$$(Q_2^{*},Q_3^{*})=\{(0,0),(0,u),(0,M),(\dot{Q}_2,0),(\dot{Q}_2,u),(\dot{Q}_2,M)\}$$

但是因为 $\breve{c}_{\mathrm{es}}<\bar{c}_{\mathrm{es}}(\rho,c_v,c_o,p)$，所以情景 $(Q_2^{*},Q_3^{*})=(0,M)$ 是不存在的。

在剩余的五种对比情景中，当 $(Q_2^{\ast},Q_3^{\ast})=\{(\dot{Q}_2,0),(\dot{Q}_2,u)\}$ 且 $\dot{Q}_2>u$ 时，$Q_2^{\ast}>Q_3^{\ast}$，即自由分布规划模型有利于降低过期损失。

当 $\breve{c}_{es}<c_{es}<\underline{c}_{es}(\rho,c_v,c_o,p)$ 时，有 $Q_3^{\ast}=0$，$Q_2^{\ast}=M\left(1-\dfrac{(p-c_v)+(p+c_o)\sum\limits_{i=1}^{k}\mathrm{e}^{-\lambda iN}}{c_{es}-c_v}\right)$，

即 $Q_3^{\ast}<Q_2^{\ast}$，此时模型（2-2）与模型（2-3）的最优值为 $\mathrm{EC}_3^{\ast}=c_{es}u$，$\mathrm{EC}_2^{\ast}=$

$$\left[(p-c_v)+(p+c_o)\sum_{i=1}^{k}\mathrm{e}^{-\lambda iN}\right]\left[2-\dfrac{(p-c_v)+(p+c_o)\sum\limits_{i=1}^{k}\mathrm{e}^{-\lambda iN}}{c_{es}-c_v}\right]M \, 。$$

所以，当 $\dfrac{u}{M}<\min\left(\dfrac{(p-c_v)+(p+c_o)\sum\limits_{i=1}^{k}\mathrm{e}^{-\lambda iN}}{c_{es}}\left[2-\dfrac{(p-c_v)+(p+c_o)\sum\limits_{i=1}^{k}\mathrm{e}^{-\lambda iN}}{c_{es}-c_v}\right],1\right)$

时，$\mathrm{EC}_3^{\ast}<\mathrm{EC}_2^{\ast}$，即自由分布规划模型能实现总成本的降低。

在均匀分布条件下，$\dfrac{u}{M}=\dfrac{1}{2}$ 恒成立，且此情形下 $\dfrac{(p-c_v)+(p+c_o)\sum\limits_{i=1}^{k}\mathrm{e}^{-\lambda iN}}{c_{es}-c_v}\leqslant1$，

故只需要 $\dfrac{(p-c_v)+(p+c_o)\sum\limits_{i=1}^{k}\mathrm{e}^{-\lambda iN}}{c_{es}}\geqslant\dfrac{1}{2}$，即 $c_{es}\leqslant2\left[(p-c_v)+(p+c_o)\sum\limits_{i=1}^{k}\mathrm{e}^{-\lambda iN}\right]=2(\breve{c}_{es}-c_v)$，

就有自由分布规划模型下的总成本较低。

取交集，即 $\breve{c}_{es}<c_{es}<\min(2(\breve{c}_{es}-c_v),\underline{c}_{es}(\rho,c_v,c_o,p))$，可以同时实现自由分布规划模型下的过期损失与总成本的降低。

下面说明上述过期损失与总成本同时降低存在的可能性，即 c_{es} 取值范围不为空。

$\breve{c}_{es}<c_{es}<\min(2(\breve{c}_{es}-c_v),\underline{c}_{es}(\rho,c_v,c_o,p))$ 成立的条件为 $\breve{c}_{es}<\underline{c}_{es}(\rho,c_v,c_o,p)$ 且

$\breve{c}_{es}<2(\breve{c}_{es}-c_v)$，须有 $\dfrac{u}{M}<\min\left(\dfrac{(p-c_v)+(p+c_o)\left(\rho\left(\dfrac{n}{N}-1\right)^{+}+\dfrac{n}{N}-\rho\sum\limits_{i=1}^{k}\mathrm{e}^{-\lambda iN}\right)}{(p-c_v)+(p+c_o)\sum\limits_{i=1}^{k}\mathrm{e}^{-\lambda iN}},1\right)$

且 $\breve{c}_{es}-2c_v>0$。

如前文所提到的，已知 $\left(\dfrac{n}{N}-1\right)^{+}\leqslant\sum\limits_{i=1}^{k}\mathrm{e}^{-\lambda iN}\leqslant\dfrac{n}{N}$，则有

$$\dfrac{(p-c_v)+(p+c_o)\left(\rho\left(\dfrac{n}{N}-1\right)^{+}+\dfrac{n}{N}-\rho\sum\limits_{i=1}^{k}\mathrm{e}^{-\lambda iN}\right)}{(p-c_v)+(p+c_o)\sum\limits_{i=1}^{k}\mathrm{e}^{-\lambda iN}}>0$$

只需 $\dfrac{(p-c_v)+(p+c_o)\left(\rho\left(\dfrac{n}{N}-1\right)^{+}+\dfrac{n}{N}-\rho\sum\limits_{i=1}^{k}\mathrm{e}^{-\lambda iN}\right)}{(p-c_v)+(p+c_o)\sum\limits_{i=1}^{k}\mathrm{e}^{-\lambda iN}}>\dfrac{1}{2}$ 且 $\breve{c}_{\mathrm{es}}-2c_v>0$ 即可。

不妨假设决策者为完全保守态度（乐观系数为0），则

$$\frac{(p-c_v)+(p+c_o)\dfrac{n}{N}}{(p-c_v)+(p+c_o)\sum\limits_{i=1}^{k}\mathrm{e}^{-\lambda iN}}>1>\frac{1}{2}$$

当 $c_v\leqslant\dfrac{1}{2}\left(p+(p+c_o)\sum\limits_{i=1}^{k}\mathrm{e}^{-\lambda iN}\right)$ 时可实现自由分布规划模型下过期损失与总成本的降低，即随机变量其他分布信息失效。

$(Q_2^{*},Q_3^{*})=(\dot{Q}_2,u)$ 且 $\dot{Q}_2>u$ 的证明过程类似，故省略。

综上，存在 $Q_3^{*}\leqslant Q_2^{*}$ 且 $\mathrm{EC}_3^{*}<\mathrm{EC}_2^{*}$，基于自由分布规划模型的决策可以实现过期损失和总成本降低，除均值、上下界外，随机变量其他分布信息是不存在价值的。

通过对比分析模型（2-2）与模型（2-3）的最佳库存水平，以说明过期损失的降低作用。库存水平越高则意味着期望过期损失数量越高，所以，库存水平的降低代表着过期损失的降低。但是库存水平的降低又增加了期望缺货损失，如果库存水平降低带来的期望过期损失降低大于期望缺货损失增加，此时自由分布规划模型同时带来过期损失的降低和总成本的减少。

定理 2-3 的结果说明：对储备的关键但又非极端关键的物资（$\dot{c}_{\mathrm{es}}\leqslant c_{\mathrm{es}}\leqslant\ddot{c}_{\mathrm{es}}$）进行库存管理时，自由分布规划模型可以有效降低过期损失和总成本，此时，随机变量的其他分布信息是没有价值的，寻找分布信息会带来更多额外成本的增加，也会降低库存控制效果，这说明精准估计所有分布信息并不一定是有利的。对于关键的或者非关键的应急物资，估计需求分布信息是有利的。

为了进一步说明自由分布规划的改善，接下来将采用数值案例模拟仿真方法，对各个参数对决策结果和对比结果的影响进行敏感性分析。

2.4 实例仿真

本节收集整理 1990～2024 年我国 7.0 级以上地震相关数据（不包含港澳台数据），包括汶川地震（2008 年，8.0 级）、玉树地震（2010 年，7.1 级）、雅安地震（2013 年，7.0 级）、于田地震（2014 年，7.3 级）、九寨沟地震（2017 年，7.0 级）、玛多地震（2021 年，7.4 级）等案例。选择 1990～2024 年我国 7.0 级以上地震数据的原因：首先，1990～2024 年地震数据有相对准确的记载，数据容易获取；其次，7.0 级以上地震一般会造成人员伤亡，构成重大突发事件，社会关注度较高，

研究结果的实践意义较大；最后，我国地震应急救援体系相对比较成熟与完善，数据具有一定可靠性，研究模型与结果的契合性更强。

2.4.1   数据输入

首先从中国地震局（https://www.cea.gov.cn/cea/dzpd/zqsd-lsdz/dztj/index.html）、中国地震台网（https://www.ceic.ac.cn/history），收集了 1990～2024 年我国发生震级 7.0 以上的地震。为避免 2020 年以来突发公共卫生事件的影响，选择 1990～2019 年我国 7.0 级以上的地震数据，并通过网络新闻媒体资料收集相关受灾数据，具体发生时间与受灾情况如表 2-1 所示。

表 2-1   中国 7.0 级以上地震的发生时间与后果

发生时间	震级	受灾人数	参考地点
2017 年 8 月 8 日	M7.0	17.65 万[①]	四川省阿坝藏族羌族自治州九寨沟县
2014 年 2 月 12 日	M7.3	45.56 万[②]	新疆维吾尔自治区和田地区于田县
2013 年 4 月 20 日	M7.0	152.00 万[③]	四川省雅安市芦山县
2010 年 4 月 14 日	M7.1	24.68 万[④]	青海省玉树藏族自治州玉树市
2008 年 5 月 12 日	M8.0	4554.76 万[⑤]	四川省汶川县
2008 年 3 月 21 日	M7.3	4.44 万[⑥]	新疆维吾尔自治区和田地区
2002 年 6 月 29 日	M7.2	未有伤亡[⑦]	吉林省汪清县
2001 年 11 月 14 日	M8.1	无人区，未有伤亡[⑧]	新疆维吾尔自治区与青海省交界（新疆维吾尔自治区境内若羌县）

注：发生时间、震级、参考地点数据来源于中国地震信息网和中国地震台网；受灾人数来源于新华社报道、中国新闻网报道等数据的整理统计（信息源见脚注），为计算方便，对数字进行保留两位小数估算

---

①《【地震历史上的今天】九寨沟 7.0 级地震 1 周年》，https://mp.weixin.qq.com/s?__biz=MzI5NDc1MTQyMw==&mid=2247488693&idx=1&sn=f7c2d22ef650170c4a6302c6ce37b001&chksm=ec5f4965db28c073f775d38066870afbd8691e50cb3e74a89de2f265e90b87665ab5b8f34ac7&scene=27，2018 年 8 月 8 日。

②《新疆于田地震致 40 余万人受灾 无人员伤亡报告》，https://www.chinanews.com/gn/2014/02-15/5841919.shtml，2024 年 3 月 28 日。

③《雅安地震灾区受灾人口 152 万 受灾面积 12 500 平方公里》，http://news.cnhubei.com/xw/2013zt/scyadz/201304/t2544446.shtml，2024 年 3 月 28 日。

④《【地震历史上的今天】2010 年玉树 7.1 级地震》，https://mp.weixin.qq.com/s?__biz=MzI5NDc1MTQyMw==&mid=2247487535&idx=1&sn=8ce8d0c8777f78c1ada0872fb34ad9af&chksm=ec5f4dffdb28c4e9442b86aa55fa6071fbddaaf69991b9ed912fa1a03a842098616c1cd3d9b0&scene=27，2018 年 4 月 14 日。

⑤《汶川地震已造成 68 977 人遇难 4554.7565 万人受灾》，https://www.gov.cn/jrzg/2008-05/31/content_1001011.htm，2024 年 3 月 28 日。

⑥《新疆和田地震 4 万多人受灾》，https://news.sina.com.cn/o/2008-03-24/053113621230s.shtml，2024 年 3 月 28 日。

⑦《吉林 7.2 级地震最新情况：未造成人员伤亡和破坏》，https://www.chinanews.com/2002-06-29/26/199185.html，2024 年 3 月 28 日。

⑧《2001 年 11 月 14 日昆仑山口西 8.1 级地震》，https://weibo.com/3744673957/Ig8dpiBiN?type=comment，2024 年 3 月 28 日。

本书以瓶装水为主要应急物资，瓶装水保质期一般为12～48个月，属于固定保质期应急物资，存在过期浪费与应急缺货双重风险。通过咨询相关医学专家，一般人体每天平均需要摄入3000毫升的水分才能维持基本运行，摄入来源包括食物、直接饮用水两种形式，按照水果蔬菜水分含量，可以了解两种水分来源比例一般为1：2，即1000毫升来自食物，2000毫升来自直接饮用水，所以，每人每天对水的需求为2000毫升。根据饮用水日常需求数据与受灾数据，分析并估计地震发生频率与应急需求数量的部分参数信息。

（1）突发事件发生时间分布信息获取估计。本章根据中国地区地震发生时间分析地震的平均发生频率。从表2-1可知，计算地震发生时间间隔分别为7个月、5年9个月、1个月、1年11个月、3年、10个月、3年6个月。所以，两次地震之间平均时间间隔为$n=27$个月，最大间隔为$V=144$个月（从1990年的时间点开始计算至2001年底发生历经约12年），最小值为$v=1$个月，标准差为22.2个月。需要注意的是，最小时间间隔大于0说明连续不间断发生2个及2个以上的地震的概率基本为0，为了说明模型的鲁棒性，本案例也分析研究了时间间隔下界为0对决策值和目标值的影响。

（2）突发事件需求分布信息获取估计。统计地震总体受灾人数，估计应急需求数量的平均值、最大值、最小值。如九寨沟地震受灾17.65万人、于田地震受灾45.56万人、雅安地震受灾152.00万人、玉树地震受灾24.68万人、汶川地震受灾4554.76万人等。因为10天后社会捐赠与后期采购活动均会实施，则假设应急储备中心准备震后10天的需求量。根据每人每天需要2升的饮用水维持生命正常运转的标准，则10天平均每人需要40瓶（每瓶容量为500毫升）饮用水，计算得出，上述地震发生时对应急饮用水总需求量分别为353单位、911.2单位、3040单位、493.6单位、91 095.2单位、88.8单位、0单位、0单位（每单位2万瓶）。所以简单假定地震瓶装水的平均需求量为$u=11\,997.73$，最大值为$M=95\,000$，最小值$m=0$，这与Rawls和Turnquist（2011）的研究中应急研究案例的应急物资需求数据大致相同。此外，上述地震案例中应急需求数量的标准差为29 910.74。

（3）应急物资采购成本估计。根据天猫、京东、苏宁易购等网站信息，固定保质期应急物资瓶装水的保质期基本在2年左右，瓶装水（500毫升的标准量）的平均市场批发价格为0.8元。所以，以元为金钱计算单位，则每单位应急需求价格$p=0.8\times20\,000=16\,000$（元）。

（4）应急物资缺货成本估计。缺货导致的损失来源于额外采购成本的增加以及应急物资延迟对受灾人员的损失，不同于极端关键的应急血液或急救设备，应急血液的缺少可能会造成生命的不可估计损失，而水是关键物资但非极端关键物资，所以水供给的延迟不会直接对受灾人员造成不可挽回的生命损失，存在缓冲等待时间。一方面,利用消费者估价来衡量延迟对受灾者的效用影响,根据市场供需关系,简单假设受灾者对瓶装水估价为 $\theta \times p$ ($\theta \geqslant 1$) 元,θ 某种意义上表示缺货程度,即缺货程度越大,估价越高,缺货成本越大。但是,一般情况下,会要求应急储备中心的缺货程度不能高于 50%,所以假设缺货延迟给受灾者带来的心理损失为 (1~2)×p 元。另一方面,利用 Ni 等 (2018) 对缺货物资额外采购运输的成本估计,结合实际假设额外采购成本为 (1~18)×p 元。综上,应急物资缺货成本为 (2~20)×p 元。

(5) 应急物资过期成本估计。过期处理成本包括清理、运输、报废、掩埋、焚烧等,商家卖一瓶过期矿泉水被判赔偿消费者 500 元 (中国法院网),由于过期瓶装水的塑料水瓶可以回收再利用制造衣服、建材、垃圾袋等产品,所以瓶装水过期处理成本非常低甚至有回收价值,但是有些固定保质期应急物资过期处理成本非常高,如药品、电池等,电池中汞、镉、铅危害人体健康,纽扣大小的电池会污染 60 万升水,而药品危害是电池的三倍。综上,假设固定保质期应急物资的过期处理成本为 (0~32)×p 元。

本案例中以瓶装水为基准研究对象,则参数取值的基准情形如表 2-2 所示。

表 2-2　基准情形下输入参数的取值

参数	价格 p /元	剩余价值 c_v /元	缺货惩罚 c_{es} /元	过期处理 c_o /元	库存周期 N /月	乐观系数 ρ	应急需求数量 (u, m, M)	应急需求时间间隔 (n, v, V)
取值	16 000	0.8×p	10×p	0	24	1	(11 997.73, 0, 95 000)	(27, 1, 144)

在仿真模拟过程中,基准情形下假设应急需求数量服从区间 [0, 95 000] 上均值为 11 997.73、标准差为 29 910.74 的独立截断正态分布,应急需求时间间隔服从区间 [1, 144] 上均值为 27 的独立截断负指数分布。密度函数分别为

$$f(x) = \begin{cases} \dfrac{1}{29\,910.74 \times \sqrt{2\pi}} e^{-\frac{(x-11\,99.73)^2}{2 \times 29\,910.74^2}}, & 0 \leqslant x \leqslant 95\,000 \\ 0, & \text{其他} \end{cases}$$

$$g(t) = \begin{cases} \dfrac{1}{27} e^{-\frac{1}{27}t}, & 1 \leqslant t \leqslant 144 \\ 0, & \text{其他} \end{cases}$$

为说明自由分布规划模型的鲁棒性,通过仿真观察了应急需求数量服从 [0, 95 000] 上均值为 11 997.73 的均匀分布,以及给定若干情景下的离散分布下的决策结果。

2.4.2　仿真结果

1. 应急需求时间间隔影响

对比确定性需求时间，随机性需求时间是应急储备中心提前存储物资的根源，所以，需求时间的不确定性也应该是固定保质期应急物资过期损失的来源之一。定义成本改善为$(EC_1^* - EC_2^*)/EC_1^*$，负值表示成本增加；库存降低定义为$(Q_1^* - Q_2^*)/Q_1^*$，负值表示库存增加。具体观察结果见表 2-3。

表 2-3　考虑随机需求时间的库存降低与成本改善

$c_{es} = 160\,000$			$c_{es} = 40\,000$			$c_{es} = 160\,000$		
X 标准差	库存降低	成本改善	库存降低	成本改善	T 均值	库存降低	成本改善
100	0	−1.08	0	−1.08	6	−0.17	0.45
8 100	0.18	−0.84	0.42	−0.58	16	0	0.10
16 100	0.17	−0.54	0.51	−0.28	26	0.14	−0.29
24 100	0.16	−0.39	0.57	−0.13	36	0.22	−0.57
32 100	0.15	−0.31	0.63	−0.05	46	0.27	−0.74
40 100	0.13	−0.26	0.69	0.01	56	0.29	−0.83
48 100	0.11	−0.22	0.78	0.04	66	0.30	−0.87
56 100	0.10	−0.19	0.95	0.07	76	0.30	−0.87

表 2-3 结果说明了随机需求时间带来的过期损失降低了库存决策水平，且这种降低程度是随着应急需求不确定性程度（以数量和时间随机分布的标准差来表示）的增加而增加的。另外，库存决策水平的降低会增加期望缺货损失，因此，考虑需求时间随机性的规划模型并不会显著带来期望成本改善。但是，当缺货惩罚较低以及应急需求数量不确定性非常大时，或者当应急需求时间间隔非常短时，考虑需求时间随机性的规划模型，是有可能优于基于确定需求时间规划模型的，比如：当缺货惩罚为 40 000 元、应急需求标准差大于 40 000 时，考虑随机需求时间的规划改善了 1%～7%的成本（1%×705 648 054.48–7%×767 308 141.07，即 705.65 万～5371.16 万元）；当应急需求时间间隔小于 16 个月时，考虑随机需求时间的规划改善了 1%（1%×779 715 414.78 = 779.72 万元）以上的成本。

上述两个方面的结果说明：①应急需求时间间隔的不确定性带来了过期损失的存在，进而降低了库存决策水平；②考虑随机需求时间规划模型中，应急需求数量的不确定性程度越高，库存水平越高；应急需求时间间隔的不确定性程度越高，库存水平越低；③缺货惩罚越小，考虑随机需求时间的规划模型越有效。

从表 2-3 对比结果可看出，应急需求的不确定性在固定保质期应急物资的库存决策过程中影响很大，即如果仅考虑应急需求数量的不确定性，而将应急需求时间间隔的不确定性维度转化或集成为确定性维度，会增加固定保质期应急物资的库存量，进而加大其过期损失。所以考虑应急需求时间间隔的不确定性对应急物资储备保障决策是重要的。

2. 自由分布规划模型的有效性

为验证自由分布规划模型的稳定性，该部分设计了应急需求数量均值为 11 997.73、标准差为 29 910.74 的正态分布和离散分布，均值为 47 500、标准差为 27 424 的正态分布和均匀分布，以及均值变化的正态分布。模拟仿真结果见表 2-4。

表 2-4　需求量分布变化下随机分布规划模型与自由分布规划模型的决策结果对比

模型	决策值	正态分布			均匀分布	离散分布
		均值 47 500 标准差 27 424	均值 11 997.73 标准差 29 910.74 （27 424）	均值 6 000 标准差 29 910.74	均值 47 500 标准差 27 424	均值 11 997.73 标准差 29 910.74
随机分布规划模型	Q_2^*	77 723.49	50 961.91 （47 968.59）	45 192.60	86 109.75	91 095.20
	EC_2^*	1 780 401 634.51	1 033 359 383.85 （983 664 029.00）	882 876 616.51	1 855 412 222	1 408 276 120
自由分布规划模型	Q_3^*	95 000	11 997.73（11 997.73）	6 000	95 000	11 997.73
	EC_3^*	1 862 000 054	1 083 454 007.82 （1 083 454 007.82）	569 709 475.74	1 862 000 054	1 083 454 007.82

通过表 2-4 的对比结果分析发现：①自由分布规划模型在应急需求同均值的任何分布下均有相同的最优解，从一定程度上说明该自由分布规划模型具有一定鲁棒性；②自由分布规划模型的最优解在应急需求的任何扰动下（标准差变化）均为最优解，这也说明自由分布规划模型的鲁棒性；③随机分布规划模型的最优解随着应急需求随机分布的变化而改变，比如随机分布越稳定，库存量越低且期望成本损失越小；④直观地，当应急需求数量分布均值增加时，即应对比较严重的一类突发事件时，随机分布规划模型和自由分布规划模型的决策库存水平均会增加。

进一步地，分析应急需求时间间隔的随机性对自由分布规划模型的波动影响，具体包括时间间隔分布、扰动的影响，如图 2-1 所示。

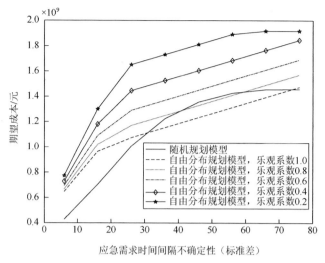

（a）负指数分布下时间间隔对目标值的影响

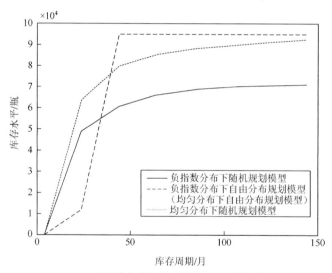

（b）不同应急需求时间间隔分布对决策值的影响

图 2-1　应急需求时间间隔的变化波动影响

　　如图 2-1（a）所示，随着应急需求时间间隔不确定性的增加，因为库存的过期风险和缺货风险均随之增加，期望成本较高。对比随机分布规划模型下的最优值，自由分布规划模型最优值的变化幅度更小，所以推断如下。时间间隔不确定性程度增大时，自由分布规划模型的最优值比随机规划模型更稳定。风险规避程度越大，即乐观系数越小，期望成本越高，成本变化幅度越大。在较大风险规避程度下，最坏情况下的期望成本占据较大比重。同时，最坏情况下，过期风险和缺货风险也被放大，因此随着应急需求时间间隔不确定性的增加，最坏情况下的期望成本波动较大。观察图 2-1（b）的结果，自由分布规划模型在负指数分布和均匀分布下的最优决策相同，说明自由分布规划模型在任意应急需求时间间隔分布下均有鲁棒结果。随着库存周期变长，库存量会增多以应对增大的缺货风险。这是因为较长库存周期内突发事件发生的概率会增加，过期风险会降低，但缺货风险会相应增加。

由于数值案例中均匀分布的均值为 71.5，标准差为 41.3，而负指数分布的均值为 27，标准差为 27，说明均匀分布下的平均时间间隔更长、波动性更大。因此，对比负指数分布，均匀分布下的过期概率更大，进而均匀分布下的库存量会更少。需要说明的是，在仿真过程中，如果 $v > N$，则重新界定时间间隔上下界为 $V - \lfloor v/N \rfloor N$ 和 $v - \lfloor v/N \rfloor N$。这种重新界定时间间隔下界的方法是可行的，因为前 $\lfloor v/N \rfloor$ 个库存周期内是一定不会发生应急需求的，不需要提前存储物资，也没有缺货风险和过期风险，期望成本损失为 0。重新界定应急需求时间间隔是将研究计划期从 $v \sim V$ 平移至 $\left(v - \lfloor v/N \rfloor N \right) \sim \left(V - \lfloor v/N \rfloor N \right)$，与 $v \leqslant N$ 情形是一样的，所以不再考虑 $v > N$ 这一特殊情形。

自由分布规划模型的最优解和最优值在应急需求分布的任何变动下均为最优解与最优值，且求解过程不需要已知明确的分布信息，所以自由分布规划模型在实践应用中更易操作可行。但是，对比随机分布规划模型，自由分布规划模型能否带来总期望成本的增加？或者除均值与上下界分布信息，其他分布信息的价值大小有多少？具体计算结果如表 2-5 所示。

表 2-5　其他分布信息的价值

(c_{cs}, u)	100	5 100	10 100	15 100	20 100	25 100	30 100	35 100
40 000	1.003 9	1.326 5	2.681 5	−3.953 4	−0.724 3	−0.256 9	−0.068 5	0.037 3
80 000	1.013 4	10.253 3	−0.769 7	−0.278 2	−0.129 4	−0.059 0	−0.017 8	0.010 6
120 000	1.145 6	−0.140 4	−0.050 8	−0.024 8	−0.012 9	−0.006 2	−0.001 9	0.001 2
160 000	0.959 4	0.269 7	0.126 6	0.067 6	0.036 8	0.018 2	0.005 8	−0.003 6
200 000	0.977 0	0.399 3	0.207 0	0.115 5	0.064 3	0.032 4	0.010 4	−0.006 5
240 000	0.982 2	0.462 9	0.252 8	0.144 8	0.081 8	0.041 6	0.013 4	−0.008 4
280 000	0.984 6	0.500 6	0.282 4	0.164 5	0.093 9	0.048 0	0.015 6	−0.009 8
320 000	0.986 1	0.525 6	0.303 1	0.178 8	0.102 1	0.047 6	0.004 1	−0.032 2

这里，其他分布信息的价值计算为 $\dfrac{\mathrm{EC}_2^* - \mathrm{EC}_3^*}{\mathrm{EC}_2^*} \times 100\%$，其他分布信息带来的决策效果改善为负值，负值说明其他分布信息存在价值。本章 2.3.2 节验证了应急

需求数量均匀分布与应急需求时间间隔负指数分布时，自由分布规划模型可以实现过期损失与总成本降低，即其他分布信息可能不存在价值。

表 2-5 中正数表示自由分布规划模型的最低期望成本小于随机分布规划模型的最低成本，即自由分布规划模型实现成本改善。明显地，在应急需求数量服从正态分布、应急需求时间间隔服从负指数分布基准情形下，当缺货惩罚较低、应急需求数量较少时，即为不太严重的突发事件储备的非极端关键的物资，自由分布规划模型更有效。对比 2.3.2 节的理论结果，不同需求分布函数下，自由分布规划模型的有效性条件不同，这说明自由分布规划方法存在有效性，但是，其有效性（其他分布信息不存在价值）条件与需求分布信息有关。一般来讲，分布信息会拥有一部分价值，大多数情况下自由分布规划模型会带来成本的增加，如表 2-5 中 59%的结果显示自由分布规划模型带来成本的增加，即其他分布信息的价值达到成本的 0.06%～25%不等。整体上来看，自由分布规划模型带来信息价值损失不算特别大，即自由分布规划模型具有一定有效性。然而，应用自由分布规划模型，仍需要在寻找估计分布信息困难程度与带来的成本增加之间进行衡量，即分布信息价值与成本之间的平衡。

2.5　结论与管理启示

在应急管理研究中，研究者往往忽略应急需求时间间隔的不确定性维度，或将其转化为确定性维度。但是应急需求时间间隔的不确定性影响着不同库存计划期突发事件的发生概率，比如，2.3.1 节的例子，即每个计划期突发事件发生概率并非独立同分布。此外，研究者在建立的应急随机分布规划模型中，需要已知分布信息或模糊分布信息，然而这种应急随机分布规划模型在实践应用中就会存在挑战，因为实践中很难准确估计应急需求数量和应急需求时间间隔的分布函数。基于上述两个问题，本章从单个应急准备阶段（多库存阶段）、min-max 准则出发，建立应急需求数量和应急需求时间间隔两个不确定维度的随机分布规划模型以及自由分布规划模型。

基于应急需求时间间隔与应急需求数量不确定性的库存规划模型说明了，应急需求时间间隔的不确定性是固定保质期应急物资过期损失来源之一；自由分布规划模型以最有利的一点分布和最不利的两点分布为基准，界定所有分布中期望成本的最小函数以及最大函数，并利用 Hurwicz 准则构建目标函数。然后，还研究了应急需求时间间隔与应急需求数量的分布信息价值失效条件，即自由分布规划模型下的成本损失更低。当然，大部分情形下分布信息拥有一定的价值，即自由分布规划模型的最优成本高于已知分布函数条件下随机分布规划模型的最优成本。具体研究结果与相应管理启示有以下几点。

（1）应急需求时间间隔的不确定性是固定保质期应急物资过期损失的来源之一，所以，在储备瓶装水、食物、药品等有固定保质期约束的应急物资时，需要考虑应急需求时间间隔的不确定性。

（2）自由分布规划模型的最优解在应急需求的任何分布下均为最优解，说明自由分布规划模型具有鲁棒性，在不确定环境下，采用自由分布规划模型可以获取比较可靠的决策结果，避免决策者担心决策不可靠而不敢决策。

（3）在一定条件下，自由分布规划模型有利于降低过期损失和总期望成本，即应急需求其他分布信息是不存在价值的。而在其他情形下，分布信息是拥有价值的，而分布信息的价值与应急需求分布函数有关，即不同需求分布函数下，分布信息价值失效的条件不同。因此，应用自由分布规划模型，需要衡量估计分布信息的成本（估计难度）与带来的成本增加（分布信息价值）。

（4）从突发事件类型维度看，突发事件发生频率越高，决策者会存储越多的应急物资，突发事件后果越严重，所以针对容易发生严重突发事件的地区，如地震带国家或地区、沿海易发海啸的国家或地区、易燃易爆炸生产工厂园区等地区，需要保持较高的应急库存水平。

（5）根据应急物资类型维度，保质期越短的应急物资，应急储备中心应该储存越少。但是如水、血液、食物等保质期非常短的关键物资，物资的关键性又要求应急储备中心需要提前储备较多的库存，所以应急储备中心应当与市场需求大且稳定的企业合作，设计科学合理的合作协调机制，这也是第3~6章重点研究内容。

本章研究内容在理论和实践方面均具有一定的启示意义。在理论方面，本章针对固定保质期应急物资库存建模有一定补充和推进作用，首先是应急需求时间间隔不确定维度的引入，其次是分布信息未知的鲁棒性规划。在实践方面，一方面自由分布规划模型使得应急库存模型在实践中更易操作，并说明了自由分布规划模型的应用应当估算分布信息估计难度与分布信息的价值；另一方面，从应急物资类型与突发事件类型，分析了不同应急地区或功能的应急储备中心需要储备不同的物资量。在研究方法上进一步的研究方向包括分布式鲁棒优化、动态鲁棒优化等方法等应急储备规划新方法，在研究应用上进一步的研究方向包括鲁棒性规划方法在应急物资储备治理策略可行性和有效性分析中的应用。本书第3~6章研究内容主要围绕利用该鲁棒规划分析应急物资储备治理策略的应用边界。

第 3 章　面向消费者的应急物资销售策略研究

3.1　引　　言

从参与主体方面来讲，降低固定保质期应急物资过期损失的策略可以分为两大类，第一类是应急储备中心自身处理的策略，第二类是应急储备中心与其他主体合作下的策略。已有研究者关注集中在应急储备中心如何与企业合作以实现成本最低或救援效率最高，如采购契约的设计、库存共享契约的构建。实际上，应急储备中心对临近过期的应急物资或救援用剩物资一般进行捐赠或过期处理。然而，一方面，捐赠可能会提高受助群体的社会福利，但是相对于其他减贫方法（如财政支持、科学治理分配机制等），捐赠从长期来看并不是一个有效脱贫方法（Craig and Porter, 2003）；另一方面，针对固定保质期应急物资，直接过期处理除了形成大量资源浪费外还可能造成环境污染。

美国全国公共广播电台报道①，美国联邦应急管理局计划在网上向公众拍卖数千辆用剩的拖车房，此举招来了很大的争议。多数人认为这种出售行为不符合人道主义救援精神，无国界医生组织管理者纪尧姆·布鲁格（Guillaume Brumagne）以及其他救援组织管理者都说："从来没有见到过不是捐赠而是出售援助物资的情况。"负责采购的美国总务管理局（U.S. General Services Administration）则认为如果没有其他政府机构或合格的志愿组织对剩余物资感兴趣，联邦机构可以通过美国总务管理局的拍卖系统向公众出售不再需要的物资。2020 年 1 月 29 日，武汉市商务局向市民出售山东寿光抗疫驰援武汉的捐赠蔬菜，广大网友质疑"山东捐赠的蔬菜，武汉为何上架售卖"，武汉市商务局回应捐赠的固定保质期应急生活物资进行销售可以尽快使其物有所用，避免堆放腐烂。那么，用剩或临期的应急物资能否用来销售？销售能否带来比被动接受策略、捐赠策略更好的应急库存体系管理甚至社会整体绩效？

2017 年 7 月 28 日财政部印发了《政府会计准则第 6 号——政府储备物资》，并于 2018 年 1 月 1 日开始实施，文件中政府储备物资包括抢险抗灾救灾物资。准则十九条表示，"政府会计主体采取销售采购方式对政府储备物资进行更新（轮换）的，应当将物资轮出视为物资销售"。这也说明应急储备中心储备的物资在

---

① "From trailers to tents: what happens to leftover aid supplies?", https://www.npr.org/sections/goatsandsoda/2019/02/26/691598686/from-trailers-to-tents-what-happens-to-leftover-aid-supplies，2023 年 10 月 8 日。

中国法律上也是允许被销售的。甚至对于捐赠物资，《中华人民共和国慈善法》《中华人民共和国公益事业捐赠法》等法律规定，对于不易储存、运输和超过实际需要的受赠财产，受赠人可以变卖，并将销售所得用到应急救援工作中。此外，一些学者认为非营利组织应当通过销售产品或服务获得更多收益以实施更需要帮助的慈善项目（Milofsky and Oster，1997；Beamon and Balcik，2008）。所以剩余应急物资销售策略在法律上是被允许的，在运行实施过程中是可能带来效益的。

所以，鉴于剩余应急物资销售策略带来的巨大争议以及研究支撑证据的不充分性，本章主要研究以下几方面问题，为争议性销售策略提供充分相关证据与选择依据。

（1）如何构建销售策略下的应急物资库存规划模型？销售策略的实施过程对应急库存系统中的运行及成本有什么影响？

（2）与常用的被动接受策略以及捐赠策略相比，在什么条件下实施销售策略使社会整体（降低过期损失、提高应急供给能力、降低社会成本）更有效？

（3）应急物资销售对应急储备中心、公众、企业分别有什么影响？销售策略实施的关键影响因素有哪些？如何促进销售策略的实施？

为回答上述问题，本章研究某类固定保质期应急物资的储备保障系统，该系统包括应急储备中心、销售企业、公众消费者三个主体，如图3-1所示。

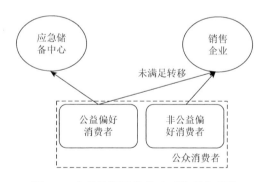

图 3-1　应急物资销售策略下的研究系统

应急储备保障系统中的物资拥有一般商品性质和人道主义应急救援性质，如水、粮食、电池、感冒药、消毒液、衣物等。不同的是，如果物资作为剩余应急物资被应急储备中心或相关慈善机构销售，其销售收益会用来开展慈善活动，这样，此类销售可看作公益销售（慈善销售）。公益销售会引发公众的公益偏好（Bloom et al.，2006；Piff et al.，2010），进而改变消费者效用函数（Leszczyc and Rothkopf，2010；Dubé et al.，2017；Kraft et al.，2018），进一步改变消费者的需求函数。比如，用来资助非洲对抗艾滋病、疟疾、结核病等的 Apple 和 Gap 红色产品，与一般商品的市场需求结构是不同的。

所以，本章在应急储备库存系统中引入消费者公益偏好，并假设公益偏好是异质的。基于此系统，建立销售策略下应急库存随机决策模型、企业库存随机决策模型，作为对比，建立了被动接受策略下以及捐赠策略下的应急与销售库存决策模型。在未知分布函数条件下，本章研究利用第 2 章研究计算成本的上界函数与利润的下界函数，利用悲观决策准则进行策略对比选择，给出销售策略充分保守的优势条件。

本章的主要贡献在于：①设计了基于消费者公益偏好的剩余应急物资销售策略。以美国联邦应急管理局拍卖飓风救灾用剩的拖车房而引致的社会争议以及我国拍卖报废应急物资的尝试性行为为切入点，设计剩余应急物资销售策略下的应急库存优化系统，创新应急物资储备方式，为应急物资储备保障体系提供新的管理策略。②构建了被动接受策略、捐赠策略下的应急库存优化系统，并与销售策略下的最优决策对比，从而给出销售策略在降低过期损失与提高应急供给能力方面的优势范围。③以社会整体经济价值为判断标准，利用自由分布规划模型，在悲观决策准则下，分析了销售策略带来社会整体经济价值的变化，进而为其争议性提供经济证据。

3.2　销售策略设计

3.2.1　销售策略

针对政府应急储备物资的销售策略研究较少，目前涉及国家物资储备策略的研究主要集中在轮换更新机制方面，研究尚未达到丰富与完善的程度，并且，较少在运行层面研究应急物资轮换更新的优化决策问题。轮换更新机制常用在医院血液等非常短保质期的物资储备管理过程、固定保质期物资销售过程等（Kendall and Lee，1980；Bradford and Sugrue，1991；Nahmias，2011）。路胜等（2007）分析了我国战备储存物资的轮换更新的现状与存在的问题，并总结美军的轮换更新规则，即定期处理多余物资，包括调剂使用、流入市场、捐赠、外销等多种方式，为我国战略物资储备轮换更新提出建议。王珂等（2017）引入两参数 Weibull 分布函数描述战略储备物资的价值损耗特征，以社会资源消耗最小为目标，求解最佳轮换周期。其结果发现针对损耗速度不变的物资，最佳的轮换周期为物资在应急使用时要求的最低质量水平的到达时间，即可以使用时的临界时间点。Zhou 和 Olsen（2017，2018）基于国家医疗物资储备体系的过期问题设计了政府与医院的轮换策略，研究了一个定期检查、较长固定保质期的医疗应急物资库存系统（如橡胶手套），系统中包括供应商、医院、政府应急储备中心三个主体，将应急物资保质期等长划分为 N 个阶段,假设计划周期末(保质期)医院不存在过期损失,而政府应急储备中心可能存在过期损失且在期末全部更新物资,建立多阶段动态规划模型,政府应急储备中心在每个阶段定期检查库存并决定轮换的数量。

实践中,我国战略猪肉储备,储备肉在零下 18 摄氏度的保存时间是 6 个月,在储备期间,定期检查轮换,如果已保存 4 个月时就会到期轮换出去,战略储备物资被应急使用后也会有新鲜肉入库,新鲜肉入库的同时到期或者过期的储备肉轮换出库,不同的是战略储备猪肉是为平衡市场所储备,而非为突发事件所储备;美国空军奥格登后勤中心,通过出售、有价支援等方式周转所储的航材物资,可以实现收入获利(1983 年获利 18 亿美元),补贴储备更多战略物资;无国界医生组织会在应急救援大规模下降时计划捐赠处理剩余物资;美国联邦应急管理局在 2019 年 3 月开始有计划拍卖救援 2017 年发生的哈维飓风突发事件剩余的拖车房;我国地方政府从 2023 年开始拍卖突发公共卫生事件用剩的应急隔离舱;我国《国家储备物资管理规定》要求定期监督检查储备物资以及 $(S-1, S)$ 补货策略。这些实践说明,为了操作的便利性,应急储备中心一般定期检查库存,如果有突发事件发生,则在突发事件救援结束时处理用剩或临期物资并且补充新的物资,进入新的应急准备阶段。

基于上述理论研究与实践观察,本书设计销售策略:在应急储备中心销售策略的实施过程中,如果库存周期($[iN \sim (i+1)N)$,$i = 0, 1, \cdots, k$)没有突发事件发生,则应急储备中心在库存期末 N 开始销售并进行补货,因为固定保质期应急物资有较短的固定保质期,应急储备中心也在保质期处于一个临期点开始销售(物资剩余保质期过短时,消费者一般不会购买),比如实践中,很多大型超市会常常采取临期促销策略。如果有突发事件发生,则在应急响应结束 t 时销售或处理并补充新物资,进入下一个新的应急准备阶段。

如第 2 章所述,因为上一个库存周期突发事件发生的概率影响下一个库存周期突发事件发生概率,而单个应急准备阶段上突发事件需求数量与需求时间是相互独立的,所以,与 Zhou 和 Olsen(2017)等研究固定库存周期不同,本章研究单个应急准备阶段上的库存决策,单个应急准备阶段是指从上一个应急救援结束到下一个应急救援开始之间的持续时间。尽管目标函数的计算时长是随机的,但是每个应急准备阶段有相似的期望成本结构,且每个应急准备阶段的期望时间长度是相同的,所以每个应急准备阶段的期望目标函数具有可比性。这里,应急物资储备保障体系在应急响应初期(后续响应所需物资可通过应急采购或捐赠实现),实现了其应急准备作用,随后会进入下一个应急准备阶段。这里,忽略应急响应持续时间,只考虑突发事件发生前的决策,因为根据未来各种可能情景而推测的应急需求数量与期望成本确定的函数,并不受救援过程或等待过程影响。

3.2.2　销售策略下的供需分析

1. 市场需求变化

分析应急储备中心实施销售策略对市场需求的影响，可以有效厘清剩余应急物资销售行为与销售收入之间的函数关系。

（1）假设市场消费者分为公益偏好和非公益偏好两类消费者，其中公益偏好消费者占比为 θ，$\theta \in [0,1]$，而剩余 $1-\theta$ 消费者为非公益偏好消费者。应急需求与市场需求的不同之处除了需求时间与需求数量的不确定性，还包括应急需求的紧迫性（应急需求对象是受灾人员，心理与身体状态不佳）、物资需求者的主动性（市场消费者可以选择等待物资，也可以在期末选择寻找替代品）。

（2）本章研究中，公益偏好体现在两个维度：一是体现在消费者对公益物资的容忍程度或忠诚度较高。由于公益偏好消费者的需求会在期末 N 时得到满足，之前的需求被延迟，而公益偏好消费者会自愿等待直至销售时刻 N，如果当前市场阶段结束时公益偏好需求未被全部满足，则根据解释水平理论（刘红艳等，2012；苏淞和黄劲松，2013），消费者开始转移需求至市场销售企业，而由此产生的等待成本为 0。二是体现在购买公益物资会产生温情效应（warm glow effect），公益偏好消费者自身效用会增加（Gao，2020）。根据纵向差异化理论，相比于销售企业出售的物资，公益偏好消费者会优先购买出售的应急物资。

（3）在成熟稳定的市场环境中，假设销售企业面临的市场总需求率为不变的 y。这种假设合理性在于：一方面，可作为应急救援的物资，一般情况下，均是满足人们生活基本需求的物资（瓶装水、牛奶、面粉、大米、电池、感冒药、消毒液、衣物等）；另一方面，可销售给市场的应急物资，应为人们生活常用物资。因此，假设市场总需求量在库存周期确定不变是合理的，即企业有不随时间变化的市场总需求率。由于应急储备中心对期末剩余应急物资进行销售，则每天等待应急物资的公益偏好消费者数量为 θy，而每天从企业购买物资的非公益偏好消费者数量为 $(1-\theta)y$。因此，在库存周期末 N 销售应急物资时，市场上公益偏好型需求量 $\theta y N$；在时刻 t 销售应急物资时，市场上公益偏好型需求量 $\theta y t$。由于 $\theta y t$ 未满足那部分需求，在当前应急准备阶段结束时会转向企业购买，下一个新的应急准备阶段每天仍有 θy 消费者会继续等待应急物资销售。

2. 应急物资库存状态变化

在上述市场需求分析基础上，进一步理清应急储备中心和企业的库存补货策略与供给状态变化。假设市场条件比较成熟，即物资市场需求稳定并且需求信息明确。一般情况下，销售企业选择定期补货策略或者定量补货策略，而对于市场需求稳定的产品，定期补货与定量补货的库存策略是相同的，为方便研究，这里统一认为销售企业为定期补货策略。由于销售企业与应急储备中心没有建立战略合作关系，是相互独立的，所以销售企业按照市场规则采取定期检查定期补货策略，即销售企业的定期补货周期为 N。在突发事件发生时间不确定的情况下，应急管理部门对应急物资往往采取库存减少即进货，即卖一补一的库存策略（Liu et al.，2016），且《国家储备物资管理规定》要求对储备物资进行定期监督检查。因此，可以认为，应急储备中心对应急物资一般采用定期检查与（$S-1, S$）补货策略，即应急储备中心的补货周期为 N 或 t。应急物资储备体系的库存状态变化如图 3-2 所示。

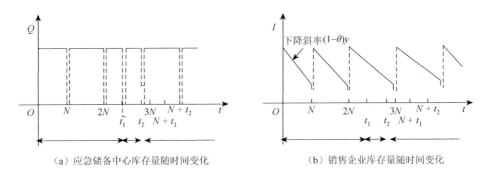

(a) 应急储备中心库存量随时间变化　　　　　　(b) 销售企业库存量随时间变化

图 3-2　物资库存量随时间变化的大致趋势图

图 3-2 中简单展示了 2 个连续应急准备阶段的库存量变化，其中 $0 \sim t_1$ 是第一个应急准备阶段，$t_1 \sim t_2$ 是第二个应急准备阶段，t_2 以后进入下一个应急准备阶段。在图 3-2（a）中，因为 t_1 发生在 $2N \sim 3N$，所以应急储备中心在 N、$2N$ 时会有定期销售，企业在 N 内、$N \sim 2N$ 有相同稳定的市场需求，应急储备中心在 t_1 时发生应急缺货惩罚或者剩余销售，进入新的应急准备阶段。在新的应急准备阶段，由于 t_2 发生在 $t_1 \sim 3N$（新应急准备阶段的 $0 \sim N$），所以应急储备中心在 t_2 时发生应急缺货惩罚或者剩余销售，进入下一个新的应急准备阶段。由于 $t_2 \sim t_2 + N$（新阶段的 $0 \sim N$）没有突发事件发生，所以应急储备中心在 $t_2 + N$ 时刻（新阶段的 N 时刻）销售应急物资。

由于应急需求数量的随机性，即公益偏好消费者有未被满足的可能性，而那些未被满足的公益偏好消费者将会在当前市场阶段末 N 时转向销售企业购买，所以会出现图 3-2（b）中销售企业在 iN（$i = 0,1,\cdots,k$）时骤然需求增加的情形。如果剩余应急物资销售数量不能满足公益偏好消费者，消费者在 N、$2N$、$3N$ 时市场库存量可能下降幅度增加。比如，在 t_1 时应急储备中心实施剩余销售，前期累

计的 $\theta y(t_1 - 2N)$ 数量的公益偏好消费者被全部满足或部分满足，未满足的会继续等待，应急储备中心在 t_2 时刻会再次实施剩余销售，此时的市场需求为 $\theta y(t_2 - t_1) + (\theta y(t_1 - 2N) - (Q - x_1)^+)^+$，其中 x_1 表示在 t_1 时应急需求的随机数量，未满足的公益偏好消费者也会继续等待，直至 $3N$，未满足需求转向销售企业。

为便于理解，设定相关符号，符号表示及其含义如表 3-1 所示。

表 3-1　具体符号参数说明

符号	含义
c_{es}	应急救援过程中缺货导致的损失，即应急缺货惩罚
c_{cs}	消费者需求未被满足带来的销售企业的损失，即市场缺货惩罚
c_o	单位物资剩余过期的损失，即过期浪费
c_v	期末之前单位未使用应急物资的残值
p	单位物资市场销售价格，是扣除单位采购成本后的，即纯利润价格
X	应急需求数量
T	应急需求时间间隔
$f(x)$	应急需求数量 X 取 x 的密度函数，其累积分布函数为 $F(x)$
$g(t)$	应急需求时间 T 取 t 的密度函数，其累积分布函数为 $G(t)$
M	应急需求数量的上界，即 $X \in [0, M]$
V	应急需求时间间隔的上界，即 $T \in [0, V]$
N	库存周期，即消费者可以接受的最大的产品年龄
u, n	应急需求数量与应急需求时间间隔的均值，即 $E(X) = u$，$E(T) = n$
φ	单位应急物资对公益偏好消费者的效用增加，即消费者社会公益效用增加
θ	公益偏好消费者占比，即消费者社会公益偏好程度，$\theta \in [0,1]$
ϕ	贫困人口规模
k	突发事件可能发生的最大库存周期，即 $k = \lfloor V/N \rfloor$
$\lfloor A \rfloor$	对 A 向下取整，比如 $\lfloor 5/4 \rfloor = 1$，$\lfloor 7/4 \rfloor = 1$，$\lfloor 8/4 \rfloor = 2$
$(A)^+$	非负数，等于 $\max\{0, A\}$
Q^{p*}, Q^{d*}, Q^{s*}	应急储备中心在被动接受、捐赠、销售策略下的最优存储量
EC^p, EC^d, EC^s	应急储备中心在被动接受、捐赠、销售策略下的期望成本函数
I^{p*}, I^{d*}, I^{s*}	销售企业在被动接受、捐赠、销售策略下的最优库存水平
$E\Pi^p$, $E\Pi^d$, $E\Pi^s$	销售企业在被动接受、捐赠、销售策略下的期望利润函数
CS^p, CS^d, CS^s	消费者在被动接受、捐赠、销售策略下的消费者剩余

3.3　销售策略下的库存规划模型

3.3.1　期望成本与利润函数

由于销售企业与政府应急储备的补货周期不同步，所以每个应急准备阶段销售企业的库存初始状态不同，包括物资年龄（剩余保质期）与数量的库存初始状态的不同，库存初始状态的不同会带来维度灾难。为了避免维度灾难带来的计算复杂性，研究以销售企业的库存周期为基准，先将单个库存周期作为计算周期，再将单个库存周期上的期望成本除以单个库存周期内期望突发事件次数，即可得到单个应急准备阶段上的期望成本。下述分析过程可以验证，这种近似转化模型高估了销售策略下的总期望成本，进而低估了销售策略的优势，所以，据此给出的销售策略优势条件是保守的。

首先，突发事件发生时间的随机分布如图 3-3 所示。

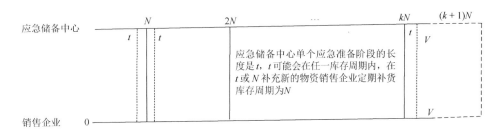

图 3-3　一个突发事件发生的时间分布（应急需求时间间隔的可能长度）

应急储备中心与销售企业在不同步补货周期时，单个应急准备阶段发生过期量、销售量、应急缺货量的计算如下。

突发事件可能会发生在任一库存周期内，假设发生在 $[iN,(i+1)N)$ 第 $(i+1)$ 个库存周期内，其中 $i=0,1,2,\cdots,k$，则前面 i 个库存周期内没有发生应急需求，进而在 $0 \sim \max(0,(i-1)N)$ 的每个库存周期，应急储备中心均有过期量 $(Q-\theta yN)^+$、销售量 $Q-(Q-\theta yN)^+$、未满足公益偏好型需求量 $(\theta yN-Q)^+$；销售企业均有过期量 $(I-(1-\theta)yN-(\theta yN-Q)^+)^+$、销售量 $(I-(I-(1-\theta)yN)^+)+(\theta yN-Q)^+$。

在 $[iN,t]$ 时间段，有应急储备中心剩余量 $(Q-x-\theta y(t-iN))^+$、应急供给缺货量 $(x-Q)^+$、剩余应急物资期望销售量 $((Q-x)^+ - (Q-x-\theta y(t-iN))^+)$、未满足的公益偏好型需求 $(\theta y(t-iN)-(Q-x)^+)^+$；在应急准备阶段结束时刻 t，有销售企业的库存剩余量 $(I-(1-\theta)y(t-iN)-(\theta y(t-iN)-(Q-x)^+)^+)^+$、非公益偏好消费者需求与

公益偏好消费者转移需求的市场总销售量 $(I - (I - (1-\theta)y(t-iN))^+) + (\theta y(t-iN) - (Q-x)^+)^+$ 。

所以，在单个应急准备阶段，应急储备中心的期望成本为

$$
\mathrm{EC}_0^s = \left\{
\begin{array}{l}
\sum_{i=0}^{k-1} \int_{iN}^{(i+1)N}
\begin{bmatrix}
c_{\mathrm{es}}E(x-Q)^+ - pE((Q-x)^+ - ((Q-x)^+ - \theta y(t-iN))^+)^+ \\
-c_v E((Q-x)^+ - \theta y(t-iN))^+ + ic_o(Q-\theta yN)^+ \\
-ipE(Q-(Q-\theta yN)^+)^+
\end{bmatrix}
g(t)\mathrm{d}t \\
+ \int_{kN}^{V}
\begin{bmatrix}
c_{\mathrm{es}}E(x-Q)^+ - pE((Q-x)^+ - ((Q-x)^+ - \theta y(t-kN))^+)^+ \\
-c_v E((Q-x)^+ - \theta y(t-kN))^+ + kc_o(Q-\theta yN)^+ \\
-kpE(Q-(Q-\theta yN)^+)^+
\end{bmatrix}
g(t)\mathrm{d}t
\end{array}
\right\}
$$

公式可简化得

$$
\mathrm{EC}_0^s = \left[
\begin{array}{l}
c_{\mathrm{es}}E(x-Q)^+ - pE(Q-x)^+ + jc_o(Q-\theta yN)^+ - jp(Q-(Q-\theta yN)^+)^+ \\
+ \sum_{i=0}^{k-1} \int_{iN}^{(i+1)N} (p-c_v)E((Q-x)^+ - \theta y(t-iN))^+ g(t)\mathrm{d}t \\
+ \int_{kN}^{V} (p-c_v)E((Q-x)^+ - \theta y(t-kN))^+ g(t)\mathrm{d}t
\end{array}
\right]
\tag{3-1}
$$

其次，分析单个库存周期突发事件发生时间的随机分布，如图 3-4 所示。

图 3-4　突发事件在单个库存周期上的发生时间分布

由于突发事件发生时间的随机性，单个库存周期内可能会发生 0 个突发事件，也可能发生多个突发事件，即多应急准备阶段。根据应急储备中心与销售企业的补货策略，在突发事件发生后，应急储备中心会立刻补充 t_w（$w=1,2,\cdots$）年龄的物资至库存水平 Q，一直重复该行为直至时刻 N，全部更新年龄为 0 的物资；而销售企业只在 N 补充年龄为 0 的物资。

在单个库存周期内，市场消费需求总量为 yN，其中公益偏好消费者需求总量为 θyN，剩余 $(1-\theta)yN$ 为非公益偏好消费者需求。在应急储备中心销售策略下，销售企业面临的市场需求率从 y 减少至 $(1-\theta)y$，如果 N 时公益偏好消费者未被

全部满足，则未满足消费者会在 N 时选择从销售企业购买。因为是市场需求稳定产品，所以，假设应急储备中心与销售企业的市场价格均为 p。

所以，根据库存周期计算的单个应急准备阶段上的近似期望成本为

$$\text{EC}_1^s = E\left(E\left(\frac{t}{N}(\Re c_{es}(x-Q)^+ + c_o(Q-\theta yN)^+ - p(Q-(Q-\theta yN)^+))\right)\right)$$

其中，$\Re$ 为单个库存周期 N 内发生突发事件的个数，$\Re E(x-Q)^+$ 为期望缺货数量，$\Re \int_Q^M f(x)\mathrm{d}x$ 为期望缺货概率，而 $\int_Q^M f(x)\mathrm{d}x$ 为发生突发事件时缺货的概率。$E\left(E\left(\frac{t}{N}\Re c_{es}(x-Q)^+\right)\right) = E\left(\frac{t}{N}\Re\right)c_{es}E(x-Q)^+$，而因为 $\frac{t}{N}\Re$ 表示在一个随机应急时间间隔内发生突发事件的次数，所以有 $E\left(\frac{t}{N}\Re\right)=1$。因此，上述期望成本公式可简化为

$$\text{EC}_1^s = c_{es}E(x-Q)^+ + \frac{n}{N}c_o(Q-\theta yN)^+ - \frac{n}{N}p(Q-(Q-\theta yN)^+) \qquad (3\text{-}2)$$

从期望角度，如图 3-4 所示，在单个库存周期内，发生 $0, 1, 2, \cdots, m$ 次突发事件，相应发生概率为 ρ_0，ρ_1，ρ_2，$\cdots$，ρ_m，则单个库存周期内发生突发事件期望次数为 $\sum_{w=0}^{m} w\rho_w$。另外，由于突发事件发生时间间隔平均为 n，所以平均发生突发事件次数为 N/n。在 N/n 个突发事件中，应急物资剩余和缺货事件是服从重复二项分布的（可以用 0 表示应急物资剩余事件、1 表示应急物资缺货事件），且缺货事件的概率为 $\int_Q^M f(x)\mathrm{d}x$，所以在 N/n 个事件中，缺货的概率为 $(N/n)\int_Q^M f(x)\mathrm{d}x$，即缺货损失为 $(N/n)c_{es}E(x-Q)^+$。单个库存周期内的期望缺货损失除以平均突发事件数 N/n，则为单个突发事件准备阶段内的期望缺货损失，即 $c_{es}E(x-Q)^+$。所以 EC_1^s 的简化公式（3-2）与其未简化公式是等价成立的。

进一步地，分析销售企业的期望利润函数。在单个库存周期，销售企业期望利润：

$$\text{E}\overline{\Pi}_1^s = \begin{bmatrix} p(I-(I-(1-\theta)yN-(\theta yN-Q)^+)^+) - c_o(I-(1-\theta)yN-(\theta yN-Q)^+)^+ \\ -c_{es}((1-\theta)yN+(\theta yN-Q)^+-I)^+ \end{bmatrix}$$

$$(3\text{-}3)$$

其中，$\text{E}\overline{\Pi}_j^s$ 为单个库存周期上的期望利润；$\text{E}\Pi_h^s$ 为单个应急准备阶段的期望利润；$h=0$ 为直接求解单个应急准备阶段的经济目标；$h=1$ 为根据库存周期求解的单个应急准备阶段（即转化问题）的近似经济目标。

引理 3-1　$\text{EC}_1^s - \text{E}\Pi_1^s \geqslant \text{EC}_0^s - \text{E}\Pi_0^s$。

证明　参考 Zhang 等（2023a）的研究，即使需求在下一阶段实现，由当前阶

段需求或订货引起的成本记为当前阶段的成本或利润。此外，需求转移导致销售企业增加的利润，被等价转移至应急储备中心成本函数上，这种转化不会改变社会整体价值，即 $\mathrm{E}\tilde{C}_0^s - \mathrm{E}\tilde{\Pi}_0^s = \mathrm{EC}_0^s - \mathrm{E}\Pi_0^s$，其中 $\mathrm{E}\tilde{C}_0^s$、$\mathrm{E}\tilde{\Pi}_0^s$ 分别表示转化（未满足公益偏好需求转移至销售企业的利润转嫁到应急储备中心）后，单个阶段的应急储备中心成本函数与销售企业利润函数，假设需求转移导致销售企业增加的利润为 Γ，则 $\mathrm{E}\tilde{C}_0^s = \mathrm{EC}_0^s - \Gamma$，$\mathrm{E}\tilde{\Pi}_0^s = \mathrm{E}\Pi_0^s - \Gamma$。

一方面，销售企业减去由于转移增加的利润等于非公益偏好型需求转移的利润，即 $\mathrm{E}\tilde{\Pi}_0^s = \mathrm{E}\Pi_1^s$。另一方面，在单个应急准备阶段上，应急储备中心转化后的期望成本为

$$\mathrm{E}\tilde{C}_0^s = \begin{bmatrix} c_{\mathrm{es}}E(x-Q)^+ + jc_o(Q-\theta yN)^+ - jp(Q-(Q-\theta yN)^+)^+ \\ -\sum_{i=0}^{k-1}\int_{iN}^{(i+1)N} p\theta y(t-iN)g(t)\mathrm{d}t - \int_{kN}^{V} p\theta y(t-kN)g(t)\mathrm{d}t \\ -\sum_{i=0}^{k-1}\int_{iN}^{(i+1)N} c_v E((Q-x)^+ - \theta y(t-iN))^+ g(t)\mathrm{d}t \\ -\int_{kN}^{V} c_v E((Q-x)^+ - \theta y(t-kN))^+ g(t)\mathrm{d}t \end{bmatrix} \leqslant \mathrm{EC}_1^s$$

所以，有 $\mathrm{EC}_1^s - \mathrm{E}\Pi_1^s \geqslant \mathrm{E}\tilde{C}_0^s - \mathrm{E}\tilde{\Pi}_0^s = \mathrm{EC}_0^s - \mathrm{E}\Pi_0^s$，即引理 3-1 得证。

此结论说明根据库存周期求解的单个应急准备阶段的总期望成本会增加，即此方法下会高估销售策略的总成本，进而会低估销售策略带来的社会价值增加，因此，在此研究下得到的销售策略的优势条件是保守的，是充分可行的。

3.3.2　库存博弈模型

本章采取非合作博弈理论进行建模。由于政府应急管理部门负责的应急储备中心有一定行政主导地位，所以在博弈过程中，应急储备中心根据突发事件发生时间与需求量以及消费者社会公益偏好程度，首先决策其存储量；其次，销售企业根据市场需求与应急储备中心存储量，决策其采购量。

所以剩余应急物资销售策略下的库存博弈模型为

$$\min_Q \mathrm{EC}^s$$
$$\mathrm{s.t.}\begin{cases} \min_I \mathrm{E}\Pi^s \\ Q+I \leqslant M \end{cases} \tag{3-4}$$

其中，单个应急准备阶段的近似期望成本 EC^s 表达式为

$$\mathrm{EC}^s = \mathrm{EC}_1^s = c_{\mathrm{es}}E(x-Q)^+ + \frac{n}{N}c_o(Q-\theta yN)^+ - \frac{n}{N}p(Q-(Q-\theta yN)^+)$$

给定应急储备中心的存储量，销售企业的期望利润函数为

$$\mathrm{E}\Pi^s = \mathrm{E}\Pi_1^s = \frac{\mathrm{E}\overline{\Pi}_1^s}{N/n} = \frac{n}{N}\begin{bmatrix} p(I - (I - (1-\theta)yN - (\theta yN - Q)^+)^+) \\ -c_o(I - (1-\theta)yN - (\theta yN - Q)^+)^+ \\ -c_{\mathrm{cs}}((1-\theta)yN + (\theta yN - Q)^+ - I)^+ \end{bmatrix}$$

约束条件 $I+Q \leqslant M$ 是合理的，因为 M 是突发事件的最严重情形，应急需求非常大，M 往往是一个很大的数；并且，这种极端情形发生概率较小，如果 $I+Q > M$ 则往往会造成资源浪费。

需要说明的是，公益偏好消费者购买剩余应急物资会带来额外效用。因为研究的应急物资类型是人们日常生活物资，市场需求成熟，价格稳定，已经形成完全竞争市场上的供需均衡，即市场出清。一单位日常使用产品给消费者带来相同的功能，所以可以认为消费者对产品的估价是相同的，则在市场均衡条件下，消费者愿意支付的价格与实际支付价格相等，即购买产品带来的效用为 0。公益偏好消费者存在温情效应，因此，公益偏好消费者购买一单位剩余应急物资会带来额外心理效用：

$$\mathrm{CS}^s = \begin{cases} j\varphi(Q - (Q - \theta yN)^+) + \sum_{i=0}^{k-1}\int_{iN}^{(i+1)N}\varphi E[\min(Q - x, \theta y(t - iN))]g(t)\mathrm{d}t \\ + \int_{kN}^V \varphi E[\min(Q - x, \theta y(t - kN))]g(t)\mathrm{d}t \end{cases} \tag{3-5}$$

其中，φ 为公益偏好消费者每购买一单位剩余应急物资带来的心理效用。

3.4　销售策略的优势分析

3.4.1　被动接受与捐赠策略下物资库存模型

被动接受策略是指应急储备中心直接对临期应急物资做过期处理。本节构建被动接受策略与捐赠策略下的应急库存模型，以便通过对比分析得到销售策略的优势，给出剩余应急物资销售策略的实施应用范围，进而为销售策略的争议性提供经济证据。

1. 被动接受策略下的库存模型

在整个应急准备阶段，应急储备中心的期望成本为

$$\mathrm{EC}^p = \begin{cases} \sum_{i=0}^{k-1}\int_{iN}^{(i+1)N}\left[c_{\mathrm{es}}\int_Q^M (x - Q)f(x)\mathrm{d}x - c_v\int_0^Q (Q - x)f(x)\mathrm{d}x + ic_oQ\right]g(t)\mathrm{d}t \\ + \int_{kN}^V\left[c_{\mathrm{es}}\int_Q^M (x - Q)f(x)\mathrm{d}x - c_v\int_0^Q (Q - x)f(x)\mathrm{d}x + kc_oQ\right]g(t)\mathrm{d}t \end{cases} \tag{3-6}$$

式（3-6）可以被简化为

$$EC^p = c_{es} \int_Q^M (x - Q) f(x) \mathrm{d}x - c_v \int_0^Q (Q - x) f(x) \mathrm{d}x + j c_o Q$$

其中，$j = E\left(\lfloor t/N \rfloor\right)$，则有 $\max(n/N - 1, 0) \leqslant j \leqslant n/N$（第 2 章的引理 2-1）。

由于销售企业在每个库存阶段面临稳定的市场需求量，所以单个应急准备阶段的期望利润为

$$\begin{aligned}
E\Pi^p &= \sum_{i=0}^{k-1} \int_{iN}^{(i+1)N} [py(t - iN) + pyiN] g(t) \mathrm{d}t + \int_{kN}^V [py(t - kN) + pykN] g(t) \mathrm{d}t \\
&= pyn
\end{aligned} \tag{3-7}$$

因为在被动接受策略下，市场消费者的全部购买来源于销售企业，在稳定市场环境下，消费者估计相同，市场出清点为供需平衡点，即产品本身价值带来的消费者效用为 0。所以，此时消费者剩余为

$$CS^p = 0 \tag{3-8}$$

被动接受策略下的库存决策模型为

$$\min_Q EC^p$$

$$\text{s.t.} \begin{cases} \max_I E\Pi^p \\ Q + I \leqslant M \end{cases}$$

2. 捐赠策略下的库存模型

与销售策略相同，捐赠策略是在应急救援阶段结束时或临期处理时将剩余应急物资捐赠给需要帮助的人（如贫困人群），这是符合实践观察的。比如，无国界医生组织后勤主管表示，他们的团队在抵达一个国家应对一场健康危机时，会带来很多物品，包括药品、医疗设备和帐篷，一旦危机结束，或到了缩减规模的时候，他们必须计划如何处理剩下的东西，而处理的一般规则是免费将物品给需要它们的人。

捐赠策略与被动接受的策略区别在于：一是应急储备中心降低了承担的过期损失，因为将剩余应急物资捐赠不需要对其进行过期处理，但可能会增加由捐赠行为带来的操作成本，这里忽略了捐赠成本。二是消费者群体效用增加。假设所有消费者对产品的功能认知是一样的，对其估价相同，均为 p，但是资金限制导致贫困人群无法购买，而捐赠给贫困人群的一单位物资，贫困者的实际支付价格为 0，所以捐赠一单位物资可使贫困消费者获得效用增加 p。

根据式（3-5），应急储备中心的期望成本为

$$EC^d = c_{es} \int_Q^M (x - Q) f(x) \mathrm{d}x - c_v \int_0^{Q-\phi} (Q - x - \phi) f(x) \mathrm{d}x + j c_o (Q - \phi)^+ \tag{3-9}$$

其中，ϕ 为贫困人群规模，假设 $\phi \leqslant M - yN$，此假设的合理性在于 M 是一个极

端较大的数且市场总需求有限，本章的模型对比分析部分放宽了此假设。此策略下，如果捐赠后还有剩余则作过期或回收处理。

由于捐赠并未对销售企业的市场需求产生影响，则其期望利润函数仍为

$$\mathrm{E}\Pi^d = pyn \tag{3-10}$$

公众的效用增加来源于贫困人群受赠带来的消费者剩余，为

$$\mathrm{CS}^d = jp(Q - (Q-\phi)^+) + p\int_0^{Q-\phi}(Q-x-\phi)f(x)\mathrm{d}x \tag{3-11}$$

捐赠策略下的库存决策模型为

$$\min_Q \mathrm{EC}^d$$
$$\mathrm{s.t.}\begin{cases} \max_I \mathrm{E}\Pi^d \\ Q+I \leqslant M \end{cases}$$

3.4.2　销售策略的过期浪费降低

利用序贯博弈中的逆序求解法，求解上述三个两阶段博弈模型最优解，具体结果见定理 3-1。

定理 3-1

（1）销售策略下的库存规划模型最优解：

$$(Q^{s^*}, I^{s^*}) = \begin{cases} (\theta yN, (1-\theta)yN), & -c_{\mathrm{es}}\int_{\theta yN}^M f(x)\mathrm{d}x + \dfrac{n}{N}c_o > 0 \\[2mm] (M-(1-\theta)yN, (1-\theta)yN), & -c_{\mathrm{es}}\int_{M-(1-\theta)yN}^M f(x)\mathrm{d}x + \dfrac{n}{N}c_o \leqslant 0 \\[2mm] (Q^s, (1-\theta)yN), & \text{其他} \end{cases}$$

其中，Q^s 满足 $-c_{\mathrm{es}}\int_{Q^s}^M f(x)\mathrm{d}x + \dfrac{n}{N}c_o = 0$，并有 $\theta yN \leqslant Q^{s^*} \leqslant M-(1-\theta)yN$，$I^{s^*} \geqslant (1-\theta)yN$。

（2）被动接受策略下的库存规划模型最优解：

$$(Q^{p^*}, I^{p^*}) = \begin{cases} (0, yN), & -c_{\mathrm{es}} + jc_o > 0 \\[2mm] (M-yN, yN), & -c_{\mathrm{es}}\int_{M-yN}^M f(x)\mathrm{d}x - c_v\int_0^{M-yN} f(x)\mathrm{d}x + jc_o \leqslant 0 \\[2mm] (Q^p, yN), & \text{其他} \end{cases}$$

其中，Q^p 的值满足等式 $-c_{\mathrm{es}}\int_{Q^p}^M f(x)\mathrm{d}x - c_v\int_0^{Q^p} f(x)\mathrm{d}x + jc_o = 0$。

（3）捐赠策略下的库存规划模型最优解：

$$(Q^{d*}, I^{d*}) = \begin{cases} (\phi, yN), & -c_{es}\int_{\phi}^{M} f(x)dx - c_v\int_0^{\phi} f(x)dx + jc_o > 0 \\ (M - yN, yN), & -c_{es}\int_{M-yN}^{M} f(x)dx - c_v\int_0^{M-yN} f(x)dx + jc_o \leqslant 0 \\ (Q^d, yN), & \text{其他} \end{cases}$$

其中，$Q^d = Q^p$，即满足 $-c_{es}\int_{Q^d}^{M} f(x)dx - c_v\int_0^{Q^d} f(x)dx + jc_o = 0$，且 $Q^d \geqslant \phi$。

证明　虽然上述库存规划模型为双层规划模型，但剖析发现上层规划并不会受下层规划解的影响，所以其本质为单层规划，带有约束的单层规划模型。下面以销售策略下的库存规划模型求解为例进行简单证明。

首先求解下层规划的最优化问题。

情形 1：当 $I < (1-\theta)yN$ 时，有 $E\Pi^s = \dfrac{n}{N}[pI - c_{cs}((1-\theta)yN - I)]$，$\dfrac{\partial E\Pi^s}{\partial I} = \dfrac{n}{N}(p + c_{cs}) > 0$。

所以，一定有 $I^* \geqslant (1-\theta)yN$。首先，在单个库存订货周期，如果 $I < (1-\theta)yN$，则一定会导致企业更多的市场缺货损失，企业利润严重下降，因为销售企业面临的最低市场需求为 $(1-\theta)yN$；其次，根据单调性有 $M - Q < (1-\theta)yN$，否则最佳决策一定有 $I \geqslant (1-\theta)yN$，而这要求 $Q > M - (1-\theta)yN$，说明了应急储备中心应急供给能力较高，但也说明其期望过期损失也较高，不符合应急物资销售策略的目的（降低应急物资过期损失、提高整体社会供给能力）；最后，从社会公众消费者角度，如果 $I < yN$，则消费者的需求往往得不到满足，不利于社会福利的提高。综上，考虑企业利润、销售策略目的、消费者需求三个方面，给定 $I \geqslant (1-\theta)yN$ 是合理的。

情形 2：当 $I \geqslant (1-\theta)yN$ 且 $Q > \theta yN$ 时，则 $yN < I + Q < M$，有 $E\Pi^s = \dfrac{n}{N}[p(1-\theta)yN - c_o(I - (1-\theta)yN)]$，$\dfrac{\partial E\Pi^s}{\partial I} = -\dfrac{n}{N}c_o < 0$。

情形 3：当 $I \geqslant (1-\theta)yN$ 且 $Q \leqslant \theta yN$ 时，则 $(1-\theta)yN \leqslant yN - Q < M - Q$，具体又可分为两种情况。

（1）当 $(1-\theta)yN < I \leqslant yN - Q$ 时，则 $E\Pi^s = \dfrac{n}{N}[pI - c_{cs}(yN - Q - I)]$，有

$$\frac{\partial E\Pi^s}{\partial I} = \frac{n}{N}(p + c_{cs}) > 0$$

（2）当 $(1-\theta)yN \leqslant yN - Q < I < M - Q$ 时，则 $E\Pi^s = \dfrac{n}{N}[p(yN - Q) - c_o(I + Q - yN)]$，有

$$\frac{\partial E\Pi^s}{\partial I} = -\frac{n}{N}c_o < 0$$

接下来，求解上层规划优化问题，有 $I^{s*} \geqslant (1-\theta)yN$，可以得到 Q^s 的可行域变为 $0 \leqslant Q^{s*} \leqslant M - (1-\theta)yN$。

情形 1：当 $Q \leqslant \theta yN$ 时，$\mathrm{EC}^s = c_{\mathrm{es}} \int_Q^M (x-Q)f(x)\mathrm{d}x - \frac{n}{N}pQ$，有 $\frac{\partial \mathrm{EC}^s}{\partial Q} =$

$-c_{\mathrm{es}} \int_Q^M f(x)\mathrm{d}x - \frac{n}{N}p < 0$，$\frac{\partial^2 \mathrm{EC}^s}{\partial Q^2} = c_{\mathrm{es}}f(Q) \geqslant 0$。

情形 2：当 $Q > \theta yN$ 时，$\mathrm{EC}^s = c_{\mathrm{es}} \int_Q^M (x-Q)f(x)\mathrm{d}x + \frac{n}{N}c_o(Q-\theta yN) - \frac{n}{N}p\theta yN$，

有 $\frac{\partial \mathrm{EC}^s}{\partial Q} = -c_{\mathrm{es}} \int_Q^M f(x)\mathrm{d}x + \frac{n}{N}c_o < 0$，$\frac{\partial^2 \mathrm{EC}^s}{\partial Q^2} = c_{\mathrm{es}}f(Q) \geqslant 0$。

可以推出 $Q^{s*} > \theta yN$，有

$$Q^{s*} = \begin{cases} \theta yN, & -c_{\mathrm{es}} \int_{\theta yN}^M f(x)\mathrm{d}x + \frac{n}{N}c_o > 0 \\ M - (1-\theta)yN, & -c_{\mathrm{es}} \int_{M-(1-\theta)yN}^M f(x)\mathrm{d}x + \frac{n}{N}c_o \leqslant 0 \\ Q^s, & 其他 \end{cases}$$

代入下层规划最优解，得 $I^{s*} \leqslant (1-\theta)yN$，即定理 3-1（1）结论，被动接受与捐赠策略下的库存规划模型求解过程相同，在此不再赘述。定理得证。

首先对比上述三种策略下的最优解，可以得到不同策略下的最优解直接的大小关系，比如：由于 $-c_{\mathrm{es}} \int_Q^M f(x)\mathrm{d}x - c_v \int_0^Q f(x)\mathrm{d}x + jc_o$ 以及 $-c_{\mathrm{es}} \int_Q^M f(x)\mathrm{d}x + \frac{n}{N}c_o$ 均是 Q 的单调递增函数，且 $\frac{n}{N}c_o > jc_o - c_v \int_0^Q f(x)\mathrm{d}x$，可以推出 $Q^s \leqslant Q^p = Q^d$。其次，根据模型计算各个策略下的过期损失，分别为：对于应急储备中心，在每个库存周期末，即产品达到最大可被使用的临期状态，被动接受策略下的过期损失为 $c_o Q^{p*}$，捐赠策略下的过期损失为 $c_o(Q^{d*} - \phi)$，销售策略下的过期损失为 $c_o(Q^{s*} - \theta yN)$；对于销售企业，各个策略下的过期损失均为 0，因为被动接受策略下与捐赠策略下，市场需求是稳定且确定的，而销售策略下损失 $c_o(I^{s*} - (1-\theta)yN - (\theta yN - Q^{s*})^+) = 0$。定理 3-2 说明了捐赠策略与销售策略对应急储备中心存储物资过期损失的影响。

定理 3-2 销售策略在降低应急储备中心过期损失方面的有效性如下。

（1）$Q^{s*} - \theta yN \leqslant Q^{p*}$，即销售策略有助于降低物资过期浪费。

（2）$Q^{d*} - \phi \leqslant Q^{p*}$，即捐赠策略有助于降低物资过期浪费。

（3）当 $j > \dfrac{c_{es} - (c_{es} - c_v)F(M - yN)}{c_o}$ 且 $N \geqslant \dfrac{\phi}{\theta y}$ 时，一定有 $Q^{s*} - \theta yN \leqslant Q^{d*} - \phi$，

即当平均时间间隔非常长且市场条件很好（消费者需求量很大，贫困人群数量较少）时，销售策略比捐赠策略更有利于降低物资过期浪费。

证明　因为销售策略和被动接受策略下的最优解之间的关系如下：

$$
Q^{p*} = \begin{cases} 0, & Q^{s*} = \theta yN \\ Q^{p}, & Q^{s*} = \begin{cases} \theta yN \\ Q^{s} \end{cases} \\ M - yN, & Q^{s*} = \begin{cases} \theta yN \\ Q^{s} \\ M - (1-\theta)yN \end{cases} \end{cases}
$$

以及

$$
\theta yN \leqslant Q^{s} \leqslant Q^{p} \leqslant M - yN \leqslant M - (1-\theta)yN
$$

明显地，在上述六种关系中，总是有 $Q^{s*} - \theta yN \leqslant Q^{p*}$，所以可以认为销售策略总是有利于降低应急储备中心过期损失。定理 3-2 中的（2）和（3）证明过程类似，所以给予忽略。（3）中的条件是销售策略比捐赠策略更有效的充分条件。

此外，可以看出，当 $Q^{p*} = 0$，$Q^{s*} = \theta yN$，或者 $Q^{p*} = M - yN$，$Q^{s*} = M - (1-\theta)yN$ 时，销售策略可以有效提高应急储备中心的应急供给能力；当 $Q^{p*} = 0$，$Q^{d*} = \phi$ 时，捐赠策略可以提高应急储备中心的应急供给能力。

3.4.3　销售策略对整体社会经济的增值

本部分的整体社会经济包括应急储备中心的成本（由过期浪费与应急供给能力不足构成）、销售企业的利润、社会消费者剩余。分析悲观决策准则的定义，决策步骤为：计算出每个策略（方案）在所有可能的随机状态下的最大成本值，即每个方案最差状态下的最优成本值；求各个最大成本值中的最小值；最小值对应的策略即为选择策略。具体过程如下。

第一步，在未知随机应急需求分布函数的条件下，本章研究根据 Scarf 准则，即 min-max 准则，采取第 2 章的自由分布规划方法，给出销售策略下成本函数的上界 $EC^{s\max}$、利润函数的下界 $E\Pi^{s\min}$，被动接受策略和捐赠策略下的成本函数的上界 $EC^{p\max}$ 和 $EC^{d\max}$、利润函数的下界 $E\Pi^{p\min}$ 和 $E\Pi^{d\min}$。此过程是确定每个方案面临的所有随机状态中的最差状态，是求解所有随机状态下的最大成本值的基础。

第二步，计算销售策略下期望成本上界或期望利润下界的最优值，即 $\text{EC}^{s\max*}$、$\text{E}\Pi^{s\min*}$，被动接受策略和捐赠策略下期望成本上界与期望利润下界的最优值，即 $\text{EC}^{p\max*}$、$\text{EC}^{d\max*}$、$\text{E}\Pi^{p\min*}$、$\text{E}\Pi^{d\min*}$。进而得到基于成本上界最优准则的销售策略下总成本 $\text{EC}^{s\max*}-\text{E}\Pi^{s\min*}-\text{CS}^s$，以及被动接受策略和捐赠策略下总成本 $\text{EC}^{p\max*}-\text{E}\Pi^{p\min*}-\text{CS}^p$、$\text{EC}^{d\max*}-\text{E}\Pi^{d\min*}-\text{CS}^d$。注意，这些最优值即为三个策略在所有不确定状态下的社会整体成本最大值。

第三步，对比上述三种策略下成本最大值，求出三者中的最小值。计算销售策略的总成本与被动接受策略、捐赠策略的总成本之差，以得到悲观决策准则下的销售策略有效条件，即 $\text{EC}^{s\max*}-\text{E}\Pi^{s\min*}-\text{CS}^s \leqslant \text{EC}^{p\min*}-\text{E}\Pi^{p\max*}-\text{CS}^p$ 的成立条件。需要说明的是，基于悲观决策准则的有效条件是充分条件，但此充分条件在现实实践中是有意义的，因为决策者在突发事件决策过程中往往持悲观保守态度。

第四步，分析四个主要参数的敏感性，即应急缺货惩罚 c_{es}（代表应急物资的重要性或关键性）、市场需求率 y（代表物资的普适性）、平均应急需求数量 u（代表突发事件的平均严重程度）、突发事件平均发生时间间隔 n（代表突发事件的平均发生频率），对销售策略有效条件的影响，进一步得到销售策略的应用情景。

1. 销售策略与被动接受策略对比

首先，假设决策者是风险规避的（确定行动方案所有可能状态下的最坏结果，再根据所有行动方案最坏结果，从最坏结果中选择一个较好的结果，对应的行动方案即为较优方案），计算未知分布函数条件下的成本函数上界以及利润函数的下界。对于应急需求数量的随机分布，根据 Scarf 准则（Scarf，1957）、Cauchy-Schwarz 不等式（Gallego and Moon，1993）、凸函数特性（Yue et al.，2007）等，借鉴关于自由分布优化决策问题的研究成果，可知，所有分布函数中的两点分布是最不利分布，一点分布为最有利分布（为了分析的方便性，本章利用不等式 $E(Q-x)^+ \geqslant (Q-u)^+ \geqslant 0$ 界定成本函数上界）；而对于应急需求时间间隔的随机分布，利用引理 2-1 $\max(n/N-1,0) \leqslant \sum_{i=0}^{k-1} \int_{iN}^{(i+1)N} i g(t)\mathrm{d}t + \int_{kN}^{V} k g(t)\mathrm{d}t \leqslant n/N$，有

$$\text{EC}^s = c_{\text{es}} \int_Q^M (x-Q) f(c)\mathrm{d}x - \frac{n}{N} p(Q-(Q-\theta yN)^+) + \frac{n}{N} c_o (Q-\theta yN)^+$$

$$\xrightarrow[\substack{0 \leqslant E(Q-x)^+ \leqslant Q\frac{M-u}{M}}]{\substack{0 \leqslant E(x-Q)^+ \leqslant (M-Q)\frac{u}{M}}}$$

$$\text{EC}^s \leqslant c_{\text{es}}(M-Q)\frac{u}{M} - \frac{n}{N} p(Q-(Q-\theta yN)^+) + \frac{n}{N} c_o (Q-\theta yN)^+ = \text{EC}^{s\max}$$

$$\text{E}\Pi^{s\min} = p(1-\theta)yn$$

$$\text{CS}^{s\min} = \varphi\theta yN$$

同理，被动接受策略与捐赠策略的成本函数上界与利润函数下界为

$$\text{EC}^p \leqslant c_{\text{es}}(M-Q)\frac{u}{M} + jc_oQ \xrightarrow[i=\lfloor t/N\rfloor]{\max(n/N-1,0)\leqslant E\lfloor t/N\rfloor\leqslant n/N}$$

$$\text{EC}^p \leqslant c_{\text{es}}(M-Q)\frac{u}{M} + \frac{n}{N}c_oQ = \text{EC}^{p\max}$$

$$\text{E}\Pi^{p\min} = pyn$$

$$\text{CS}^{p\min} = 0$$

$$\text{EC}^d \leqslant c_{\text{es}}(M-Q)\frac{u}{M} + \frac{n}{N}c_o(Q-\phi)^+ = \text{EC}^{d\max}$$

$$\text{E}\Pi^{d\min} = pyn$$

$$\text{CS}^{d\min} = \frac{n}{N}p\phi$$

其次，根据确定性数学规划方法，计算各个策略下的上界成本函数的最小值、下界利润函数的最大值：

$$(Q^{s\max*}, I^{s\min*}) = \begin{cases} (\theta yN, (1-\theta)yN), & -c_{\text{es}}\dfrac{u}{M} + \dfrac{n}{N}c_o > 0 \\[2mm] (M-(1-\theta)yN, (1-\theta)yN), & -c_{\text{es}}\dfrac{u}{M} + \dfrac{n}{N}c_o \leqslant 0 \end{cases}$$

$$(Q^{p\max*}, I^{p\min*}) = \begin{cases} (0, yN), & -c_{\text{es}}\dfrac{u}{M} + \dfrac{n}{N}c_o > 0 \\[2mm] (M-yN, yN), & -c_{\text{es}}\dfrac{u}{M} + \dfrac{n}{N}c_o \leqslant 0 \end{cases}$$

$$(Q^{d\max*}, I^{d\min*}) = \begin{cases} (\phi, yN), & -c_{\text{es}}\dfrac{u}{M} + \dfrac{n}{N}c_o > 0 \\[2mm] (M-yN, yN), & -c_{\text{es}}\dfrac{u}{M} + \dfrac{n}{N}c_o \leqslant 0 \end{cases}$$

最后，根据最优解可求得各策略下的最优值 $\text{EC}^{s\max*}$、$\text{E}\Pi^{s\min*}$、$\text{EC}^{p\max*}$、$\text{E}\Pi^{p\min*}$、$\text{EC}^{d\max*}$、$\text{E}\Pi^{d\min*}$。具体结果如表 3-2 所示的成本差。

表 3-2　销售策略与被动接受策略的成本差值

情形	最优解		$(\text{EC}^{s\max*} - \text{E}\Pi^{s\min*}) - (\text{EC}^{p\max*} - \text{E}\Pi^{p\min*})$
	销售策略	被动接受策略	
情形 1：$c_{\text{es}}\dfrac{u}{M} \leqslant \dfrac{n}{N}c_o$	$(\theta yN, (1-\theta)yN)$	$(0, yN)$	$-c_{\text{es}}\theta yN\dfrac{u}{M} - \varphi\theta yN \leqslant 0$
情形 2：$c_{\text{es}}\dfrac{u}{M} > \dfrac{n}{N}c_o$	$(M-(1-\theta)yN, (1-\theta)yN)$	$(M-yN, yN)$	$-c_{\text{es}}\theta yN\dfrac{u}{M} - \varphi\theta yN \leqslant 0$

从表 3-2 的最优解可以得出以下结论。①销售策略可以有效提高应急供给能力，即应急响应水平，因为 $Q^{s\max*} > Q^{p\max*}$。②销售策略对降低过期量的效果不明显，因为 $Q^{s\max*} - \theta yN = Q^{p\max*}$。这说明，风险规避准则下，销售策略没有起到降低过期风险的作用，而仅仅提高了应急供给能力。分析可能的原因有：剩余应急物资定期销售策略的假定，即根据库存周期求解的剩余应急物资过期损失高于原问题中的过期损失，因为在 N 时以一定概率（突发事件未发生的概率）发生 $(Q^s - \theta yN)^+$ 的过期浪费，以其他概率发生少于 $(Q^s - \theta yN)^+$ 的过期浪费，而原问题中补充新的物资导致 N 时过期损失没那么多。所以原问题中，销售策略可能会降低过期损失。③公益偏好消费者的规模大小不会对销售策略的过期损失缓解效果产生影响，但是会对销售策略的应急供给能力提高效果产生影响，结果显示，公益偏好消费者占比越多，应急供给能力提高程度越大，而在原问题中过期浪费降低幅度可能越大。由此说明，消费者社会公益偏好程度对销售策略的实施有正向促进作用。

为进一步深入探讨销售策略的影响，观察销售策略对社会整体经济的增值效果，即根据主要参数（物资重要性、物资普适性、突发事件严重性、突发事件频繁性）对表 3-2 中的成本差进行敏感性分析。明显地，随着市场需求率 y、应急缺货惩罚 c_{es}、平均应急需求数量 u 的增加，销售策略与被动接受策略的成本差变小，说明，①销售策略更适用于市场需求量大、关键性强的应急物资，以及易发生严重突发事件的地区（如地震活跃地带、政治不稳定的战争恐怖活动多发地区或国家等）。②突发事件平均发生时间间隔不会影响销售策略的价值增加、过期浪费降低、应急能力提高，即针对所有频率的突发事件，销售策略总是无差别适用的。

结论 3-1　相比于被动接受策略，应急储备中心实施销售策略是有利的，具体包括应急供给能力的提高、过期浪费的降低、社会整体经济价值的增加。针对市场需求量大、关键性强的应急物资，实施销售策略更有效；针对严重突发事件的地区，销售策略更有利。

同理，可以直接得到捐赠策略也总是优于无任何行动的被动接受策略，所以进一步的研究问题是：在什么条件下，销售策略比捐赠策略更有优势？

2. 销售策略与捐赠策略对比

分析销售策略与被动接受策略的对比结果，证明了实施销售策略总比不实施任何行动的被动接受策略要好，但是社会大众对销售策略的争议点在于对比捐赠策略，其不能更好地带来社会福利增加，有违人道主义精神。本章引入公众的社会福利，分析销售策略对比捐赠策略带来的社会整体经济价值差异。对比销售策略与捐赠策略，可得到表 3-3 与表 3-4 的结果 [注：表 3-3 与表 3-4 分别展示了当贫困消费者较少时（$\phi < M - yN$，经济比较发达的国家或地区）以及贫困消费者较多时（$\phi \geq M - yN$，经济比较落后的国家或地区）的库存决策水平、销售策略

与捐赠策略的成本差、销售策略优于捐赠策略的条件（成本差小于 0 的条件）]。

表 3-3　销售策略与捐赠策略的成本差值与优势条件（$\phi < M - yN$）

情形	最优解		$(\mathrm{EC}^{s\max *} - \mathrm{E}\Pi^{s\min *}) -$ $(\mathrm{EC}^{d\max *} - \mathrm{E}\Pi^{d\min *})$	销售策略优势条件
	销售策略	捐赠策略		
情形 1：$c_{es}\dfrac{u}{M} \leqslant \dfrac{n}{N}c_o$	$(\theta yN,$ $(1-\theta)yN)$	(ϕ, yN)	$-c_{es}(\theta yN - \phi)\dfrac{u}{M}$ $-\varphi\theta yN + \left(\dfrac{n}{N}-1\right)^{+}p\phi$	$yN \geqslant \dfrac{\phi\left(c_{es}\dfrac{u}{M} + \left(\dfrac{n}{N}-1\right)^{+}p\right)}{\theta\left(c_{es}\dfrac{u}{M} + \varphi\right)}$, $\dfrac{\phi}{\theta} \leqslant \dfrac{\left(c_{es}\dfrac{u}{M} + \varphi\right)M}{\left(c_{es}\dfrac{u}{M} + \left(\dfrac{n}{N}-1\right)^{+}p\right)}$
情形 2：$c_{es}\dfrac{u}{M} > \dfrac{n}{N}c_o$	$(M-(1-\theta)yN,$ $(1-\theta)yN)$	$(M-yN,$ $yN)$	$-c_{es}\theta yN\dfrac{u}{M} - \varphi\theta yN$ $+c_o\phi\dfrac{n}{N} + \left(\dfrac{n}{N}-1\right)^{+}p\phi$	$yN \geqslant \dfrac{\phi\left(\dfrac{n}{N}c_o + \left(\dfrac{n}{N}-1\right)^{+}p\right)}{\theta\left(c_{es}\dfrac{u}{M} + \varphi\right)}$, $\dfrac{\phi}{\theta} \leqslant \dfrac{\left(c_{es}\dfrac{u}{M} + \varphi\right)M}{\left(\dfrac{n}{N}c_o + \left(\dfrac{n}{N}-1\right)^{+}p\right)}$

表 3-4　销售策略与捐赠策略的成本差值与优势条件（$\phi \geqslant M - yN$）

情形	最优解		$(\mathrm{EC}^{s\max *} - \mathrm{E}\Pi^{s\min *}) -$ $(\mathrm{EC}^{d\max *} - \mathrm{E}\Pi^{d\min *})$	销售策略优势条件
	销售策略	捐赠策略		
情形 1：$c_{es}\dfrac{u}{M} \leqslant \dfrac{n}{N}c_o$	$(\theta yN,$ $(1-\theta)yN)$	$(M-yN,$ $yN)$	$c_{es}(M-(1+\theta)yN)\dfrac{u}{M}$ $-\varphi\theta yN + \left(\dfrac{n}{N}-1\right)^{+}p(M-yN)$	$yN \geqslant \dfrac{\left(c_{es}\dfrac{u}{M} + \left(\dfrac{n}{N}-1\right)^{+}p\right)M}{c_{es}\dfrac{u}{M} + \left(\dfrac{n}{N}-1\right)^{+}p + \theta\left(c_{es}\dfrac{u}{M} + \varphi\right)}$
情形 2：$c_{es}\dfrac{u}{M} > \dfrac{n}{N}c_o$	$(M-(1-\theta)yN,$ $(1-\theta)yN)$	$(M-yN,$ $yN)$	$-c_{es}\theta yN\dfrac{u}{M} - \varphi\theta yN$ $+\left(\dfrac{n}{N}c_o + \left(\dfrac{n}{N}-1\right)^{+}p\right)(M-yN)$	$yN \geqslant \dfrac{\left(\dfrac{n}{N}c_o + \left(\dfrac{n}{N}-1\right)^{+}p\right)M}{\dfrac{n}{N}c_o + \left(\dfrac{n}{N}-1\right)^{+}p + \theta\left(c_{es}\dfrac{u}{M} + \varphi\right)}$

从表 3-3 与表 3-4 中的结果来看，在降低应急过期浪费方面，捐赠策略比销售策略效果更显著，特别是当贫困人群规模特别大时（这种情况较少，可能会出现在不发达的国家或地区），即 $\phi \geqslant M - yN$，捐赠策略下的应急物资库存不存在过期浪费。另外，当贫困人群规模较小时，即 $\phi \leqslant \theta yN$，销售策略更有利于提高应急储备中心的应急供给能力；当 $\phi > \theta yN$ 时，销售策略只有在应急缺货惩罚较

大时（$c_{es}\dfrac{u}{M}>\dfrac{n}{N}c_o$），才更有利于应急供给能力的提高。

总之，可以直接得到：捐赠策略更有利于过期损失的降低，且贫困人群规模越大，降低效果越显著；针对关键的应急物资库存系统，销售策略提高应急供给能力的作用更显著，且公益偏好消费者规模越大，提高效果越大；此外，针对发生频率高、后果影响严重的突发事件地区，销售策略更有利于提高应急供给能力。综上，本章从过期损失降低、应急供给能力提高两个方面分析，销售策略与捐赠策略各有优势，即捐赠策略更有利于过期损失的降低、销售策略更有利于应急供给能力的提高。所以，需要进一步分析两种策略对整个社会经济价值的影响，包括应急储备中心成本、销售企业利润、公众社会福利。

观察销售策略的优势条件，引入 $\upsilon=\dfrac{\phi}{\theta}$，即贫困人群规模与市场消费者社会公益偏好程度的比值，单位消费者社会公益偏好程度下的贫困人群规模，可以看作销售策略下的贫困福利基数，即 1 单位消费者社会公益偏好程度带来的贫困人群的社会福利的失去。令

$$\overline{y}N=\dfrac{\phi\left(\min\{c_{es}\dfrac{u}{M},\dfrac{n}{N}c_o\}+\left(\dfrac{n}{N}-1\right)^{+}p\right)}{\theta\left(c_{es}\dfrac{u}{M}+\varphi\right)}$$

和

$$\hat{y}N=\dfrac{M\left(\min\{c_{es}\dfrac{u}{M},\dfrac{n}{N}c_o\}+\left(\dfrac{n}{N}-1\right)^{+}p\right)}{c_{es}\dfrac{u}{M}+\left(\dfrac{n}{N}-1\right)^{+}p+\theta(c_{es}\dfrac{u}{M}+\varphi)}$$

表示两个市场需求量阈值，

$$\overline{\upsilon}=\dfrac{\left(c_{es}\dfrac{u}{M}+\varphi\right)M}{\left(\dfrac{n}{N}c_o+\left(\dfrac{n}{N}-1\right)^{+}p\right)}$$

表示贫困人群社会福利基数阈值。直观上，当贫困人群规模在市场资源可以满足能力范围之内时，即 $\phi<M-yN$，销售策略在最坏状态下带来的最优总成本较小的成立条件为：物资的市场需求量大（$y\geqslant\overline{y}$）、贫困人群社会福利基数较小（$\upsilon\leqslant\overline{\upsilon}$）。当全部有限市场资源不足以满足贫困人群规模时（可能会出现在特别不发达的国家或地区），即 $\phi\geqslant M-yN$，只要市场需求量足够大（$y\geqslant\hat{y}$），则销售策略比捐赠策略更有效。分析原因：在 $\phi<M-yN$ 情形下，贫困福利基数较小（$\upsilon\leqslant\min(\overline{\upsilon},M-yN)$）的约束条件，是为了保证 $\overline{y}N\leqslant yN\leqslant M$ 是可行的，否则，由销售策略带来的公益偏好消费者福利的增加（温情效应导致的结果），小于捐赠策略下的贫困人群生活福利改善，销售策略是不利的；而在 $\phi\geqslant M-yN$ 情形下，$\hat{y}N\leqslant M$ 以概率 1 成立，此时，由于市场资源的限

制，贫困人群的需求不能被全部满足，最多被满足 $M - yN$，所以不需要比较市场上公益偏好消费者的福利增加与贫困人群福利的减少，即销售策略下的贫困福利基数不影响销售策略的优势条件。综上，可知：综合过期损失降低与应急供给能力提高两个方面，以社会整体经济价值来衡量，销售策略优于捐赠策略的基本条件之一是物资的市场需求量较大，而如果贫困人群规模较小（较发达的国家或地区），销售策略的实施还需要要求贫困福利基数较小。

进一步地，研究应急物资类型（物资重要性、普适性）、突发事件类型（事件严重性、频繁性）对销售策略有效性的影响，进而给出争议性销售策略的应用情景。

首先，明显地，随着市场需求率 y 增加，销售策略与捐赠策略下的成本差减少，并且销售策略的有效条件范围越大，说明销售策略越可能优于捐赠策略，即市场需求量越高的应急物资，销售策略的优势越显著。建议销售策略实施时尽可能选择市场需求量大的生活物资，如瓶装水、面包等常用的生活物资。

其次，在 $c_{es}\dfrac{u}{M} \leqslant \dfrac{n}{N}c_o$ 情形下，如果 $yN \geqslant \tilde{y}N$（$\tilde{y}N = \dfrac{\phi}{\theta}$ 或 $\tilde{y}N = \dfrac{M}{1+\theta}$），随着物资应急缺货惩罚 c_{es} 的增大，成本差变小；在 $c_{es}\dfrac{u}{M} > \dfrac{n}{N}c_o$ 情形下，成本差则随着 c_{es} 的增大而变小。另外，在 $c_{es}\dfrac{u}{M} > \dfrac{n}{N}c_o$ 情形下，有效条件范围则随着 c_{es} 的增大而变大；在 $c_{es}\dfrac{u}{M} \leqslant \dfrac{n}{N}c_o$ 情形下，如果 $\varphi \geqslant \left(\dfrac{n}{N}-1\right)^{+} p$（即公益偏好消费者购买 1 单位剩余物资带来的效用，大于贫困人群得到 1 单位捐赠物资带来的效用），随着物资应急缺货惩罚 c_{es} 的增大，销售策略的有效条件范围缩小，而如果 $\varphi < \left(\dfrac{n}{N}-1\right)^{+} p$，则有效条件范围变大。分析可能的原因：在 $c_{es}\dfrac{u}{M} \leqslant \dfrac{n}{N}c_o$ 情形下，销售策略下的最优库存量等于公益偏好消费数量，而 $\varphi \geqslant \left(\dfrac{n}{N}-1\right)^{+} p$ 时意味着应急储备中心更倾向采取销售策略，所以当 c_{es} 增大时，必须有更强的市场需求量约束才能提高库存量，进而保证避免更多的应急缺货。综上，可以认为：对于关键且市场需求量大的应急物资，如瓶装水、感冒药等，相比捐赠策略，应急储备中心实施销售策略对社会整体福利更优；而对于非关键性且市场需求不够大的物资，如手电筒、娱乐性电子设备等，可以采取捐赠策略。

最后，本章研究突发事件发生频率（平均时间间隔 n）对销售策略有效性的影响。如果突发事件发生频率较高（$n \leqslant N$），随着 n 的增大或者减少，销售策略与捐赠策略的成本差以及销售策略的有效条件不会发生变化，但是当

$n > N$ 时，随着 n 的增大，成本差变大并且优势条件范围变小，说明突发事件平均时间间隔越大，销售策略越不适合。所以，可得：与捐赠策略相比，销售策略更适合于突发事件发生频率高的地区。然后，观察突发事件严重性（平均应急需求数量 u）对销售策略有效性的影响。由于参数 u 与 c_{es} 的地位是相等的，所以 u 的影响与 c_{es} 的影响是一致的，所以可得到：销售策略更适用于容易发生严重突发事件的地区。

基于上述分析，可以得到悲观决策准则下，销售策略比捐赠策略更有效的应用情景，如结论 3-2 所示。

结论 3-2　销售策略优于捐赠策略的基本要求是：物资市场需求量较高。在市场需求水平约束条件下，销售策略更适用于关键性的应急物资、"灰犀牛"（发生频率高、后果影响严重）突发事件。

结合结论 3-1 与结论 3-2，可以给出在当前被动接受策略、捐赠策略、销售策略下，销售策略较优的适用情景，即销售策略应当被无争议性使用的情景。

（1）针对无任何行动的被动接受策略，销售策略总是优的，其不仅增强了应急供给能力，而且带来了可能的过期损失降低，进而提升了社会整体福利，改善了应急物资保障体系。

（2）与捐赠剩余应急物资相比，应急储备中心可以对容易发生"灰犀牛"事件的地区储存的关键的、市场需求量大的应急物资实施销售策略。比如，中国应急管理部在地震、泥石流等严重灾难频发的青藏高原地震区设立的储备中心，可以对关键的、市场需求量大的物资尝试采取基于剩余物资销售策略的储备方式。

所以，上述结论为政府应急相关部门以市场价拍卖或销售剩余应急物资提供支撑依据，即具有争议性的销售策略可以带来比捐赠策略更好的实施效果，尤其是在应急供给能力为优先考虑目标的应急物资库存体系中。

3.5　数值仿真与结果分析

案例数值分析是验证模型和分析结果准确性的最简单可靠方法，其中一个作用是直观展示出分析结果，进而给出相关原因解释，另一个作用是对参数进行敏感性分析，进而提出如何优化结果的建议。所以，为了直观展示销售策略的优势以及关键参数的影响，本章设计了一个数值案例，数值案例的参数取值与估计来源于相关事故案例（地震海啸、民航飞行事故等）、应急管理相关研究（Zhou and Olsen，2018；Nurmala et al.，2018；Ni et al.，2018；Zhang et al.，2019）、相关网站机构报道［比如：美国的国家运输安全委员会（National Transportation Safety

Board）的民航事故报告、国际民用航空组织（International Civil Aviation Organization）的安全报告等]。设置基准情形下具体参数的取值，如表 3-5 所示。

表 3-5　基准情形下的参数取值

参数	p	c_{es}	c_{cs}	c_o	c_v	y	N	V	M	θ	φ	ϕ
取值	46	920	184	40	30	120	6	96	2000	0.5	0	100

　　为提高计算效率，上述所有绝对数值参数的取值均缩小 100 倍，即在仿真过程中的数值结果是实践数值结果的 1/100。仿真中，数量参数单位为 1 个，时间参数单位为 1 个月，则需求速率参数单位为 1 个/月，成本、残值以及效用参数单位为 1 元。而对于随机变量 X 与 T 的分布函数，仿真在基准情形下假设应急需求数量 X 服从区间[0, 2000]上均值为 1000 的独立截断正态分布，应急需求时间间隔 T 服从区间[0, 96]上均值为 48 的独立截断负指数分布。具体概率密度函数如下：

$$f(x) = \begin{cases} \dfrac{1}{\sqrt{2\pi}\sigma} e^{-\frac{(x-u)^2}{2\sigma^2}}, & 0 \leqslant x \leqslant M \\ 0, & 其他 \end{cases}$$

$$g(t) = \begin{cases} \dfrac{1}{n} e^{-\frac{1}{n}t}, & 0 \leqslant t \leqslant V \\ 0, & 其他 \end{cases}$$

　　为验证随机分布的影响，均匀分布、离散分布等其他分布函数也有被考虑。

3.5.1　应急物资与突发事件的影响

　　图 3-5 中，负的成本差值代表销售策略比被动接受策略的成本小，可得销售策略总是优于被动接受策略。在基准情形下，存在一个应急物资普适性转折点 $\bar{y}$，使得当 $y \leqslant \bar{y}$ 时，销售策略的增值随着 c_{es} 的增加而降低，而当 $y > \bar{y}$ 时，销售策略的增值随着 c_{es} 的增加而增大；销售策略优势随 y 值的增大而增加。总体上看，销售策略更适合普适且关键的应急物资。另外，如前所述，一个较大的 n 值代表着突发事件的平均时间间隔较大，而一个较大的 u 值代表着突发事件比较严重。图 3-5（b）结果说明，与被动接受策略相比，销售策略更适合高频严重的事故。分析结果与数值结果说明，应急储备中心如果要实施销售策略，应当关注那些扩大产品市场需求的方式方法。

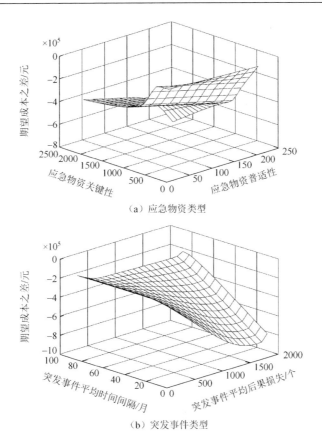

（a）应急物资类型

（b）突发事件类型

图 3-5 销售策略与被动接受策略的成本差

进一步，对比销售策略与捐赠策略的成本之差结果，如图 3-6 所示。

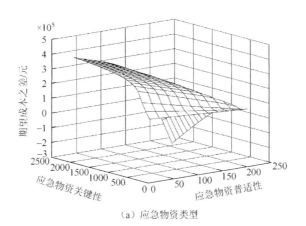

（a）应急物资类型

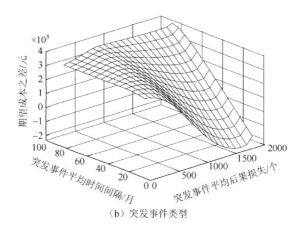

（b）突发事件类型

图 3-6　销售策略与捐赠策略的成本差（ $\phi = 500$ ）

在图 3-6 的模拟场景中，假设贫困人口规模为 500，即 $\phi = 500$ ，而销售策略为每位公益偏好消费者带来的效用增加为 20，即 $\varphi = 20$ 。可以看到销售策略优于捐赠策略的适用条件为普适且关键的应急物资，或者高频且严重的突发事件。

直观分析，贫困人群规模影响着捐赠策略的实施，如果贫困人口规模减小，则剩余应急物资捐赠策略下的应急供给能力降低且会增大过期损失浪费。所以当贫困人口规模较小时，剩余应急物资销售策略往往比捐赠策略更有利，如图 3-7 所示。当 $\phi = 100 < 500$ ，销售策略的优势范围更大，即成本之差为负的场景范围更大。此结论验证了理论分析结果，即在较发达的地区或国家，实施销售策略可能要更优于捐赠策略，这为作为发达国家的美国销售用剩的拖车房而非捐赠提供了侧面支持性证据，也为全面脱贫的我国拍卖用剩的应急物资提供支撑性证据。

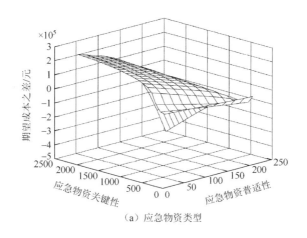

（a）应急物资类型

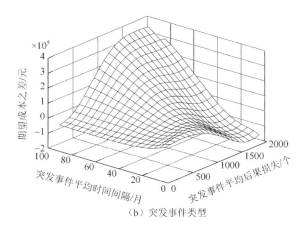

（b）突发事件类型

图 3-7　贫困规模较小时销售策略与捐赠策略的成本差（$\phi = 100$）

3.5.2　销售策略特征参数的影响

剩余应急物资的销售策略特征参数是指销售策略实现的参数，主要包括公益偏好参数、销售时间、销售价格。仿真过程中，以纵坐标表示销售策略与被动接受策略、捐赠策略的期望成本之间的差值，前者用实线表示，后者用虚线表示。为便于展示销售策略的优势边界以及结果的有意义性，此仿真过程中，取 $y = 240$，$M = 4000$，$\phi = 100$。具体结果如图 3-8 所示。

从图 3-8 中可以看出，销售策略带来的成本降低效果，随着社会市场上消费者社会公益偏好程度的增加而显著增大。分析出现这一结果的原因：一方面，消费者社会公益偏好程度的提高能显著提高应急储备中心库存量，进而提高应急供

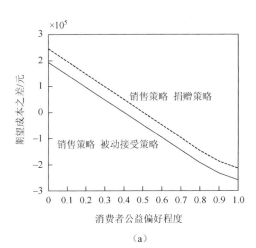

（a）

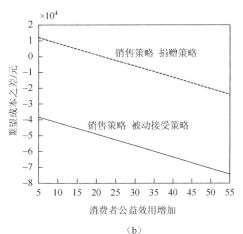

（b）

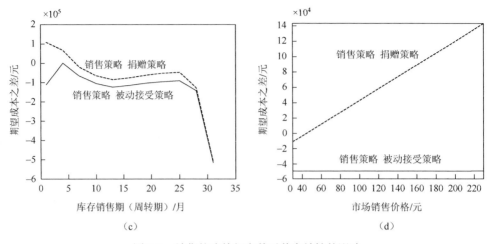

图 3-8　销售策略特征参数对其有效性的影响

给能力，降低期望应急缺货损失；另一方面，消费者社会公益偏好程度的提高，增加了应急储备中心的期末市场需求量，损伤了销售企业的更多利润，但增加了应急储备中心销售收入且可能会降低过期损失。与消费者社会公益偏好程度系数相比，消费者公益偏好效用增加对剩余应急物资销售策略影响较小。所以，应急储备中心实施销售策略时应该努力提高社会市场的公益偏好程度，使更多消费者产生利他心理与公益偏好；同时，因为销售企业的严重损失会伤害市场经济，所以，应急储备中心应当与销售企业建立利益共享机制。

对于较短固定保质期应急物资（保质期少于 2 年，即少于 24 个月），库存周期相对较短时（少于 8 个月），应急储备中心的销售策略才是有效的。因此，对于易腐蚀性应急物资，实施销售策略需要确定一个较短的定期补货策略。而对于较长固定保质期应急物资（保质期多于 2 年），库存周期越长，销售策略带来的成本降低越显著。分析原因：库存周期越长，说明单位库存周期内市场需求量越高，销售收入越多，同时库存量增高降低了应急缺货成本。这意味着，像帐篷、拖车房、运输工具等应急物资，可以经过较长时期保存后进行拍卖销售。所以，美国联邦应急管理局在 2017 年 8 月的飓风救灾全面结束后开始网上拍卖拖车房，以及 2023 年开始我国地方政府及应急管理部门面向社会公民拍卖应急隔离方舱，如果其市场需求量足够大，则拍卖行为有利于社会整体效益的提高。结合 3.5.1 节的研究结论，可得美国联邦应急管理局、我国地方政府及应急管理部门的拍卖行为是可行的。

此外，物资的销售价格显著影响着销售策略相较于捐赠策略的优势。分析可能的原因，应急物资的价格越高，捐赠策略使得贫困人口的社会福利的提高越显著。因此，相对于捐赠策略而言，剩余应急物资的销售策略更适合市场价格较低的物资。考虑到市场价格与市场需求率、物资价值属性有关联，即市场需求量越大、物资价值越高，市场价格越高。如前文所述，市场需求量、物资价值对销售策略有正向影响，而市场价格对销售策略有负向影响，所以销售策略如何选择价格，设计定价机制，实现销售策略最优，是未来研究中可着重考虑的问题。

3.5.3　应急需求随机性的影响

在本节，分析应急需求数量与应急需求时间间隔的不确定性程度，即随机变量方差的敏感性，以描述应急需求的随机性对库存决策以及销售策略有效性的影响。此外，本节还探究了随机变量的不同分布是否影响销售策略的有效性，以说明销售策略在随机环境下的稳定性，如图 3-9 和图 3-10 所示。

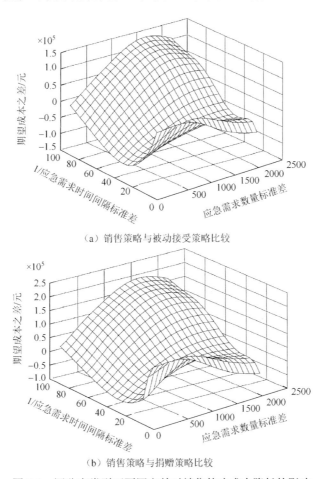

（a）销售策略与被动接受策略比较

（b）销售策略与捐赠策略比较

图 3-9　同分布类型下不同方差对销售策略成本降低的影响

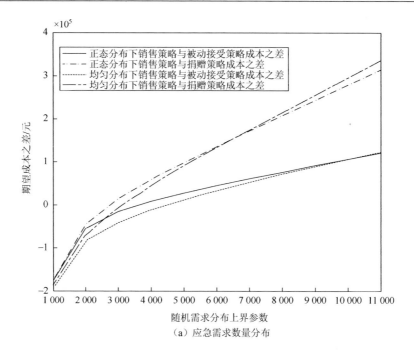

（a）应急需求数量分布

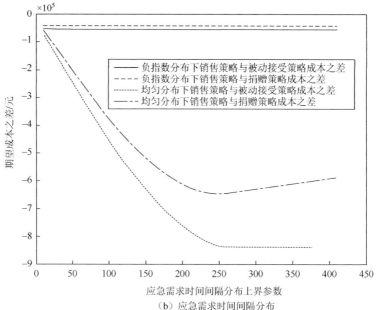

（b）应急需求时间间隔分布

图 3-10　同一方差下不同分布类型对销售策略成本降低的影响

在图 3-9 中，X 轴表示应急需求数量正态分布的标准差，Y 轴表示应急需求时间间隔负指数分布的标准差倒数，因为其方差等于 $1/n^2$。图 3-9（a）与图 3-9（b）

显示，当应急需求数量有较低的不确定性时，销售策略更有效。另外，针对服从负指数分布的应急需求时间间隔，不确定性增加导致销售策略绩效提高。这说明，应急需求数量与应急需求时间间隔的不确定性影响着剩余应急物资的销售策略，且销售策略对波动性较大的突发事件更有效。进一步地，分析随机变量的分布对剩余应急物资销售策略的影响。在图 3-10 中，在仿真参数取值过程中，为保证不同分布函数具有相同的方差，设定参数关系为 $u=M/2$，$w^2=M^2/12$，$1/n^2=V^2/12$，这样可以保证不同分布函数具有相同的方差；期望成本之差包括剩余应急物资销售策略与被动接受策略下的成本之差，也包括剩余应急物资销售策略与捐赠策略的整体成本之差。可以看出，不同类型分布函数对销售策略的对比成本值产生差异。

如图 3-9 以及图 3-10 所示，随着应急需求时间间隔与应急需求数量的不确定性程度增加，销售策略与被动接受策略、销售策略与捐赠策略相比较得到的优势具有相似变化。图 3-10（b）是当市场需求量较小（$y=60<120$）、贫困人口规模较大（$\phi=500>100$）时的仿真结果，可以看出，应急需求时间间隔的不同分布函数对销售策略的对比成本有些微差异。因此，销售策略对波动性越大的发生时间优势越明显，并且在不同类型时间分布函数下，销售策略具有较低的变动性。由此说明，销售策略针对突发事件发生时间的极度不确定性，拥有一定的稳定性或鲁棒性。综上，研究结果建议：一方面，尽可能收集数据准确评估随机分布函数，以实现更优的库存决策与策略选择；另一方面，在未知分布函数条件下，选择销售策略下的决策可以保障决策的稳定性，即决策结果的可靠性。

3.6　结论与管理启示

面临应急储备中心过期损失的严重问题，一般采取的策略可以划分为政府治理策略或政企合作治理策略，政府治理策略包括应急储备中心通过被动接受策略、捐赠策略、销售策略等策略缓解过期浪费，而政企合作治理策略是指应急储备中心通过建立交易关系、合作机制、法律法规，与企业（如沃尔玛、强生等）共同参与应急物资治理的策略。本章旨在研究应急储备中心处理过期损失问题时的库存决策与策略选择。在未知应急需求分布函数的条件下，以社会整体经济福利（包括应急储备中心期望成本、销售企业利润、消费者剩余）提高与过期损失降低为目标，基于 Scarf 准则，分析被动接受策略、捐赠策略，特别是销售策略下模型的库存决策以及目标函数，得到的结论如下。

（1）销售策略总优于被动接受策略。在降低应急储备中心过期浪费方面，捐赠策略更优，然而，在提高应急供给能力方面，销售策略作用更显著。

（2）综合过期损失与应急供给能力两个方面指标，相比于被动接受策略，应急物资的市场需求总量较高时，应急储备中心实施销售策略是有利的；销售策略更适用于那些为高频严重事故存储的市场需求量大、关键性强的应急物资。

（3）相比于捐赠策略，在市场需求总量最低水平约束下，销售策略更适用于那些高频严重的突发事件，以及那些市场需求量大、关键性强的应急物资。

（4）在未知应急需求分布函数的条件下，在被动策略、捐赠策略、销售策略三种策略中，销售策略下模型与决策有更好的稳定性与鲁棒性。

（5）由于美国经济发达，且拖车房的固定保质期较长，对比结果说明美国飓风救灾结束后剩余拖车房的拍卖行为是合理的且应该被支持。相似地，对于我国，尝试性面向社会公众拍卖报废应急物资的行为也是有效的。

根据剩余应急物资销售策略的有利实施范围，以及销售策略实施参数对其有利实施范围的影响，依据销售策略实施过程的可操作性与可控性原则，本章给出了应急物资库存系统管理中的一些实践启示，如表 3-6 所示。

表 3-6　实施销售策略的管理启示与建议

影响分析	管理启示
剩余应急物资的销售策略抢夺了销售企业的市场需求，损害了销售企业的利润	应急储备中心计划实施销售策略，应当首先与销售企业达成利益共享的机制，即应急储备中心对销售企业损失的利润进行补偿，或者比例性共享单位物资利润
消费者公益偏好行为可以提高应急供给能力，进而提高整体社会经济福利	应急储备中心可以关注如何改善市场上消费者公益偏好环境，如通过教育、宣传、培训等方式提高公民的利他行为或同理心
提高消费者市场需求率对销售策略绩效有正向促进作用	应急储备中心与销售企业应当共同设计思路扩大市场促进消费者消费，吸引更多需求，如改善包装、广告宣传、创新、提高服务等
库存周期非线性影响销售策略的绩效，即先减后增	针对固定保质期应急物资，实施销售策略应当制定相对较短的库存周期，而对非固定保质期应急物资，制定一个较长的库存周期更有利
应急需求数量与应急需求时间间隔的方差影响着策略的决策与绩效；销售策略更适合那些难以预测的突发事件	应急决策者应尽可能收集数据预测应急需求的分布信息，包括均值方差分布界限值的估计；如果分布信息难以估计或预测，销售策略是一个较优的选择
严重的突发事件往往发生频率较低，即事件的后果与概率似乎存在某种相关性	应急储备中心可以选择两种或两种以上策略的组合，比如捐赠策略与销售策略的组合，或者政府治理与政企合作治理的组合

第4章　面向企业的应急物资销售策略研究

4.1　引　　言

除了第 3 章面向消费者销售的治理策略外，政府应急管理部门也采取面向企业低价销售的策略。比如，我国中央储备粮的轮换拍卖实际上是面向企业的竞价交易[①]。实际上，企业对剩余库存的降价促销、退货回收等策略进行库存优化是降低易腐蚀性产品的重要手段（Guide et al.，2006；Bakker et al.，2012；Taleizadeh et al.，2013；Li et al.，2016）。供应商对零售商的低价销售策略研究较早可以追溯到 Martin（1994）与 Wee 和 Yu（1997）、Karimi-Nasab 和 Konstantaras（2013）关于随机检查周期与低价销售策略下的库存控制系统的研究。Akkas 等（2019）通过剖析快速消费品行业的过期问题，说明了销售激励可以显著降低过期浪费。

在固定保质期应急物资应急库存控制系统中，Meng 等（2017）提出了应急储备中心与供应商之间基于应急物资剩余时间和剩余数量的两种回收置换模式，即应急储备中心将剩余的临期物资以低价出售给供应商；Zhou 和 Olsen（2017）研究了应急物资储备中心与医院进行互动以减少应急物资过期的轮换策略，即医院以一个低于供应商批发价的价格从政府应急储备中心采购临期医疗物资。总之，低价销售策略在固定保质期应急物资库存管理中可能会降低过期浪费（Janssen et al.，2016；Chua et al.，2017），将剩余固定保质期应急物资低价销售给企业，一方面可以利用企业常规的、大量的日常需求进行再销售，另一方面可以通过集中规模化过期处理降低处理成本或减少环境污染。与此同时，面向企业的销售策略可以将物资过期压力和不确定性效应从应急储备中心转移到零售商/批发商。然而，对于临期或用剩的应急物资，零售商或批发商可能会以较低的采购成本取得物资进而获益。

基于上述背景，本章将销售策略借鉴到固定保质期应急物资的库存管理系统中，形成应急储备中心面向企业的销售策略。一方面可以为应急物资销售策略的争议性提供一些理论依据，另一方面可以为应急物资库存系统提供一种可选的治理方法，具有一定的实践与理论意义。在应急储备中心与零售商/批发商互动的背

---

① 《9 月 27 日中央储备粮成都分公司公司轮换竞价（以购竞销）交易会公告（2023 第 1626 场）》，http://www.scgrain.com/art/2023/9/26/art_61_53570.html，2023 年 9 月 26 日。

景下，我们对以下问题很感兴趣。

（1）关于面向企业的销售策略的决策，应急储备中心和零售商/批发商最终会达成哪种均衡战略？当达到平衡战略时，应急储备中心是否会减少过期损失并提高应急供应能力？

（2）应急储备中心和零售商/批发商在储存和订货决策上如何互动、如何影响零售商/批发商的期望成本及其销售策略动机？

（3）政府治理的面向消费者的销售策略与政企合作治理的面向企业的销售策略有何异同？各自的应用边界在哪？

为了研究这些问题，本章考虑一个单类型、固定保质期物资的应急库存系统，系统包括政府应急管理部门或应急组织的应急储备中心和零售商/批发商，其中我们将多个零售商/批发商当作一个整体去参与博弈。本章聚焦在面向企业的销售策略下的供需过程的斯坦伯格博弈问题。应急储备中心通过随机应急需求决策储存规模，零售商/批发商通过随机性市场需求决定向供应商订购的数量，进而分析面向企业的销售策略对降低过期风险与缺货风险的作用。如第 2 章和第 3 章所述，为避免维度灾难，本章库存规划时间也为单个应急准备阶段，根据 Zhang 等（2023a）的研究，计算单个应急准备阶段内期初订购的一批应急物资带来的所有可能的机会成本。

本章的主要贡献在于：①设计基于企业后期采购效应的剩余应急物资面向企业的销售策略。以我国中央储备粮的轮换拍卖的机制为分析背景，设计剩余应急物资面向企业销售策略下的应急库存优化系统，创新应急物资储备方式，为应急物资储备保障体系提供新的管理策略。②解析应急储备中心面向企业的销售策略中的后期采购效应、过期负担转移效应和不确定性传递效应，判断面向企业的销售策略对应急储备中心以及销售企业的影响。③探索面向企业的销售策略与面向消费者的销售策略的应用边界，进而为面向消费者的销售策略的争议性和有效性提供经济证据，为进一步政企合作治理提供交易关系基础。

在研究过程中，可能会有学者认为可以将应急储备中心储备的应急物资完全转移至市场企业，以实现应急储备中心无过期风险与缺货风险。然而，完全转移的不合理性在于：①成本方面，一般地处市区的企业有较高的储存成本，使得应急储备中心应急采购的成本要高于常规采购成本；②协调方面，企业在应急响应协调功能方面的缺陷导致不能有效地将应急物资配送至灾区；③选址方面，应急储备中心选址一般遵循安全且快速全覆盖的原则，即应急储备中心仓库一方面可以很快满足应急需求，另一方面不会轻易受到破坏，可靠性高。

此外，本章的固定保质期应急物资库存系统与第 5 章的政企补贴协同治理策略不同，虽然应急储备中心与企业之间有交易关系，但并未签订合作协议。应急储备中心只是在物资即将到期时以较低的销售处理价格销售给企业，或者在事故需求较高时以较高的应急采购成本从企业采购,而非合作协议下的降价销售或者采购。面向企业的销售策略并无协调机制的介入,仅仅利用成本承担或利用交易关系,交易企业并不会因为应急储备中心的销售行为或应急采购行为而受到契约约束。

4.2　销售策略设计与模型

4.2.1　销售策略描述

本章关于面向企业的销售策略与第 3 章面向消费者的销售策略存在不同之处:当直接面向消费者时,应急储备中心承担全部过期损失,而需求不确定性通过未满足公益偏好消费者需求转移至零售商/批发商企业;面向企业销售临期或者用剩应急物资时,应急储备中心将全部过期损失转移至零售商/批发商,而零售商/批发商也承担由于应急需求的不确定性传递出来的销售供给不确定性。面向消费者销售和面向企业销售的系统如图 4-1 所示。

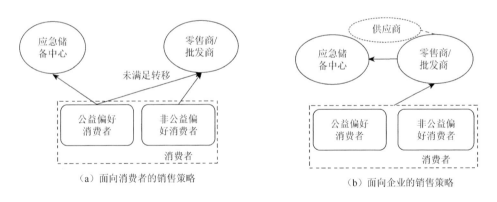

（a）面向消费者的销售策略　　　　　　（b）面向企业的销售策略

图 4-1　面向消费者销售和面向企业销售的系统

在面向企业的销售策略下,消费者会从零售商/批发商那里购买产品,因此他们不会表现出公益偏好性。应急储备中心以批发价向零售商/批发商出售轮换或剩余物资。因此,除了向供应商订货外,零售商/批发商将从应急储备中心接收物资。为方便起见,假设应急储备中心将所有的轮换物资或者剩余物资销售给零售商/批发商。这一假设与政府应急管理部门总是招标出售全部物资的做法一致。因此,零售商/批发商面临着剩余应急物品的不确定性,承担着市场需求库存不足和库存过多的相应成本。假设市场需求是相对稳定的,因为一般来说,可以在现货市场上销售的应急储备物资都是常规的家庭生活物资,如瓶装水、食品和一些日用品，它们都有成熟的市场环境。因此，市场上消费者的总到达率是相对确定和恒定的。

与第 3 章中图 3-3 所示的面向消费者的销售策略一样，库存系统的计算周期是一个单一应急准备阶段时长，即等于两次连续突发事件之间的间隔时间（也称为突发事件发生时间）。由于突发事件的发生是随机的，且随机发生时间的分布是独立的，因此库存系统在每个应急准备阶段的可能状态是相同的。在一个计算周期内，库存检查周期是固定长度 N。突发事件可能会发生在任一库存周期内，假设发生在 $[iN,(i+1)N)$ 的第 $(i+1)$ 个库存周期内，其中 $i=0,1,2,\cdots,k$。每次突发事件发生后，应急储备中都会以 $(S-1,S)$ 的政策补充新的应急物资，这是对那些起重要作用或具有高价值的物资采取的一种常见策略（Schmidt and Nahmias，1985）。因此，应急储备中心可在应急准备阶段结束时将剩余物资直接出售给零售商/批发商。此外，由于储备物资有固定的使用寿命，应急储备中心会在应急准备阶段的库存期结束时，通过在市场上向零售商/批发商出售来轮换即将到期的物资。

为方便下一步的模型构建与解释，本章使用到的参数、随机变量以及决策变量的符号表示如表 4-1 所示。

表 4-1　具体符号参数说明

符号	含义
c_{es}	应急救援过程中缺货导致的损失，即应急缺货惩罚
c_{cs}	消费者需求未被满足带来的销售企业的损失，即市场缺货惩罚
c_o	单位物资剩余过期的损失，即过期损失
c	单位采购成本
p	单位物资市场销售价格
w	应急储备中心销售给零售商/批发商的价格
$f(x)$	应急需求数量 X 取 x 的密度函数，其累积分布函数为 $F(x)$
$g(t)$	应急需求时间间隔 T 取 t 的密度函数，其累积分布函数为 $G(t)$
M, V	应急需求数量和应急需求时间间隔的上界，即 $X \in [0,M]$，$T \in [0,V]$
N	库存周期，即消费者可以接受的最大的产品年龄
u, n	应急需求数量与应急需求时间间隔的均值，即 $E(X)=u$，$E(T)=n$
y	市场需求率
θ	公益偏好消费者占比，即消费者社会公益偏好程度，$\theta \in [0,1]$

续表

符号	含义
k	突发事件可能发生的库存周期数，即 $k = \lfloor V/N \rfloor$
$\lfloor A \rfloor$	对 A 向下取整，比如 $\lfloor 5/4 \rfloor = 1$，$\lfloor 7/4 \rfloor = 1$，$\lfloor 8/4 \rfloor = 2$
$(A)^+$	非负数，等于 $\max(0, A)$
C_g^F，Q^{F*}	应急储备中心在面向企业的销售策略下的成本函数和最优存储量
$C_{r/w}^F$，I^{F*}	销售企业在面向企业的销售策略下的成本函数和最优库存水平

4.2.2　面向企业销售的库存模型

与面向消费者的销售策略不同，政府应急管理部门或应急组织的应急储备中心通过出售所要轮换或剩余的商品，将过期压力转嫁给零售商/批发商。因此，应急储备中心和营利性零售商/批发商的单一应急准备阶段成本函数定义如下：

$$\hat{C}_g^F = \hat{c}Q(k+1) + \hat{c}_{es}(x-Q)^+ - \hat{w}Qk - \hat{w}(Q-x)^+ \tag{4-1}$$

$$
\begin{aligned}
\hat{C}_{r/w}^F = {} & \hat{c}I(k+1) + \hat{w}Qk + \hat{w}(Q-x)^+ + \hat{c}_o(I+Q-yN)^+k \\
& + \hat{c}_{cs}[y(t-kN) + (yN-I-Q)^+k - I - (Q-x)^+]^+ \\
& - \hat{p}\min\{I+Q, yN\}k - \hat{p}\min\{I+(Q-x)^+, y(t-kN) + (yN-I-Q)^+k\} \\
& - \hat{c}[I+(Q-x)^+ - y(t-kN) - (yN-I-Q)^+k]^+
\end{aligned} \tag{4-2}
$$

定义 $p = \hat{p} - \hat{c}$，$c_{es} = \hat{c}_{es} - \hat{c}$，$c_o = \hat{c}_o + \hat{c}$，$w = \hat{w} - \hat{c}$，$c_{cs} = \hat{c}_{cs}$，$c = \hat{c}$，因此计算周期内的期望成本函数式（4-1）和式（4-2）可以重新写成式（4-3）与式（4-4）：

$$C_g^F = c_{es}(x-Q)^+ - wQk - w(Q-x)^+ \tag{4-3}$$

$$
\begin{aligned}
C_{r/w}^F = {} & wQk + w(Q-x)^+ + c_o(I+Q-yN)^+k + c_{cs}[y(t-kN) + (yN-I-Q)^+k - I \\
& - (Q-x)^+]^+ - p\min\{I+Q, yN\}k - p\min\{I+(Q-x)^+, y(t-kN) + (yN-I-Q)^+k\}
\end{aligned} \tag{4-4}
$$

引理 4-1　$\hat{C}_g^F - C_g^F$ 是一个非负常数，与决策变量 Q 无关；$\hat{C}_{r/w}^F - C_{r/w}^F = 0$。

证明　因为 $(x-Q)^+ = x - Q + (Q-x)^+$，$\min\{I+Q, yN\} = I + Q - (I+Q-yN)^+$，转换前后的成本之差可以表示为

$$
\begin{aligned}
\hat{C}_g^F - C_g^F &= cQ(k+1) + c(x-Q)^+ - cQk - c(Q-x)^+ \\
&= cQ + c(x-Q)^+ - c(Q-x)^+ \\
&= cx
\end{aligned}
$$

$$C_{r/w}^F - C_{r/w}^F = cI(k+1) + cQk + c(Q-x)^+ - c(I+Q-yN)^+ k - c\min\{I+Q, yN\}k$$
$$- c\min\{I+(Q-x)^+, y(t-kN)+(yN-I-Q)^+ k\}$$
$$- c[I+(Q-x)^+ - y(t-kN)-(yN-I-Q)^+ k]^+$$
$$= cI + c(Q-x)^+ - c\min\{I+(Q-x)^+, y(t-kN)+(yN-I-Q)^+ k\}$$
$$- c[I+(Q-x)^+ - y(t-kN)-(yN-I-Q)^+ k]^+$$
$$= 0$$

这两种成本差都与最优决策变量无关。也就是说，对于任何给定的参数，原始问题和转化问题的成本差异都是非负常量。因此，应急储备中心和零售商/批发商的成本函数在转化前后分别具有相同的最优策略。

引理 4-1 指出，原始问题和转化问题的总成本之差是恒定的，这意味着这两个问题的最优策略是一样的。因此，后续内容只需关注转化后的成本函数即可。

4.3　销售策略可行性分析

此分析过程中，我们将描述应急储备中心面向企业的销售策略的几个关键特性。具体来说，首先验证销售策略的应急储备治理绩效，以回答 4.1 节中的问题，即面向企业的销售策略是否比不采取行动（即被动接受策略）能更好地实现应急储备物资治理效果。其次，根据应急库存系统的实践事实，在 4.2 节中研究了面向企业的销售策略对零售商/批发商的影响效应，以得出零售商/批发商等企业对此策略的实施动机。可行性分析为销售策略的争议性和实践选择提供了重要启示，并促成了第 5 章介绍的政府应急管理部门或应急组织和企业合作关系的发展。

4.3.1　应急储备中心治理效果

为验证面向企业的销售策略的可行性，需要对比其与被动接受策略下的最优决策和最优值。被动接受策略下的单一应急准备阶段成本函数：

$$\hat{C}_g^p = \hat{c}Q(k+1) + \hat{c}_{es}(x-Q)^+ + \hat{c}_o Qk - \hat{c}(Q-x)^+ \tag{4-5}$$

$$\hat{C}_{r/w}^p = \hat{c}I(k+1) + \hat{c}_o(I-yN)^+ k + \hat{c}_{cs}[y(t-kN)+(yN-I)^+ k - I]^+ - \hat{p}\min\{I, yN\}k$$
$$- \hat{p}\min\{I, y(t-kN)+(yN-I)^+ k\} - \hat{c}[I-y(t-kN)-(yN-I)^+ k]^+ \tag{4-6}$$

类似的转换成本函数可以重新写为

$$C_g^p = c_{es}(x-Q)^+ + c_o Qk \tag{4-7}$$

$$C_{r/w}^p = c_o(I-yN)^+ k + c_{cs}[y(t-kN)+(yN-I)^+ k - I]^+$$
$$- p\min\{I, yN\}k - p\min\{I, y(t-kN)+(yN-I)^+ k\} \tag{4-8}$$

基于上述结果，可以直接得到定理 4-1。

定理 4-1　面向企业的销售策略可以提高应急供给能力，即 $Q^{F^*} \geqslant Q^{p^*}$；面向企业的销售策略可以有效降低应急储备中心成本，即 $C_g^{F^*} \leqslant C_g^{p^*}$。

证明　因为 $C_g^F = c_{es}(x-Q)^+ - wQk - w(Q-x)^+$，$C_g^p = c_{es}(x-Q)^+ + c_oQk$，则

$$\partial C_g^F / \partial Q = -c_{es}\int_Q^M f(x)\mathrm{d}x - wk - w\int_0^Q f(x)\mathrm{d}x \leqslant 0，\partial^2 C_g^F/\partial Q^2 \geqslant 0（c_{es} \geqslant w）；\partial C_g^p/\partial Q =$$
$$-c_{es}\int_Q^M f(x)\mathrm{d}x + c_ok，\partial^2 C_g^p/\partial Q^2 \geqslant 0。$$

因此，有 $Q^{F^*} \to M$（减函数）。与此同时，如果 $c_{es} \leqslant c_ok$，则 $Q_g^{p^*} = 0$；而如果 $c_{es} > c_ok$，则 $Q_g^{p^*} = F^{-1}\left(\dfrac{c_{es} - c_ok}{c_{es}}\right)$。这就意味着 $Q^{F^*} \geqslant Q^{p^*}$。

进一步地，给定相同的应急储备量 Q，总有 $C_g^F \leqslant C_g^p$。因此，给定一个应急储备量 Q^{p^*}，则一定有 $C_g^F\big|_{Q=Q^{p^*}} \leqslant C_g^{p^*}$，进而一定有 $C_g^{F^*} \leqslant C_g^{p^*}$。定理 4-1 得证。

定理 4-1 意味着，在有可能过期损失和应急供给能力不足的易逝性应急储备系统中，即使在整个期限内没有过期，轮换或剩余应急物资的面向企业的销售策略也是有价值的。因此，在不考虑实施成本和其他困难的情况下，面向企业的销售策略是一种可行的工具，可以用来解决应急储备系统中过期和短缺并存的管理困境。定理 4-1 还表明，与被动接受策略相比，面向企业的销售策略有助于获得更高的应急供给能力。这是因为，应急储备中心可以通过向零售商/批发商出售所需轮换或剩余应急物资来完全避免过期。这些结果为面向企业的销售策略有助于建设具有抗灾能力的城市或社区的事实提供了理论基础。

接下来，本章继续探讨面向企业的销售策略对零售商/批发商的影响。不失一般性地，营利性质的零售商/批发商主要关注其利润或成本。面向企业的销售策略对零售商/批发商的成本影响是其决定是否积极接受应急储备中心销售策略的重要动机。

4.3.2　销售企业的实施动机

定理 4-2　以 $w < 0$ 为前提条件，当 $w \leqslant \dfrac{-\mathrm{LLP}(Q^{F^*}, I^{F^*})}{Q^{F^*}E[k] + \int_0^{Q^{F^*}}(Q^{F^*} - x)f(x)\mathrm{d}x}$ 时，存在 $\mathrm{EC}_{r/w}^{F^*} \leqslant \mathrm{EC}_{r/w}^{p^*}$。

在定理 4-2 中，$\mathrm{LLP}(Q^{F^*}, I^{F^*})$ 表示上一期不确定性传递效应（应急储备中心面临的应急需求不确定性通过剩余物资销售过程传递到零售商/批发商的市场需求满足，导致市场需求满足的不确定性）对零售商/批发商造成的过期损失负担和

销售损失（包括无法满足需求的直接损失和没有销售收入的机会成本）增加，即 $\text{LLP}(Q^{F^*}, I^{F^*}) = c_o(I^{F^*} + Q^{F^*} - yN)E[k] + \text{LP}(Q^{F^*}, I^{F^*})$。$\text{LP}(Q^{F^*}, I^{F^*})$ 表示零售商/批发商在最后一个检查周期的销售损失，包括机会销售收入以及未满足市场需求的惩罚成本，其具体表达式如下：

$$\text{LP}(Q^{F^*}, I^{F^*}) = (c_{\text{cs}} + p)\left[\begin{array}{c} \displaystyle\int_{y(t-kN)>I^{F^*}}\int_{I^{F^*}+Q^{F^*}-y(t-kN)}^{M}(x - I^{F^*} - Q^{F^*} + y(t-kN))f(x)g(t)\mathrm{d}x\mathrm{d}t \\ - \displaystyle\int_{y(t-kN)>I^{F^*}}\int_{Q}^{M}(x - Q^{F^*})f(x)g(t)\mathrm{d}x\mathrm{d}t \end{array}\right]$$

证明 根据一阶导数条件，可以得到 $I^{F^*} + Q^{F^*} \geqslant yN$ 以及 $I^{p^*} = yN$。因此，在 $I^F \geqslant (yN - Q^{F^*})^+$ 和 $I^{p^*} = yN$ 的条件下，成本函数可以写成：

$$C_{r/w}^F = wQk + w\int_0^Q (Q-x)f(x)\mathrm{d}x + c_o(I + Q - yN)k - pyNk - pI - p\int_0^Q (Q-x)f(x)\mathrm{d}x$$

$$+ c_{\text{cs}}\int_{y(t-kN)>I}\int_{I+Q-y(t-kN)}^{Q}(y(t-kN) + x - I - Q)f(x)g(t)\mathrm{d}x\mathrm{d}t$$

$$+ c_{\text{cs}}\int_{y(t-kN)>I}\int_{Q}^{M}(y(t-kN) - I)f(x)g(t)\mathrm{d}x\mathrm{d}t$$

$$+ p\int_{y(t-kN)>I}\int_0^{I+Q-y(t-kN)}(I + Q - x - y(t-kN))f(x)g(t)\mathrm{d}x\mathrm{d}t$$

$$+ p\int_{y(t-kN)\leqslant I}\int_0^{Q}(I + Q - x - y(t-kN))f(x)g(t)\mathrm{d}x\mathrm{d}t$$

$$+ p\int_{y(t-kN)\leqslant I}\int_{Q}^{M}(I - y(t-kN))f(x)g(t)\mathrm{d}x\mathrm{d}t$$

$$C_{r/w}^{p^*} = -pyN(k+1) + p(yN - y(t-kN)) = -pyt$$

此外，$y(t-kN)$（其中 $k = \lfloor t/N \rfloor$）是一个关于 t 的间断跳跃函数，在每一个连续区间是 t 的增函数。因此，

$$\frac{\partial C_{r/w}^F}{\partial I} = c_o k - p - c_{\text{cs}}\int_{y(t-kN)>I}\int_{I+Q-y(t-kN)}^{M}f(x)g(t)\mathrm{d}x\mathrm{d}t$$

$$+ p\int_{y(t-kN)>I}\int_0^{I+Q-y(t-kN)}f(x)g(t)\mathrm{d}x\mathrm{d}t + p\int_{y(t-kN)\leqslant I}g(t)\mathrm{d}t$$

$$= c_o k - (c_{\text{cs}} + p)\int_{y(t-kN)>I}\int_{I+Q-y(t-kN)}^{M}f(x)g(t)\mathrm{d}x\mathrm{d}t$$

$$\frac{\partial^2 C_{r/w}^F}{\partial I^2} = (c_{\text{cs}} + p)\int_{y(t-kN)>I}f(I + Q - y(t-kN))g(t)\mathrm{d}t + (c_{\text{cs}} + p)\int_Q^M\int_0^V g(t|_{y(t-kN)=I})g(z)\mathrm{d}z f(x)\mathrm{d}x \geqslant 0$$

一阶导数和二阶导数的结果表明，在面向企业的销售策略中，零售商/批发商有唯一的最优订货政策。因此，给定最优的订货策略 I^{F^*} 和 I^{p^*}，模型有

$$
\begin{aligned}
C_{r/w}^{F*} - C_{r/w}^{p*} ={}& c_o(Q^{F*} + I^{F*} - yN)k + wQ^{F*}k + w\int_0^{Q^{F*}}(Q^{F*} - x)f(x)\mathrm{d}x \\
& + (c_{cs} + p)\left[
\begin{aligned}
& \int_{y(t-kN)>I^{F*}}\int_{I^{F*}+Q^{F*}-y(t-kN)}^{M}(x + y(t-kN) - I^{F*} - Q^{F*})f(x)g(t)\mathrm{d}x\mathrm{d}t \\
& - \int_{y(t-kN)>I^{F*}}\int_{Q^{F*}}^{M}(x - Q^{F*})f(x)g(t)\mathrm{d}x\mathrm{d}t
\end{aligned}
\right] \\
={}& c_o(Q^{F*} + I^{F*} - yN)k + W(Q^{F*}) + \mathrm{LP}(Q^{F*}, I^{F*})
\end{aligned}
$$

其中，$W(Q) = wQk + w\int_0^{Q}(Q - x)f(x)\mathrm{d}x$ 为零售商/批发商从应急储备中心接收物资的批发成本；$\mathrm{LP}(Q^{F*}, I^{F*})$ 为零售商/批发商在最后一个检查周期的销售损失，包括机会销售收入以及未满足市场需求的惩罚成本。

因为 $\mathrm{LP}(Q^{F*}, I^{F*}) \geqslant 0$，因此，如果 $W(Q) \geqslant 0$，即应急储备中心销售给零售商/批发商的净销售价格 w 为非负（应急储备中心剩余物资销售价格大于应急储备中心物资采购价格，注意 $w = \hat{w} - \hat{c}$），则有 $C_{r/w}^{F*} \geqslant C_{r/w}^{p*}$。然而，当 $w < 0$ 时，即应急储备中心赔钱销售处理应急物资时，才有可能出现 $C_{r/w}^{F*} < C_{r/w}^{p*}$。$C_{r/w}^{F*} \leqslant C_{r/w}^{p*}$ 要求的条件为 $w \leqslant -\dfrac{\mathrm{LP}(Q^{F*}, I^{F*}) + C_o(Q^{F*} + I^{F*} - yN)E[k]}{Q^{F*}E[k] + \int_0^{Q^{F*}}(Q^{F*} - x)f(x)\mathrm{d}x}$。定理 4-2 得证。

定理 4-2 表明，尽管面向企业的销售策略都有利于应急储备中心，但对于零售商/批发商来说，并不总是有利的。一方面，应急储备中心将过期损失全部转移至零售商/批发商，产生过期负担转移效应。另一方面，应急储备中心面临的不确定性应急需求通过剩余物资不确定性传递至零售商/批发商的供给，产生不确定性传递效应，带来市场需求短缺风险。因此，与零售商/批发商拥有完整且确定的市场需求情景相比，过期负担转移效应和不确定性传递效应使零售商/批发商陷入更糟糕的境地。

对零售商/批发商来说，应急储备中心剩余物资面向企业的销售策略的好处是其可以从应急储备中心那里以较低的批发价获得订货。应急储备中心过高的应急储备数量和剩余物资的不确定性增加了零售商/批发商的过期与销售损失负担。然而，零售商/批发商低批发价的好处可以足够大，以至于可以抵消增加的成本负担，例如，$w = -c + \varepsilon$（$\hat{w} = \varepsilon$，ε 是一个极小的正数）和 $c - \varepsilon \geqslant \dfrac{\mathrm{LLP}(Q^{F*}, I^{F*})}{E\left[Q^{F*}k + \int_0^{Q^{F*}}(Q^{F*} - x)f(x)\mathrm{d}x\right]}$。因此，面向企业的销售策略可能比被动接受策略更有效，特别是当供应商的订货成本很高而应急储备中心的批发成本相对较低时。举例说明面向企业的销售策略有效的实践场景，如果零售商/批发商是中小企业以至于没有能力与其供应商协商订货成本，而同时应急储备中心处理轮换或剩余应急物资的成本又很高，以至于会以低批发价甚至免费销售给零售商/批发商。此时，零售商/批发商有动机接受并配合政府实施应急储备中心的面向企业的销售策略。

然而，在保证零售商/批发商愿意接受面向企业的销售策略的同时，还需要确保应急储备中心有动力实施面向企业的销售策略。如定理 4-1 所示，最优值之差有

$$\mathrm{EC}_g^{F*} - \mathrm{EC}_g^{p*} = c_{es} \int_{Q^{F*}}^{M} (x - Q^{F*}) f(x) \mathrm{d}x - w Q^{F*} E[k] - w \int_0^{Q^{F*}} (Q^{F*} - x) f(x) \mathrm{d}x$$

$$- c_{es} \int_{Q^{p*}}^{M} (x - Q^{p*}) f(x) \mathrm{d}x - c_o Q^{p*} E[k]$$

因此，$\mathrm{EC}_g^{F*} \leqslant \mathrm{EC}_g^{p*}$ 要求 $w \geqslant \dfrac{c_{es} \int_{Q^{F*}}^{M} (x - Q^{F*}) f(x) \mathrm{d}x - c_{es} \int_{Q^{p*}}^{M} (x - Q^{p*}) f(x) \mathrm{d}x - c_o Q^{p*} E[k]}{Q^{F*} E[k] + \int_0^{Q^{F*}} (Q^{F*} - x) f(x) \mathrm{d}x}$。

定义 $S(Q) = c_{es} \int_Q^M (x - Q) f(x) \mathrm{d}x$ 为应急需求缺货后果惩罚。可以推断，如果不等式

$$\dfrac{S(Q^{F*}) - S(Q^{p*}) - c_o Q^{p*} E[k]}{Q^{F*} E[k] + \int_0^{Q^{F*}} (Q^{F*} - x) f(x) \mathrm{d}x} \leqslant \dfrac{-\mathrm{LLP}(Q^{F*}, I^{F*})}{Q^{F*} E[k] + \int_0^{Q^{F*}} (Q^{F*} - x) f(x) \mathrm{d}x}$$ 成立，则面向企

业的销售策略以一个相对较低的批发价可以同时有利于应急储备中心和零售商/批发商。上述不等式要求 $S(Q^{p*}) + c_o Q^{p*} E[k] - S(Q^{F*}) \geqslant c_o (Q^{F*} + I^{F*} - yN) E[k] + \mathrm{LP}(Q^{F*}, I^{F*})$。也就是说，$c_{es} \geqslant \dfrac{c_o (Q^{F*} + I^{F*} - yN) E[k] - c_o Q^{p*} E[k] + \mathrm{LP}(Q^{F*}, I^{F*})}{\int_{Q^{p*}}^{M} (x - Q^{p*}) f(x) \mathrm{d}x - \int_{Q^{F*}}^{M} (x - Q^{F*}) f(x) \mathrm{d}x}$，

即针对比较关键的应急储备物资，使得面向企业的销售策略同时有利于应急储备中心和零售商/批发商的批发价可执行空间是存在的。该批发价的可执行空间随着市场缺货损失 c_{es} 和销售价格 p 的降低而扩大。综上，针对关键性应急物资，应急储备中心和零售商/批发商均有动机实施面向企业的销售策略。

4.4　面向企业与面向消费者销售治理策略的讨论

由于美国联邦应急管理局在面向公众出售剩余应急物资的销售策略上存在争议，以及我国自 2023 年开始逐步开始面向公众拍卖报废应急物资，接下来要研究面向消费者的销售策略还是面向企业的销售策略的应急物资储备治理效果更好。通过对这一问题的分析，可以更清晰地了解面向消费者拍卖出售剩余应急物资是否比面向企业销售更合理，进而帮助应急储备中心选择较优的销售治理策略。根据第 3 章和第 4 章 4.3 节的研究结果，面向消费者和面向企业的销售策略对应急

物资治理都是有利的，所以，为保证可比性，首先调整第 3 章构建的面向消费者的销售策略的模型，其次介绍应急储备中心选择面向消费者还是面向企业的销售策略的边界条件，最后分析零售商/批发商对面向消费者销售还是面向企业销售的偏好态度。

4.4.1　面向消费者的销售策略的模型调整

为具有可对比性，简单调整第 3 章的面向消费者的销售策略的库存规划模型，以单个应急准备阶段的成本函数为目标，忽略社会整体供给数量的限制，调整后的库存规划模型如下：

$$
\hat{C}_g^I = \hat{c}Q(k+1) + \hat{c}_o(Q - \theta yN)^+ k + \hat{c}_{es}(x - Q)^+ - \hat{c}((Q - x)^+ - \theta y(t - kN) - (\theta yN - Q)^+ k)^+
$$
$$
- \hat{p}\min\{Q, \theta yN\}k - \hat{p}\min\{(Q - x)^+, \theta y(t - kN) + (\theta yN - Q)^+ k\}
$$

（4-9）

$$
\hat{C}_{r/w}^I = \hat{c}I(k+1) + \hat{c}_o(I - (1 - \theta)yN)^+ k + \hat{c}_{cs}[U + (1 - \theta)y(t - kN) + ((1 - \theta)yN - I)^+ k
$$
$$
- I]^+ - \hat{p}\min\{I, (1 - \theta)yN\}k - \hat{p}\min\{I, U + (1 - \theta)y(t - kN) + ((1 - \theta)yN - I)^+ k\}
$$
$$
- \hat{c}[I - U - (1 - \theta)y(t - kN) - ((1 - \theta)yN - I)^+ k]^+
$$

（4-10）

其中，$U = (\theta y(t - kN) + (\theta yN - Q)^+ k - (Q - x)^+)^+$ 为在规划周期期末未满足的公益偏好消费者转移至零售商/批发商的市场需求。

相似地，令 $p = \hat{p} - \hat{c}$、$c_{es} = \hat{c}_{es} - \hat{c}$、$c_o = \hat{c}_o + \hat{c}$、$c_{cs} = \hat{c}_{cs}$ 和 $c = \hat{c}$ 进行成本转化：

$$
C_g^I = c_o(Q - \theta yN)^+ k + c_{es}(x - Q)^+ - p\min\{Q, \theta yN\}k
$$
$$
- p\min\{(Q - x)^+, \theta y(t - kN) + (\theta yN - Q)^+ k\}
$$

（4-11）

$$
C_{r/w}^I = c_o(I - (1 - \theta)yN)^+ k + c_{cs}[U + (1 - \theta)y(t - kN) + ((1 - \theta)yN - I)^+ k - I]^+
$$
$$
- p\min\{I, (1 - \theta)yN\}k - p\min\{I, U + (1 - \theta)y(t - kN) + ((1 - \theta)yN - I)^+ k\}
$$

（4-12）

引理 4-2　对于任意规定的应急储备量 Q 和企业初始订货量 I，均有 $\hat{C}_g^I - C_g^I$ 是与 Q 无关的非负常数，以及 $\hat{C}_{r/w}^I = C_{r/w}^I$。

证明　因为 $(x - Q)^+ = x - Q + (Q - x)^+$，因此，

$$
\hat{C}_g^I - C_g^I = cQ(k+1) - c(Q - \theta yN)^+ k + c(x - Q)^+ - c((Q - x)^+ - \theta y(t - kN) - (\theta yN - Q)^+ k)^+
$$
$$
- c[Q - (Q - -\theta yN)^+]k - c[(Q - x)^+ - ((Q - x)^+ - \theta y(t - kN) - (\theta yN - Q)^+ k)^+]
$$
$$
= cQ + c(x - Q)^+ - c(Q - x)^+
$$
$$
= cx
$$

$$\hat{C}_{r/w}^I - C_{r/w}^I = cI(k+1) - c(I - (1-\theta)yN)^+ k - c[I - U - (1-\theta)y(t-kN) - ((1-\theta)yN - I)^+ k]^+$$
$$- c[I - (I - (1-\theta)yN)^+]k - c[I - (I - U - (1-\theta)y(t-kN) - ((1-\theta)yN - I)^+ k)^+]$$
$$= cI(k+1) - cIk - cI$$
$$= 0$$

引理 4-2 说明转化前后的成本差值为一个常数，与决策变量无关，这也就意味着转化前后的问题具有相同的最优决策。因此，面向消费者的销售策略的分析也聚焦在转化后的模型结果。

容易得到，$Q^{I*} \geqslant \theta yN$。这是因为，如果 $Q^I < \theta yN$，则 $\partial C_g^{I*}/\partial Q < 0$。故在 $Q^I \geqslant \theta yN$ 的条件下，有 $C_g^I = c_o(Q - \theta yN)k + c_{es}(x-Q)^+ - p\theta yNk - p\min\{(Q-x)^+, \theta y(t-kN)\}$。进而有，$\partial C_g^I/\partial Q = c_o k - c_{es}\int_Q^M f(x)\mathrm{d}x - p\int_0^Q f(x)\mathrm{d}x + p\int_0^{Q-\theta y(t-kN)} f(x)\mathrm{d}x$，$\partial^2 C_g^I/\partial Q^2 \geqslant 0$（因为 $c_{es} > p$）。同理，也有 $I^{I*} \geqslant (1-\theta)yN$，故有

$$C_{r/w}^I = c_o(I - (1-\theta)yN)k - p(1-\theta)yNk - pI + p\int_0^{Q-\theta y(t-kN)}(I - (1-\theta)y(t-kN))f(x)\mathrm{d}x$$
$$+ c_{es}\iint_{y(t-kN)>I}\int_{I+Q-y(t-kN)}^Q (y(t-kN)+x-Q-I)f(x)g(t)\mathrm{d}x\mathrm{d}t$$
$$+ c_{es}\iint_{y(t-kN)>I}\int_Q^M (y(t-kN)-I)f(x)g(t)\mathrm{d}x\mathrm{d}t$$
$$+ p\iint_{y(t-kN)>I}\int_{Q-\theta y(t-kN)}^{I+Q-y(t-kN)} (I+Q-x-y(t-kN))f(x)g(t)\mathrm{d}x\mathrm{d}t$$
$$+ p\iint_{y(t-kN)\leqslant I}\int_{Q-\theta y(t-kN)}^Q (I+Q-x-y(t-kN))f(x)g(t)\mathrm{d}x\mathrm{d}t$$
$$+ p\iint_{y(t-kN)\leqslant I}\int_Q^M (I-y(t-kN))f(x)g(t)\mathrm{d}x\mathrm{d}t$$

$$\frac{\partial C_{r/w}^I}{\partial I} = c_o k - p - c_{es}\iint_{y(t-kN)>I}\int_{I+Q-y(t-kN)}^M f(x)g(t)\mathrm{d}x\mathrm{d}t + p\iint_{y(t-kN)\leqslant I}\int_{Q-\theta y(t-kN)}^M f(x)g(t)\mathrm{d}x\mathrm{d}t$$
$$+ p\iint_{y(t-kN)>I}\int_{Q-\theta y(t-kN)}^{I+Q-y(t-kN)} f(x)g(t)\mathrm{d}x\mathrm{d}t + p\int_0^{Q-\theta y(t-kN)} f(x)g(t)\mathrm{d}x\mathrm{d}t$$
$$= c_o k - (p+c_{es})\iint_{y(t-kN)>I}\int_{I+Q-y(t-kN)}^M f(x)g(t)\mathrm{d}x\mathrm{d}t$$

$$\frac{\partial^2 C_{r/w}^I}{\partial I^2} = (c_{es}+p)\iint_{y(t-kN)>I} f(I+Q-y(t-kN))g(t)\mathrm{d}t + (c_{es}+p)\int_Q^M\int_0^V g(t|_{y(t-kN)=I})g(z)\mathrm{d}z\mathrm{d}tf(x)\mathrm{d}x$$
$$\geqslant 0$$

4.4.2　应急储备中心的选择边界

以应急供给能力和期望成本为依据，定理 4-3 给出了面向消费者还是面向企业的销售策略表现更好的应用条件。为统一化，以 Q^{I*} 表示面向消费者的销售策略下的最优应急储备决策量，EC_g^{I*} 表示应急储备中心的最低期望成本。

定理 4-3　在任一应急准备阶段，面向企业的销售策略下应急供给能力更强，即 $Q^{F*} \geqslant Q^{I*}$。然而，面向消费者的销售策略成本更低（$\mathrm{EC}_g^{I*} \leqslant \mathrm{EC}_g^{F*}$）的条件为较高的销售价格，即 $p \geqslant \dfrac{c_o(Q^{I*}-\theta yN)k + S(Q^{I*}) - S(Q^{F*}) + E[W(Q^{F*})]}{\theta yNE[k] + E\left[\displaystyle\int_0^{Q^{I*}}(Q^{I*}-x)f(x)\mathrm{d}x - \int_0^{Q^{I*}-\theta y(t-kN)}(Q^{I*}-x-\theta y(t-kN))f(x)\mathrm{d}x\right]}$，

或者较大的公益偏好消费者市场 [$\theta yN \geqslant Z$，其中 $Z \in (0, Q^{F*})$ 为一个阈值参数]。

证明　根据第 3 章的模型，可以计算两种销售策略下的成本差：

$$C_g^{I*} - C_g^{F*} = c_o(Q^{I*}-\theta yN)k + c_{es}\int_{Q^{I*}}^M (x-Q^{I*})f(x)\mathrm{d}x - p\theta yNk - p\int_0^{Q^{I*}}(Q^{I*}-x)f(x)\mathrm{d}x$$

$$+ p\int_0^{Q^{I*}-\theta y(t-kN)}(Q^{I*}-x-\theta y(t-kN))f(x)\mathrm{d}x - c_{es}\int_{Q^{F*}}^M (x-Q^{F*})f(x)\mathrm{d}x$$

$$+ wQ^{F*}k + w\int_0^{Q^{F*}}(Q^{F*}-x)f(x)\mathrm{d}x$$

明显地，

$$p \geqslant \frac{c_o(Q^{I*}-\theta yN)k + c_{es}\int_{Q^{I*}}^M (x-Q^{I*})f(x)\mathrm{d}x - c_{es}\int_{Q^{F*}}^M (x-Q^{F*})f(x)\mathrm{d}x + E[W(Q^{F*})]}{\theta yNE[k] + \int_0^{Q^{I*}}(Q^{I*}-x)f(x)\mathrm{d}x - E\left[\int_0^{Q^{I*}-\theta y(t-kN)}(Q^{I*}-x-\theta y(t-kN))f(x)\mathrm{d}x\right]} \geqslant 0$$

时，有 $E[C_g^{I*}] \leqslant E[C_g^{F*}]$。

此外，因为 $\dfrac{\partial(C_g^I - C_g^{F*})}{\partial(\theta y)} \leqslant 0$，即单调递减，同时因为 $Q^{I*} \geqslant \theta yN$，因此，取 $Q^I = Q^{F*}$，则有 $(C_g^I - C_g^{F*})\big|_{\theta yN = Q^{F*}} \leqslant 0$ 以及 $(C_g^I - C_g^{F*})\big|_{\theta yN = 0} \geqslant 0$。所以，存在一个阈值 $Z \in (0, Q^{F*})$，使得 $C_g^{I*} \leqslant C_g^{F*}$ 当 $\theta yN \geqslant Z$。

定理 4-3 说明，尽管面向企业的销售策略将过期成本完全转移到零售商/批发商，从而显著提高了应急供给能力，但面向消费者的销售策略可能会有更低的成本负担。这是因为，即使面向消费者的销售策略下的应急储备中心存在过期物资，但如果销售价格足够高，应急储备中心也可以通过面向消费者销售的策略获得更高的销售收入。同理，如果面向消费者的销售策略对市场需求的挤占效应较大，面向消费者的销售策略也可以带来较高的直接销售收入。从实践的角度来看，研

究的结果表明，在管理救援设备等公益偏好需求较低的应急物资库存时，应急管理部门或应急组织应采用面向企业的销售策略。另外，对于价值昂贵的应急物资，其销售价格也会较高，则不宜采用面向企业的销售策略。相反，面向消费者的销售策略会更好。需要注意的是，因为 $\mathrm{EC}_g^{I*} \leq \mathrm{EC}_g^{F*}$ 成立时销售价格 p 的边界条件是大于 0 的，因此不会在任何 p 下都会出现 $\mathrm{EC}_g^{I*} \leq \mathrm{EC}_g^{F*}$。针对关键性较强的应急物资，应急供给能力是更重要的考量因素，因此面向企业的销售策略更优。

4.4.3　销售企业的偏好态度

接下来，将介绍零售商/批发商对面向消费者和面向企业这两种销售策略的态度。在面向企业的销售策略下，零售商/批发商可以将应急储备中心的剩余应急物资视为较低批发价的后期采购订单（如果批发价格低于订单成本，则净批发价格可能为负）。对此，应急储备中心向零售商/批发商销售剩余应急物资的影响可视为后期采购效应。

定理 4-4　在任一应急准备阶段，零售商/批发商在面向企业的销售策略下产生的后期采购订单减少了库存检查期开始时的初始订单量，即 $I^{I*} \geq I^{F*}$；但是应急供给能力的增加量显著高于企业初始订单量的降低量，即 $Q^{I*} + I^{I*} \leq Q^{F*} + I^{F*}$。当 $w \leq \dfrac{\mathrm{LIP}(Q^{I*}, I^{I*}) + P(Q^{I*}) + p\theta ykN - \mathrm{LLP}(Q^{F*}, I^{F*})}{E\left[Q^{F*}k + \displaystyle\int_0^{Q^{F*}} (Q^{F*} - x)f(x)\mathrm{d}x \right]}$ 成立时，则有 $\mathrm{EC}_{r/w}^{I*} \geq \mathrm{EC}_{r/w}^{F*}$。

其中，$\mathrm{LIP}(Q^{I*}, I^{I*}) = c_o(I^{I*} - (1-\theta)yN)k + \mathrm{LP}(Q^{I*}, I^{I*})$ 为面向消费者的销售策略下的总成本增加，具体包括过期成本的增加 $c_o(I^{I*} - (1-\theta)yN)k$ 以及市场需求缺货损失的增加 $\mathrm{LP}(Q^{I*}, I^{I*})$，这里：

$$\mathrm{LP}(Q^{I*}, I^{I*}) = (c_{cs} + p)\left[\begin{array}{c} \displaystyle\int_{y(t-kN)>I^{I*}} \int_{I^{I*}+Q^{I*}-y(t-kN)}^{M} (x - I^{I*} - Q^{I*} + y(t-kN))f(x)g(t)\mathrm{d}x\mathrm{d}t \\ - \displaystyle\int_{y(t-kN)>I^{I*}} \int_Q^{M} (x - Q^{I*})f(x)g(t)\mathrm{d}x\mathrm{d}t \end{array} \right]$$

证明　零售商/批发商在两种销售策略下的成本差值为

$$\begin{aligned} C_{r/w}^{I*} - C_{r/w}^{F*} =\ & c_o(I^{I*} - (1-\theta)yN)k + \mathrm{LP}(Q^{I*}, I^{I*}) + P(Q^{I*}) + p\theta ykN \\ & - c_o(I^{F*} + Q^{F*} - yN)k - \mathrm{LP}(Q^{F*}, I^{F*}) - W(Q^{F*}) \\ =\ & \mathrm{LP}(Q^{I*}, I^{I*}) - \mathrm{LP}(Q^{F*}, I^{F*}) + c_o(I^{I*} - (1-\theta)yN)k - c_o(I^{F*} + Q^{F*} - yN)k \\ & + p\left[\int_0^{Q^{I*}} (Q^{I*} - x)f(x)\mathrm{d}x - \int_0^{Q^{I*}-\theta y(t-kN)} (Q^{I*} - x - \theta y(t-kN))f(x)\mathrm{d}x \right] \\ & - w\left[Q^{F*}k + \int_0^{Q^{F*}} (Q^{F*} - x)f(x)\mathrm{d}x \right] + p\theta ykN \end{aligned}$$

为充分解决面向消费者的销售策略的争议性，需要给出面向消费者的销售策略的保守条件，即 $C_{r/w}^{I*} - C_{r/w}^{F*} \geq 0$ 的充分条件。

因此，如果 $w \leq \dfrac{\begin{bmatrix} \mathrm{LP}(Q^{I*}, I^{I*}) + P(Q^{I*}) + p\theta yNE[k] + c_o(I^{I*} - (1-\theta)yN)E[k] \\ -\mathrm{LP}(Q^{F*}, I^{F*}) - c_o(I^{F*} + Q^{F*} - yN)E[k] \end{bmatrix}}{Q^{F*}E[k] + \displaystyle\int_0^{Q^{F*}} (Q^{F*} - x)f(x)\mathrm{d}x}$，

一定有 $E[C_{r/w}^{I*}] \geq E[C_{r/w}^{F*}]$。注意，$\mathrm{LP}(Q^{I*}, I^{I*}) + P(Q^{I*}) + p\theta ykN - \mathrm{LLP}(Q^{F*}, I^{F*}) \leq 0$ 表明了转化成本后的批发价是负的，即 $w = \hat{w} - \hat{c} \leq 0$。也就是说，在面向消费者的销售策略下，如果市场需求缺货损失和公益偏好需求的挤占效应后果小于面向企业的销售策略下的市场缺货损失，应急储备中心应当以一个低于采购成本的批发价格销售给零售商/批发商，才能保证零售商/批发商更倾向选择面向企业的销售策略。

定理 4-4 的结果表明，在面向企业的销售策略下，零售商/批发商的订货量较低。也就是说，在零售商/批发商的订货决策上，面向消费者的销售策略的挤占效应小于面向企业销售的策略的后期采购效应。这是因为，在面向消费者的销售策略下，应急储备中心的最优存储规模大于公益偏好市场需求。因此，在没有突发事件发生的检查周期，零售商/批发商只面临非公益偏好的市场需求。然而，在突发事件发生的检查周期，零售商/批发商不仅面临着非公益偏好的市场需求，还面临着从应急储备中心转移的未满足的公益偏好市场需求。因此，零售商/批发商的最佳订货量高于非公益偏好需求量，这样零售商/批发商在无突发事件的检查周期内就只有过期成本。在突发事件发生后的最后检查期，零售商/批发商则存在公益偏好需求销售损失和挤占效应。同样，在面向企业的销售策略下，应急储备组织的最优存储规模大于面向消费者的销售策略下的最优存储规模，因此，零售商/批发商在无突发事件的检查周期内也存在过期成本和来自应急储备中心的批发成本，而在突发事件发生后的最后检查期则存在销售损失和来自应急储备中心的批发成本。由于零售商/批发商无法决策批发成本问题（数量和价格是应急储备中心决定的），因此，在两种销售策略下，最优订货量都是为了平衡过期成本和市场销售损失。最后一期的销售损失由应急储备中心的存储规模和企业的初始订购量决定，因此，储存规模越大，后期采购效应越大，则初始订购量越低。但是，如果企业的初始订货量越大，那么销售损失的可能性就越小。这就要求面向企业的销售策略下对冲应急需求和市场需求的库存高于面向消费者的销售策略下对冲需求的库存。

由于在面向企业的销售策略下，所有过期成本都由零售商/批发商承担，因此，直观上零售商/批发商似乎更有动力实施面向消费者的销售策略。然而，事实恰恰相反。在面向企业的销售策略下，增加的成本包括采购自应急储备中心的批发成

本和采购自应急储备中心物资的过期成本，而减少的机会成本包括来自公益偏好需求的销售收入。因此，如果增加的成本小于减少的成本（例如，应急储备中心以低批发价进行销售），面向企业的销售策略的表现必然更好。如定理4-4所示，如果面向消费者的销售策略下的销售损失和挤占效应小于面向企业的销售策略下的销售损失，应急储备中心应设置负的净批发价（即实际批发价小于供应商的订货成本），从而激励零售商/批发商实施面向企业的销售策略。

通过以上对两种销售策略可行性和有效性的分析，发现虽然面向消费者的销售策略可以显著减少过期成本，提高应急供给能力，但由于挤占效应和不确定性传递效应，面向消费者的销售策略的可行性受到零售商/批发商的质疑甚至抵制。只有当批发价低于订货价时，与零售商/批发商合作实施面向企业的销售策略才具有可行性。此外，与面向消费者的销售策略相比，应急储备中心针对销售价格低或社会需求小的物资，更倾向实施面向企业的销售策略。零售商/批发商更认可面向企业的销售策略的前提条件是批发价足够低甚至低于订货成本。从实践角度看，这些结果验证了应急储备中心与零售商/批发商之间的合作存在可行和有效的范围。

4.5　数值仿真与结果分析

应急需求时间间隔和应急需求数量是固定保质期应急物资的主要不确定因素，本节研究主要借助数值模拟仿真的工具分析均匀分布、负指数分布、正态分布三种常见分布函数对决策值和目标值的影响，进而分析验证理论结果的鲁棒性。这里，将分布函数界定在随机变量变动区域内，区域外分布转换到点分布，即截断分布，在小于 a 范围的概率累积到 a 点、大于 b 范围的概率累积到 b 点，具体概率密度、均值和方差如下。

均匀分布：$g(t) = \begin{cases} \dfrac{1}{b-a}, & t \in [a,b] \\ 0, & \text{其他} \end{cases}$，$E(t) = \dfrac{a+b}{2}$，$D(t) = \dfrac{(b-a)^2}{12}$。

负指数分布：$g(t) = \begin{cases} \lambda e^{-\lambda t}, & t \in [a,b] \\ 0, & \text{其他} \end{cases}$，$E(t) = \dfrac{1}{\lambda}$，$D(t) = \dfrac{1}{\lambda^2}$。

正态分布：$g(t) = \begin{cases} \dfrac{1}{\sqrt{2\pi}\sigma} e^{-\frac{(t-\mu)^2}{2\sigma^2}}, & t \in [a,b] \\ 0, & \text{其他} \end{cases}$，$E(t) = \mu$，$D(t) = \sigma^2$。

此外，为了展示分布函数的不同带来的影响，假设不同分布函数的均值和方差相同，即在仿真过程中，赋值 $\dfrac{a+b}{2} = \dfrac{1}{\lambda} = \mu$，$\dfrac{(b-a)^2}{12} = \sigma^2$。

设计的数值案例参数取值与估计来源于相关事故案例（地震海啸、民航飞行事故等）、应急管理相关研究（Mete and Zabinsky，2010；Rawls and Turnquist，2011；Zhou and Olsen，2018；Nurmala et al.，2018；Ni et al.，2018；Zhang et al.，2019）、相关网站机构报道（比如：美国国家运输安全委员会的民航事故报告、国际民用航空组织的安全报告等）以及中国地震台网。参考第 3 章数值仿真，对参数取值缩小 100 倍，仿真数量参数单位为 1 个，时间参数单位为 1 个月，需求速率参数单位为 1 个月，成本、残值以及效用参数单位为 1 元。设置基准情形下具体参数的取值，如表 4-2 所示。

表 4-2　基准情形下的数值案例参数取值

参数	p	c_{es}	c_o	w	c_{cs}	y	N	θ	x	t	M	V
取值	46	920	30	16	30	120	6	0.5	$U(0,2000)$	$U(0,96)$	2000	96

4.5.1　物资特征对最优策略的影响

1. 物资市场需求特征

物资市场需求特征参数包括市场销售价格 p、市场缺货惩罚 c_{cs}、市场需求率 y，以及公益偏好需求比例 θ，这些市场需求参数影响着面向企业的销售策略的可行性和有效性。以面向企业的销售策略下的期望成本与被动接受策略下的期望成本的对比代表可行性，以面向企业的销售策略下的期望成本与面向消费者的销售策略下的期望成本的对比代表有效性，如图 4-2 和图 4-3 所示。

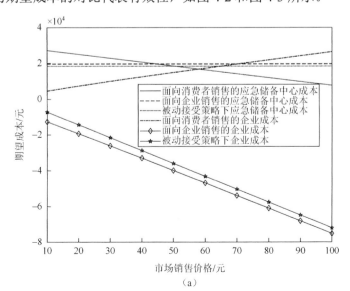

（a）

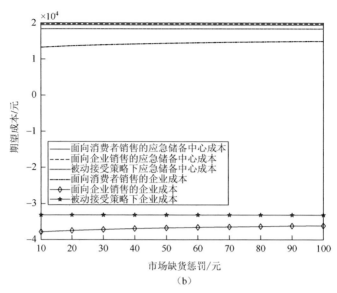

（b）

图 4-2　不同销售策略下期望成本随市场销售价格与市场缺货惩罚的变化图

如图 4-2（a）所示，随着市场销售价格 p 的增加，应急储备中心可以从面向消费者的销售策略中获得更高的直接销售收入，而从面向企业的销售策略中不会获得更多收入也不会增加更多成本。这说明，对应急储备中心来说，销售价格的增加不会影响面向企业的销售策略的可行性，但会降低其有效性。故应急储备中心更倾向针对销售价格比较低的物资实施面向企业的销售策略。另外，对零售商/批发商等销售企业来讲，市场销售价格的增加不会影响面向企业的销售策略的可

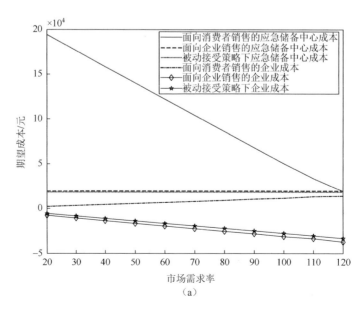

（a）

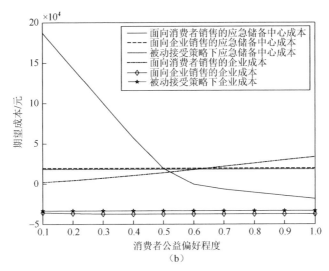

图 4-3　不同销售策略下期望成本随市场需求率与消费者公益偏好程度的变化图

行性，但会增加其有效性。这是因为被动接受策略和面向企业的销售策略下零售商/批发商面向全部消费者，而面向消费者的销售策略下零售商/批发商仅面向非公益偏好的消费者。与此同时，在面向消费者的销售策略下，应急储备中心会增加应急储备量，有效提高公益偏好消费者满足程度，进而降低了零售商/批发商的销售收入。如 4-2（b）所示，市场缺货惩罚对销售策略的可行性与有效性影响较小，因为市场缺货惩罚仅仅发生在应急准备阶段的最后一个库存检查周期，且缺货的概率是与应急需求不确定性有关的。

　　图 4-3 直观展示了市场需求率和消费者公益偏好程度对销售策略的可行性和有效性的影响。图 4-3（a）中，与市场销售价格类似，市场需求率越高，应急储备中心的面向消费者的销售策略会带来越高的销售收入，因此，应急储备中心对面向企业的销售策略的倾向性降低。但是，不同的是，零售商/批发商在两种销售策略下的成本分别呈现上升和下降趋势。这是因为，对零售商/批发商来说，市场需求率增加一方面使得应急储备中心储备量增加，面向消费者的销售策略对企业的挤占效应增大，另一方面，最后一个周期未满足的市场需求也在增加，进而导致企业成本增加。面向企业的销售策略下，市场需求率越大，在应急储备中心的库存水平不变的条件下，企业销售收入越高，即企业成本越低。这说明，准确预测市场需求率对选择销售策略是非常重要的。图 4-3（b）中，市场消费者的公益偏好程度显著影响着销售策略的可行性和有效性。消费者公益偏好程度越大，应急储备中心实施面向消费者的销售策略可以获得更高收入而越有利。然而，零售商/批发商考虑到初始订货量对非公益偏好需求的满足程度要求，即 $I^{F^*} \geqslant (1-\theta)yN$，公益偏好程度越大，上述约束空间越大，即零售商/批发商的最优订货量越容易在极值点取得，其期望成

本越低，进而可以说明零售商/批发商对面向企业的销售策略表现出更大意愿。

2. 应急物资特征

应急缺货惩罚c_{es}在一定程度上可以代表应急物资的关键性，过期成本c_o表示物资过期后的处理成本和负外部效应等，在一定程度上表示物资的过期处理性难度。应急物资的关键性和过期处理难度会显著影响应急储备中心以及零售商/批发商的决策与成本，如图 4-4 所示。

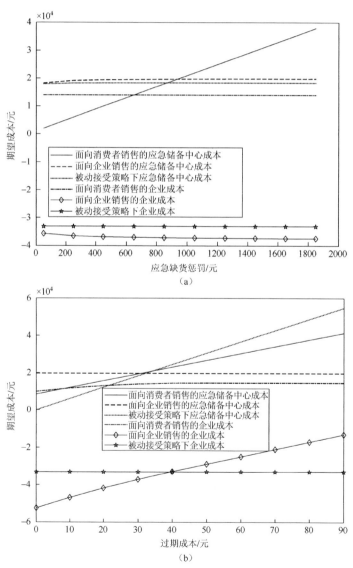

图 4-4　应急物资的关键性和过期处理难度对策略可行性与有效性的影响

　　图 4-4（a）显示了应急需求缺货后果越严重，越适合采用面向企业的销售策略，这是因为面向企业的销售策略带来的应急供给能力提升程度大于面向消费者的销售策略带来的提升程度，因此，针对非常关键的应急物资（应急需求缺货后果严重），应急储备中心认为面向企业的销售策略更有效。对零售商/批发商而言，因为应急储备量的增加可以降低其初始订货量，进而获得更多低批发价格带来的后期采购效应，故其面向企业的销售策略的有效性也随着应急物资关键性增加而增加。在图 4-4（b）中，很明显，在被动接受策略和面向消费者的销售策略下，过期成本的增加会增加应急储备中心的期望成本，因为这两种策略下应急储备中心承担全部过期风险。面向企业的销售策略虽然将过期风险全部转移到零售商/批发商，但也降低了零售商/批发商的初始订货量，根据模型假设每个检查市场未满足需求会推迟到后续周期满足，导致零售商/批发商最优决策是每个周期的初始订货量和后期采购量为市场需求，即不存在过期损失。因此，在模型假定下，过期成本并不影响零售商/批发商的期望成本，但增加了应急储备中心选择面向企业的销售策略的有效性。

3. 面向企业销售策略特征

　　面向企业销售策略下，策略实施的关键参数为应急储备中心的批发价格 w 以及库存周期 N。应急批发价格为负表示应急储备中心对企业的销售批发价格低于订货采购价，会促使零售商/批发商对剩余应急物资进行后期采购。如果过期处理成本 + 订货采购价 > 销售批发价格，那么应急储备中心采取低于订货采购价的批发价也是合理的。应急储备中心批发价格以及库存周期的影响分析结果如图 4-5 所示。

　　在图 4-5（a）中，随着应急储备中心的批发价格提高，面向企业的销售策略对应急储备中心的有效性增加，对零售商/批发商有效性（面向企业的销售策略下期望成本 – 面向消费者的销售策略下期望成本）降低。因此，实践中，应急储备中心与销售企业的合作需要考虑补贴。在图 4-5（b）中，库存周期越长（即物资的固定保质期越长），面向企业的销售策略在应急储备中心中的有效性降低，对零售商/批发商而言，面向企业的销售策略有效性（与面向消费者的销售策略下企业成本相比）以及可行性（与被动接受策略下企业成本相比）先增加后减少。这是因为库存周期越长，应急准备阶段内应急储备中心销售次数越少，在批发价小于订货采购价格的基础场景（转换模型中的应急储备中心批发价格小于 0）下，销售次数越少，从应急储备中心的后期采购次数越少，降低了零售商/批发商的后期采购效应。因此，可以确定的是，应急储备中心更倾向较短固定保质期的应急物资实施面向企业的销售策略。考虑到可行性与有效性，零售商/批发商并不倾向针对非常短固定保质期的应急物资实施面向企业的销售策略。

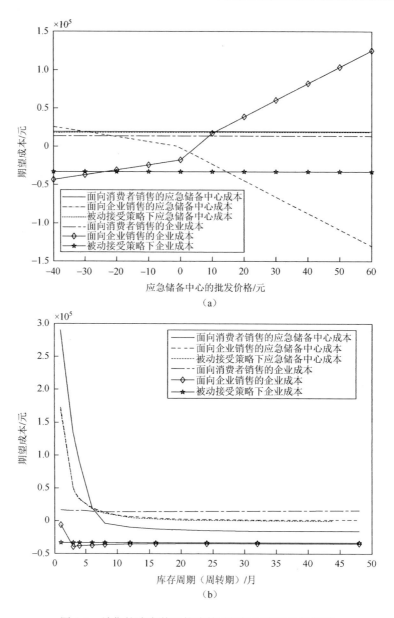

图 4-5　销售策略参数对策略的可行性与有效性的影响

4.5.2　随机变量对最优策略的影响

突发事件下的随机变量包括应急需求数量和应急需求时间间隔，本节利用数值案例探索随机变量的分布函数特征如何影响销售策略的可行性和有效性。

1. 随机变量的分布范围

由于突发事件的发生时间是不确定的，研究往往根据历史数据对发生时间范围进行估计，但估计值的误差可能会对决策产生较大的影响，如图 4-6 所示。

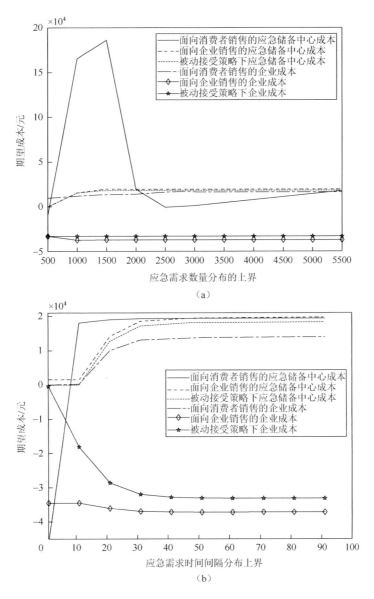

（a）

（b）

图 4-6　突发事件随机变量上界估计值对策略可行性与有效性的影响

在正态分布和负指数分布下，应急需求数量的上界较大时，即针对后果非常严重的突发事件，应急储备中心实施面向企业的销售策略的可行性和有效性呈现下降趋势；零售商/批发商实施面向企业的销售策略的可行性和有效性较高。这是因为，突发事件具有非常严重的后果可能性时，即应急需求数量有概率取到很大的值时，应急储备中心会有较高的储备量，每个库存周期需要付出较高的处理成本（因为基准场景下批发价格小于 0）。零售商/批发商会获得较高的后期采购效应，进而实施面向企业的销售策略有较大的优势。应急需求时间间隔的上界较大时，即针对发生频率可能很低的突发事件类型，面向企业的销售策略对应急储备中心以及零售商/批发商并不是有利的。因此，实际上，在相对不太安全的地区或安全检查与防范问题比较严重的地区，应急储备中心并不适合采取面向企业的销售策略。

2. 随机变量的分布函数

其他参数不变，应急需求数量分别设定为：均值为 1000、方差为 900 的正态分布，均值为 1000、方差为 1 000 000/3 的均匀分布。应急需求时间间隔分别假定为：均值为 6，方差为 36 的负指数分布，以及均值为 48、方差为 2304/3 的均匀分布，如图 4-7 所示。

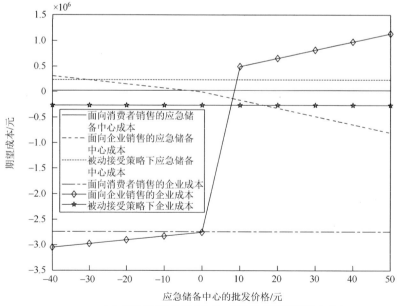

（a）应急需求数量正态分布、应急需求时间间隔均匀分布

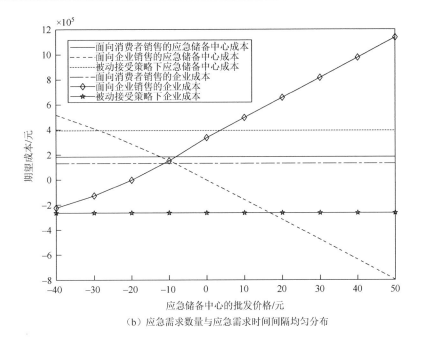

（b）应急需求数量与应急需求时间间隔均匀分布

图 4-7　应急需求数量和应急需求时间间隔的分布对策略可行性与有效性的影响

　　将图 4-7（a）结果与图 4-5（a）进行对比分析，以及对比分析图 4-7 的（a）和图 4-7（b）的结果，不同的应急需求数量的分布函数与应急需求时间间隔的分布对面向企业的销售策略的可行性和有效性影响趋势相似。相对于正态分布的应急需求数量以及负指数分布的应急需求时间间隔，方差较大的均匀分布也并没有比方差较小的正态分布或负指数分布的影响偏离更多。这在一定程度上说明本章构建的模型及其决策结果具有一定的鲁棒性。

　　3. 随机变量的不确定性程度

　　不同随机变量的分布对结果有相似影响，而在分布不确定的时候，不确定性程度（方差）可以在一定程度上代表随机变量对决策结果的影响。因此，接下来继续探索不同分布确定性是否对策略的可行性和有效性有较大影响。因为正态分布与负指数分布方便直接比较不确定性程度对决策结果的影响，所以假设应急需求数量为正态分布，应急需求时间间隔为负指数分布。需要说明的是，为直观清晰地看出销售策略的可行性和有效性，将应急储备中心的批发价格设定为–30 元。分布不确定性程度的影响结果如图 4-8 所示。

　　观察图 4-8（a）中期望成本的变化曲线：面向消费者或者面向企业的销售策略下的应急储备中心成本是随着应急需求数量不确定性程度增加而增大的；面向消费者的销售策略下的零售商/批发商成本是随着应急需求数量不确定性程度增

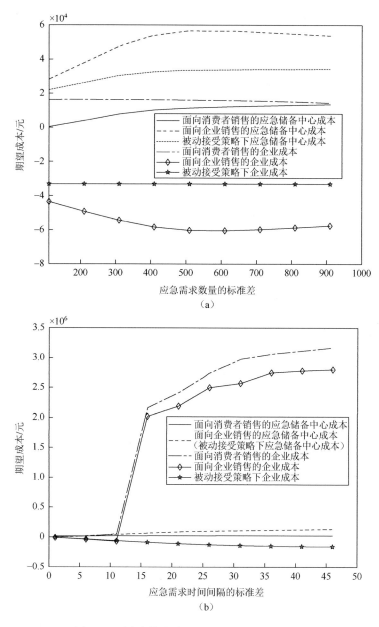

图 4-8 不确定性程度对期望成本的影响趋势图

加而减少的；面向企业的销售策略下的零售商/批发商成本是应急需求数量不确定性程度增加而先减少后增加的。关于成本变化的第一个结果是可以理解的，而对于第二个和第三个成本变化的结果，因为应急需求数量的不确定性程度增加时，应急需求缺货不确定性作用会增加，故应急储备中心期望成本会增加。应急缺货不确定性作用增加，转移到零售商/批发商最后一个周期的市场需求不确定性作用增加，与此同时，应急需求数量不确定性增加会导致应急储备中心增加其储备量，进而会增加零售商/批发商后期采购效应带来的好处（批发价格为–30 元）。因此，应急需求数量不确定性程度较大时，市场缺货损失作用更显著。而较低的不确定性程度下，市场缺货损失作用不明显，导致后期采购作用更显著。因此，存在一个阈值，使得应急需求数量不确定性程度低于阈值时，随着不确定性程度增加，零售商/批发商的期望成本降低；应急需求数量不确定性程度高于阈值时，零售商/批发商的期望成本随之增加。因此，面向企业的销售策略下零售商/批发商的期望成本先减少后增加。图 4-8（b）中期望成本变化曲线：面向企业的销售策略与被动接受策略下的应急储备中心成本是重合的（这里是因为参数取值 $c_{es} = 30$、$w = -30$，使得两个策略下应急储备中心期望成本函数相同），均随着应急需求时间间隔不确定性程度增加而轻微增大，面向企业的销售策略下的零售商/批发商成本是随着应急需求时间间隔不确定性程度增加而先减少后显著增加的。在负指数分布下，应急需求时间间隔的标准差增加也代表着应急需求时间间隔的均值增加，而其标准差的增加一方面导致库存周期期数波动变大，另一方面导致平均库存周期期数增加。平均库存周期期数增加可以帮助零售商/批发商获得更多的后期采购效应，但会增加应急储备中心的过期处理或者低价销售处理负担。与此同时，库存周期期数波动大使得应急储备中心以及零售商/批发商面临较高的应急需求时间间隔不确定性，即最后一个周期应急需求时间间隔不确定性增加，进而导致零售商/批发商面临市场缺货的不确定性增加。当应急需求时间间隔的标准差足够大时，不确定性影响作用显著，导致零售商/批发商的期望成本增加；而当应急需求时间间隔的标准差较小时，不确定性影响作用没那么显著，因此零售商/批发商的期望成本因为后期采购效应而有所降低。

4.6　结论与管理启示

4.6.1　面向消费者与面向企业的销售策略

如前文所述，本章关于面向企业的销售策略与第 3 章面向消费者的销售策略存在不同之处。当直接面向消费者时，应急物资只需要在保质期内出售即可，并且消费者需求函数影响销售，所以需要考虑消费者的公益偏好，但剩余应急物资销售价格为市场价；而由于面向企业的销售并不影响市场需求，但影响企业的采购批发成本，所以面向企业的销售策略需要设定折扣的批发价格。面向消费者的销售策略是应急储备中心在物资保质期内，将应急物资销售给公益偏好消费者；面向企业的低价销售策略是应急储备中心在物资保质期内，将应急物资低价销售给企业。面向消费者的销售策略对企业存在销售挤占效应和需求不确定性传递效应，面向企业的销售策略对企业存在过期负担转移效应、后期采购效应，以及需求不确定性传递效应。因此，如果销售挤占效应大于过期风险转移效应与后期采购效应，则面向企业的销售策略较面向消费者的销售策略更有效。

一方面，面向企业的销售策略是销售策略的一种方式，为销售策略提供一种新的手段或方法，同时进一步补充说明了应急储备中心剩余物资销售策略的可行性。另一方面，通过对面向企业的销售策略的可行性与有效性分析，可以得出：应急储备中心与销售企业之间存在联合协同储备与治理的可行空间。因此，第5章和第6章中补贴协同治理策略是应急储备中心面向企业的销售策略的进一步深入合作形式下的策略。

4.6.2 相应性管理启示

基于固定保质期应急物资的应急需求时间间隔和应急需求数量的不确定性会引致较高的过期损失与缺货损失，为了降低这两种损失，本章提出了建立了面向企业的销售策略下的应急物资库存储备治理系统。通过分析模型的最优解和最优值，可以得出应急物资面向企业的销售策略的优势，进而为面向消费者的销售策略争议性提供理论依据。具体结论和管理启示如下。

（1）从可行性方面讲，面向企业的销售策略可以提高应急供给能力，同时可以降低应急储备中心成本。因此，面向企业的销售策略有利于应急储备中心的治理。然而，只有当批发价格足够低时，即低于供应商订货采购价格，零售商/批发商等销售企业才有动机接受应急储备中心实施的面向企业的销售策略。因此，对于应急储备中心来说，要积极与销售企业建立补贴销售关系以期降低过期损失和提高应急供给能力。理性上，应急储备中心针对过期处理成本（直接处理费用与间接环境影响）较高的物资才有可能建立补贴销售关系。

（2）从有效性方面讲，与面向消费者的销售策略对比，面向企业的销售策略应急供给能力更强，而当销售挤占效应大于过期风险转移效应与后期采购效应之和时，应急储备中心在面向企业的销售策略下的期望成本更低，但零售商/批发商的期望成本却更高。因此，为保证面向企业的销售策略顺利实施，需要政府应急管理部门或应急组织设计合理的协同契约，如利润分配契约、成本补贴契约等，这就为实践中的补贴协同治理策略的有效性提供了依据。在第5章与第6章，本书继续探索补贴协同治理策略的可行性与有效性，进而与面向消费者的销售治理策略进行对比，为面向消费者的销售策略的争议性提供支撑。

（3）从鲁棒性方面讲，随机因素的分布函数的不同对面向企业的销售策略的可行性和有效性并没有显著影响，说明了面向企业的销售策略模型与决策的稳定性。因此，应急需求数量和应急需求时间间隔的具体分布函数的估计误差对决策结果有一定容忍度，决策者在估计分布函数时可以降低估计精准度的要求。然而，应急需求数量和应急需求时间间隔的不确定性程度对决策结果有显著影响，这就要求决策者重点估计随机变量的方差或者标准差特征参数，要深入分析随机变量历史实际数据及其统计特征值的准确度。

本章的研究为进一步的应急准备系统的研究提供了一定的基础，比如，这里仅考虑了应急储备中心与企业的非合作销售关系，在整个应急准备网络系统中，应急储备中心往往和企业存在应急采购关系，因此，本书可以进一步考虑政府应急管理部门与企业的深层次合作关系，探索应急物资储备系统在政企合作治理方式下的优化与协调。与此同时，在考虑政企合作治理方式下的库存决策时，可以进一步释放本章中较大市场需求和供给的假设，在市场资源有限的情形下建立决策模型。所以，在前文研究的基础上，本书接下来会进一步构建政企合作协调机制下的资源约束库存决策模型，以及构建在政企合作下引入销售策略的库存决策模型。

第5章 补贴协同治理模型分析

5.1 引 言

协同治理是以政府为主导力量，社会各个主体共同参与公共事务的管理，以促进公共利益提升的持续动态过程。应急物资的政企协同治理是应急管理实践中的常见方式，政府应急管理部门或应急组织与企业通过合作机制构建战略伙伴关系，以保证应急管理部门或应急组织在突发事件准备阶段有较低的储备浪费、在突发事件响应阶段有较高的应急供给能力。比如，美国联邦应急管理局、红十字会与红新月会国际联合会等应急救援组织与企业（强生、家得宝、沃尔玛等）合作，当突发事件需求高导致应急储备中心物资供应不足时，则根据合同协定从企业应急抽调物资。企业库存一方面满足常规市场需求，另一方面当应急管理中心产生应急需求时，会根据合同协定快速补货至灾区。

实际上，我国民政部或地方政府对应急救援物资储备有一定的要求准则："多灾易灾地区每年都应储备一定数量的帐篷、棉衣、棉被、食品、饮水、照明和取暖设备等救灾应急物资""在适量存储的基础上，可与有关企业签订应急供货协议，应急期间实行先征用后结算的办法"。我国印发的《"十四五"应急物资保障规划》在提升应急物资多渠道筹措能力中指出"研究完善社会应急物资征用补偿标准"。我国地方政府（如江西省湖口县、四川省梓潼县、广东省揭阳市、山西省忻州市、山东省德州市等）实施应急管理工作时也强调"积极探索建立实物储备与商业储备相结合、生产能力储备与技术储备相结合、政府采购与政府补贴相结合的应急物资储备方式""政府每年下拨管理维护、装备购置专项经费的办法，与企业签订代储协议"。

政企协同治理应急物资方式下的合作策略相关研究已取得一定成果，关于政企协同治理下的具体合作策略以契约设计为主，如表5-1所示。

表 5-1 关于政企协同治理应急物资合作策略的相关研究

合作形式	作者	主要研究内容	规划期内突发事件发生次数
弹性数量	Balcik 和 Ak（2014）	采取基于情景（scenario-based）的方法，建立以成本最小为目标的随机规划模型，确定政府的供应商选择及其订货量	集成一个突发事件
	张琳等（2016）	假设应急需求数量服从均匀分布，政府应急储备包括常规采购与柔性采购，以供应商利润最大化与政府库存成本最小化为目标决策柔性定价	至多一个突发事件

续表

合作形式	作者	主要研究内容	规划期内突发事件发生次数
弹性数量	Nikkhoo 等（2018）	建立一个政府、企业、受灾地区三个主体之间的三阶段博弈模型	至多一个突发事件
	Torabi 等（2018）	建立基于情景的混合模糊两阶段随机规划模型，确定应急物资储备与配送	发生一个突发事件
期权	Liang 等（2012）	设计了包含两个交付过程的期权契约，并利用二叉树方法估计应急救援供应链中各成员的价值	至多一个突发事件
	田军等（2013）	假设现货市场资源有限，政府向供应商购买一定生产能力期权，期权实施时突击生产更多实物资源	发生一个突发事件
	田军等（2014）	建立基于实物期权契约的应急物资采购模型，帮助政府确定合理的期权价格	至多一个突发事件
	Wang 等（2015）	研究并说明应急需求一般分布下，提前采购的期权契约优于回购契约或回收策略	发生一个突发事件
	扈衷权等（2018）	设计了基于期权契约下的政企联合储备模型，给出了联合储备优于政府治理的条件，仿真结果说明了应急需求不确定性程度越大时，政企联合储备模式的优势越显著	发生一个突发事件
	Shamsi 等（2018）	以 SIR 传染病模型方法，最小化采购成本与社会成本，设计期权契约，决策从主要供应商以及备选供应商处的采购	暴发一次病毒
	Liu 等（2019）	构建一个应急组织与多个供应商的两阶段博弈，在期权契约下确定应急储备中心的最优订购量	发生一个突发事件
	Hu 等（2019）	设计一个看跌期权契约，并与批发价契约、回购契约作对比，得出期权契约的优势条件	发生一个突发事件
最小订货量	Zhang 等（2019）	政府事前购买规定的最小物资量，以补贴形式要求供应商储备一定的库存量，发生缺货时以一定价格采购，建立两阶段模型以决策应急储备中心与企业定期补货周期，以及政府补贴、支付价格	至多一个突发事件
价格折扣	Hu 和 Dong（2019）	设定准备阶段的采购价格与数量有关系，响应阶段的采购价格与到货提前期有关系，建立准备与响应两阶段模型，决策库存选址、库存量、供应商选择、应急物资分配配送	发生一个突发事件
奖励	Wang 等（2019）	政府应急管理部门对供应商投入资源缩短送货时间的行为给予奖励，在奖励机制下，供应商决定快速送货的数量以实现利润最大化	发生一个突发事件
预付款	丁斌和邹月月（2012）	政府向企业支付一部分预付款，假设事件发生概率为泊松分布，建立企业与政府博弈模型	发生一个突发事件
其他	Chakravarty（2014）；Wang 等（2016）	利用主动与被动混合策略，或者外包策略，基于报童模型，建立包括准备阶段与响应阶段的成本函数，确定最优物资库存储备量	发生一个突发事件

注：SIR 即 susceptible（易感染），infective（感染性），removal（移出）

政企协同治理的库存模型中还需要解决一些实际问题。首先，应急需求时间间隔具有不确定性，如果假设在合作计划周期至多发生一个突发事件，这种假设没有考虑到上一个计划周期内发生突发事件的概率或时间点，会影响下一个计划周期内突发事件发生的概率或时间点；其次，当地政府对应急救援储备保障体系的政策规定，会影响商业契约在人道主义应急救援系统中的应用。在应急救援管理实践中，民政部或地方政府对应急救援物资储备的规定，说明了弹性数量契约、预付款等合作策略的实施在应急救援规定情景下有一定限制性。另外，美国联邦应急管理局通过给医院或医药公司支付补贴的形式，保证医药公司或医院有足够的应急库存，补偿企业由此带来的成本增加、市场需求缺货及利润下降（Hu and Dong，2019）。从上述实践应用中可以看出，在突发事件响应阶段，政府有足够大的力量要求企业将尽可能多的物资投入到应急救灾中，而不管前期是否签订价格折扣、期权定价、弹性数量等契约合同。应急救援过程中"代储物资补贴、征用补偿管理"的规定，一定程度上会带来市场缺货损失而导致企业利润下降。所以，政府采购与政府补贴相结合的应急储备方式，即政府会在应急准备阶段给予企业一定的补贴，一方面可以减少政府使用行政手段带来的弊端，有效激励企业积极参与应急物资储备工作，实现政企协同储备；另一方面可以缓解政府治理时由于储备过多或过少产生的双重困境。

基于上述对政企协同治理方式下合作策略的研究梳理和实践背景的分析，本章研究引入应急需求时间间隔，尝试构建政府补贴契约下的应急物资协同治理决策模型。本章主要研究问题包括以下几点。

（1）引入政府补贴对应急物资库存以及销售企业库存决策有什么影响？政府补贴能否作为一种协调机制实现应急物资储备系统整体优化？

（2）应急储备中心实施政企协同治理的动机是什么？在什么条件下政企合作治理下的补贴协同治理策略比政府治理下的销售策略更优？

（3）应急储备中心面向消费者的销售策略对补贴协同治理策略是否存在替代效应或互补效应？是否有策略共存的可能？

为了回答这些问题，研究政企协同治理下的固定保质期应急物资库存系统，分析系统主体构成与不确定性环境，建立固定保质期应急物资库存随机规划模型，验证补贴契约对政企协同治理下应急物资库存系统的协调作用。在未知应急需求数量与应急需求时间间隔分布函数的条件下，利用第 2 章的鲁棒优化方法，在悲观决策准则下，阐明补贴契约对过期损失降低与应急供给能力提高的影响，进而给出补贴协同治理策略的优势条件，以及补贴协同治理策略与销售策略的应用优势范围。

本章的主要贡献在于：①从应急物资储备的规定入手，提出并设计了应急物资储备的补贴协同治理策略。一方面应急供给可能会导致市场产生缺货风险，促使企业在参与应急物资储备工作过程中提高库存量,政府给予一定的补贴以弥补库存增加带来的风险与成本增加;另一方面根据我国先征用后结算的规定,如果应急储备中心在应急响应阶段,从企业调用物资,则政府按照市场价格付报酬给企业,则应急需求可能会使企业收入增加,这种可能性也会导致企业增加库存量。②探究了政府补贴对政企协同治理系统的协调作用,给出了实施补贴协同治理策略的有利应用情景,进一步通过对比具有争议性的销售策略与补贴协同治理策略,给出了实施销售策略的有效应用情景。

5.2　补贴协同治理模型

5.2.1　补贴协同治理策略设计

在本章中,研究的固定保质期应急物资协同治理系统包括一个政府应急管理部门负责的应急储备中心与一个销售企业,应急储备中心在应急准备阶段面临着应急需求数量与应急需求时间间隔不确定的应急需求,应急储备中心为了避免物资的过期与缺货,与企业(沃尔玛、家得宝、强生等)合作互动治理,因为企业一般拥有较大且常规的市场需求,能够有效周转库存避免过期(Chen et al.,2017;Nurmala et al.,2018;扈衷权等,2023)。在政企协同治理下,政府将一部分过期风险转移到销售企业,且通过应急供货降低了部分应急缺货风险。

针对政企协同治理的补贴契约,还有以下几点需要说明。

(1)在协定合同框架中,应急储备中心自身储备一定物资量,企业储备物资,一部分是应对市场需求的,在紧急情况下转为应急物资,另一部分是高于市场需求总量的,为应急响应而储备的,这一部分储备量可能在企业最优决策下取 0。

(2)由于固定保质期物资具有保质期且市场具有一定稳定性,如瓶装水、食物等日常生活用品,所以可以认为物资的市场需求率是相对稳定不变的,即假设在一个固定的库存期内,顾客的到达率是一个常数。

(3)在合作过程中,政企协同治理要求企业与政府有相同的补货周期,比如,政府及其合作企业强生公司均在库存周期末或突发事件发生后补货(Liu et al.,2016),即($S-1$, S)补货策略,是应急物资储备过程中常用的补货策略,主要针对那些贵重关键且不常用的物资(Schmidt and Nahmias,1985)。

(4)政府根据期望成本最小化目标决策其应急物资存储量,而合作企业根据利润最大化目标决策其库存水平。政府成本包括应急缺货惩罚、过期损失、采购成本、补贴成本。企业收益来源于销售收入、政府补贴,企业成本有过期损失、市场需求缺货损失。需要注意的是，在突发事件发生之后，企业应急供给库存骤减，但不会导致后续时间段内市场需求的缺货，因为企业在突发事件发生后会即时补货。

（5）政府成本与企业利润函数的计算周期为整个应急准备阶段。虽然计算周期时间长度是不固定的，但因为不同策略下成本或利润函数在相同的一个应急准备阶段拥有相同的计算周期，以及不同的应急准备阶段内期望成本或利润函数的构成是相同的，所得到的最优解适合各个应急准备阶段。所以，不同策略下的成本或利润函数具有可计算性与可比性。

基于上述系统描述的相关参数与符号表示说明如下。

c_{es}：应急需求未被满足的应急缺货惩罚。

c_{cs}：市场需求未被满足的市场缺货惩罚。

c_o：保质期期末剩余物资的过期处理成本。

c_v：保质期内未使用物资的剩余价值，如捐赠、低价处理、回收再制造等。

p：物资的市场价格。

c_a：政府对企业的合作补贴。

y：相对稳定的市场需求率。

N：常规库存补货周期，即库存周期。

Q：应急储备中心的存储量，决策变量。

I：企业的库存水平，决策变量。

由于应急需求分布函数信息在实践中难以被准确估计，特别是在难以预测的、变动的应急环境中，仅能知道一部分分布信息，如随机变量的均值、上下界限信息相对比较容易得到。相关参数及解释如下。

X：应急需求数量，随机变量。

τ：应急需求时间间隔，即突发事件发生时间间隔，随机变量。

M：应急需求数量 X 的上界，M 为一个较大的数，其下界在本章研究中默认为 0，因为应急储备中心储备的应急物资是为所有类型的应急事故做准备的，"黑天鹅"事件与"灰犀牛"事件的后果影响特别大，所以可以认为应急需求数量的上界非常大，而常见事件或可忽略事件的后果影响较小，则将下界默认为 0 是合理的。

V：应急需求时间间隔 τ 的上界，V 也是一个较大的数，同理，默认时间间隔下界为 0 也是合理的。

$f(x)$、$F(x)$：应急需求数量取值 x 的概率、$X \leqslant x$ 的累积密度函数。

$g(t)$、$G(t)$：应急需求时间间隔取值 t 的概率、$\tau \leqslant t$ 的累积密度函数。

u：应急需求数量的平均值。

n：应急需求的平均时间间隔。

k：最大可能的补货次数，$k=\lfloor V/N \rfloor$，表示对 V/N 往下取整，$(V/N)-1\leqslant k\leqslant V/N$。

此外，在补贴协同治理策略下的固定保质期应急物资库存系统中，应急储备中心通过补贴与企业建立契约关系，以在应急期间以市场价从企业获得应急供给优先权，实现先使用后按照市场价结算的应急物资库存保障模式。与第 4 章的应急采购策略有着本质上的不同，因为第 4 章研究的应急储备中心与企业之间并未签订合作协议，应急储备中心在突发事件需求较高时以较高的应急采购成本从企业采购而非在合作协议下的采购。

5.2.2　补贴协同治理模型构建

剖析突发事件发生的所有可能时间，以界定单个应急准备阶段的可能长度分布，如图 5-1 所示。

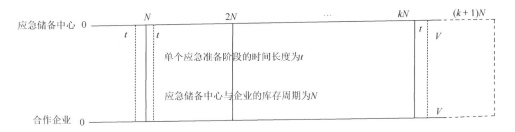

图 5-1　应急准备阶段突发事件发生时间所有可能分布

如图 5-1 所示，突发事件可能发生在任何一个库存周期 $iN\leqslant t<(i+1)N$，$i=0,1,2,\cdots,k$，应急储备中心是否实施合同协定的应急供给取决于应急需求数量。突发事件发生时，企业在 $0\sim iN$ 这 i 个库存周期内的市场销售量均为 $I-(I-yN)^{+}$，库存期末的过期量为 $(I-yN)^{+}$；而在 $iN\sim(i+1)N$ 这一库存周期的市场销售量为 $I-(I-yt)^{+}$，①如果 $x>Q$，战略合作合同实施，企业应急供给量为 $(x-Q)-[(x-Q)-(I-yt)^{+}]^{+}$，应急结束时剩余物资量为 $[(I-yt)^{+}-(x-Q)]^{+}$；②如果 $x\leqslant Q$，企业不需要提供应急需求数量，则应急准备阶段结束时剩余物资量为 $(I-yt)^{+}$，市场缺货量为 $(yt-I)^{+}$。应急储备中心在 $0\sim iN$ 这 i 个库存周期的过期量均为 Q，总共为 iQ；而在 $iN\sim(i+1)N$ 这一库存周期的期望剩余量为 $(Q-x)^{+}$，期望应急缺货量为 $[(x-Q)^{+}-(I-yt)^{+}]^{+}$。

基于上述分析，单个应急准备阶段的企业期望利润函数 $E\Pi^{c}$ 与应急储备中心的期望成本函数 EC^{c} 可以写成：

$$\mathrm{E}\Pi^c = \left\{ \begin{array}{l} \sum_{i=0}^{k-1} \int_{iN}^{(i+1)N} \left[\begin{array}{l} pE(I-((I-y(t-iN))^+ - (x-Q)^+)^+) - c_{cs}E(y(t-iN)-I)^+ \\ +c_v E((I-y(t-iN))^+ - (x-Q)^+)^+ + ip(I-(I-yN)^+) \\ -ic_{cs}(yN-I)^+ - ic_o(I-yN)^+ + (i+1)c_a(I-yN)^+ \end{array} \right] g(t)\mathrm{d}t \\ +\int_{kN}^{V} \left[\begin{array}{l} pE(I-((I-y(t-kN))^+ - (x-Q)^+)^+) - c_{cs}E(y(t-kN)-I)^+ \\ +c_v E((I-y(t-kN))^+ - (x-Q)^+)^+ + kp(I-(I-yN)^+) \\ -kc_{cs}(yN-I)^+ - kc_o(I-yN)^+ + (k+1)c_a(I-yN)^+ \end{array} \right] g(t)\mathrm{d}t \end{array} \right.$$

$$\mathrm{EC}^c = \left\{ \begin{array}{l} \sum_{i=0}^{k-1} \int_{iN}^{(i+1)N} \left[\begin{array}{l} c_{es}E((x-Q)^+ - (I-y(t-iN))^+)^+ - c_v E(Q-x)^+ \\ +pE((x-Q)^+ - ((x-Q)^+ - (I-y(t-iN))^+)) \\ +ic_o Q + (i+1)c_a(I-yN)^+ \end{array} \right] g(t)\mathrm{d}t \\ +\int_{kN}^{V} \left[\begin{array}{l} c_{es}E((x-Q)^+ - (I-y(t-kN))^+)^+ - c_v E(Q-x)^+ \\ +pE((x-Q)^+ - ((x-Q)^+ - (I-y(t-kN))^+)) \\ +kc_o Q + (k+1)c_a(I-yN)^+ \end{array} \right] g(t)\mathrm{d}t \end{array} \right.$$

由于 $(x-Q)^+ = \max(0, x-Q)$ ，$\sum_{i=0}^{k-1} \int_{iN}^{(i+1)N} ig(t)\mathrm{d}t + \int_{kN}^{V} kg(t)\mathrm{d}t = E(i)$ ，$i = \lfloor t/N \rfloor$ ，

则 $E(i)$ 表示整个应急准备阶段平均补货次数，令 $E(i)=j$ ，$\max(n/N-1,0) \leqslant j \leqslant n/N$

（第 2 章中的引理 2-1），则有 $\sum_{i=0}^{k-1} \int_{iN}^{(i+1)N} (i+1)g(t)\mathrm{d}t + \int_{kN}^{V} (k+1)g(t)\mathrm{d}t = j+1$ ，企业期

望利润函数与应急储备中心期望成本函数可以被等价简化为

$$\mathrm{E}\Pi^c = \left\{ \begin{array}{l} pI - \sum_{i=0}^{k-1} \int_{iN}^{(i+1)N} [(p-c_v)E((I-y(t-iN))^+ - (x-Q)^+)^+ - c_{es}E(y(t-iN)-I)^+]g(t)\mathrm{d}t \\ -\int_{kN}^{V} [(p-c_v)E((I-y(t-kN))^+ - (x-Q)^+)^+ - c_{es}E(y(t-kN)-I)^+]g(t)\mathrm{d}t \\ +jp(I-(I-yN)^+) - jc_{cs}(yN-I)^+ - jc_o(I-yN)^+ + (j+1)c_a(I-yN)^+ \end{array} \right.$$

(5-1)

$$\mathrm{EC}^c = \left\{ \begin{array}{l} \sum_{i=0}^{k-1} \int_{iN}^{(i+1)N} [(c_{es}-p)E((x-Q)^+ - (I-y(t-iN))^+)^+]g(t)\mathrm{d}t \\ +\int_{kN}^{V} [(c_{es}-p)E((x-Q)^+ - (I-y(t-kN))^+)^+]g(t)\mathrm{d}t \\ +pE(x-Q)^+ - c_v E(Q-x)^+ + jc_o Q + (j+1)c_a(I-yN)^+ \end{array} \right.$$

(5-2)

需要说明的是，本章研究中没有考虑企业与应急储备中心的进货成本，即期初的采购成本，这并不影响最优的库存决策。因为，一方面，市场价格可以看作减去进价的纯利润价差，而期末过期处理成本或剩余价值可以看作加入进货成本的净费用；另一方面，Zhang 等（2023a）在研究固定保质期产品库存策略的近似

求解算法时，通过订货成本传递到其他运行成本，以达到消除订货成本参数的目的，并且已证明其传递后与原问题（含有订货成本）具有相同的最优解，即等价的，这也说明了本章模型中未考虑订货成本是合理的。

5.2.3 补贴协同治理决策

在政企协同治理应急物资系统中，考虑政府主导的博弈（田军等，2014；扈衷权等，2023；Zhang et al.，2019）。当地政府应急储备中心与当地企业的库存总量（当地市场资源总量），一般情况下，是不能满足后果极端严重的突发事件需求的。所以，合理假设 $I+Q \leqslant M$，后续的决策过程中都是在这一约束下进行的。另外，针对概率极端低的突发事件类型，发生时间间隔较长，所以在固定保质期应急物资库存系统中，有 $V \geqslant N$，即 $k \geqslant 1$。在上述约束下求解双层规划模型（5-3）：

$$\min_{0 \leqslant Q \leqslant M} \mathrm{EC}^c$$

$$\text{s.t.} \begin{cases} \max\limits_{I} \mathrm{E\Pi}^c \\ I+Q \leqslant M \end{cases} \tag{5-3}$$

其中，$\mathrm{E\Pi}^c$、EC^c 分别为式（5-1）与式（5-2）表达式。

定理 5-1 双层规划模型（5-3）的均衡解为

$$(Q^{c*}, I^{c*}) = \begin{cases} (0, yN), & \dfrac{\partial \mathrm{E\Pi}^c}{\partial I}\Big|_{I=yN, Q=0} \leqslant 0, \quad \dfrac{\partial \mathrm{EC}^c}{\partial Q}\Big|_{Q=0} > 0 \\[3mm] (Q^c, yN), & \dfrac{\partial \mathrm{E\Pi}^c}{\partial I}\Big|_{I=yN, Q=Q^c} \leqslant 0, \quad \dfrac{\partial \mathrm{EC}^c}{\partial Q}\Big|_{Q=0} \leqslant 0, \quad \dfrac{\partial \mathrm{EC}^c}{\partial Q}\Big|_{Q=M-yN} > 0 \\[3mm] (M-yN, yN), & \begin{cases} \dfrac{\partial \mathrm{E\Pi}^c}{\partial I}\Big|_{I=yN, Q=M-yN} \leqslant 0, \quad \dfrac{\partial \mathrm{EC}^c}{\partial Q}\Big|_{Q=M-yN} \leqslant 0 \\[3mm] \dfrac{\partial \mathrm{E\Pi}^c}{\partial I}\Big|_{I=yN, Q} > 0 \end{cases} \end{cases}$$

其中，Q^c 满足 $\dfrac{\partial \mathrm{EC}^c}{\partial Q}\Big|_{Q=Q^c} = 0$，而 $\dfrac{\partial \mathrm{EC}^c}{\partial Q}$ 以及 $\dfrac{\partial \mathrm{E\Pi}^c}{\partial I}$ 的表达式如下：

$$\frac{\partial \mathrm{E\Pi}^c}{\partial I} = \left\{ \begin{aligned} &-(p-c_v)\left[\sum_{i=0}^{k-1} \int_{iN}^{(i+1)N} \int_{Q}^{Q+I-y(t-iN)} f(x)\mathrm{d}x g(t)\mathrm{d}t + \int_{kN}^{V} \int_{Q}^{Q+I-y(t-kN)} f(x)\mathrm{d}x g(t)\mathrm{d}t \right] \\ &+ p\int_{Q}^{M} f(x)\mathrm{d}x + c_v \int_{0}^{Q} f(x)\mathrm{d}x - jc_o + (j+1)c_a \end{aligned} \right\}$$

$$\frac{\partial \mathrm{EC}^c}{\partial Q} = \left\{ \begin{array}{l} -(c_{es}-p)\left[\displaystyle\sum_{i=0}^{k-1}\int_{iN}^{(i+1)N}\int_{Q+yN-y(t-iN)}^{M}f(x)\mathrm{d}xg(t)\mathrm{d}t + \int_{kN}^{V}\int_{Q+yN-y(t-kN)}^{M}f(x)\mathrm{d}xg(t)\mathrm{d}t\right] \\ -p\displaystyle\int_{Q}^{M}f(x)\mathrm{d}x - c_v\int_{0}^{Q}f(x)\mathrm{d}x + jc_o \end{array}\right\}$$

证明 利用斯坦伯格博弈模型的逆序求解法，先求出下层规划的最优解 $I^{c^*}(Q)$，再计算上层规划的最优解 Q^{c^*}，进而代入求出 $I^{c^*}(Q^{c^*})$。

（1）如果 $I < yN$，有

$$\mathrm{E}\Pi^c = \left\{ \begin{array}{l} \displaystyle\sum_{i=0}^{k-1}\int_{iN}^{\frac{I+yiN}{y}}-(p-c_v)\left[\begin{array}{l}\int_{0}^{Q}(I-y(t-iN))f(x)\mathrm{d}x\\ +\int_{Q}^{Q+I-y(t-iN)}(I+Q-y(t-iN)-x)f(x)\mathrm{d}x\end{array}\right]g(t)\mathrm{d}t \\ -\displaystyle\int_{kN}^{\min\left(\frac{I+ykN}{y},V\right)}(p-c_v)\left[\begin{array}{l}\int_{0}^{Q}(I-y(t-kN))f(x)\mathrm{d}x\\ +\int_{Q}^{Q+I-y(t-kN)}(I+Q-y(t-kN)-x)f(x)\mathrm{d}x\end{array}\right]g(t)\mathrm{d}t \\ -\displaystyle\sum_{i=0}^{k-1}\int_{\frac{I+yiN}{y}}^{(i+1)N}c_{cs}(y(t-iN)-I)g(t)\mathrm{d}t - \int_{\min\left(\frac{I+ykN}{y},V\right)}^{V}c_{cs}(y(t-kN)-I)g(t)\mathrm{d}t \\ +pI + jpI - jc_{cs}(yN-I) \end{array}\right\}$$

因为 $\int_{0}^{Q+I-y(t-iN)}f(x)\mathrm{d}x \le 1$ 以及 $p-c_v \le p$，则有 $\frac{\partial \mathrm{E}\Pi^c}{\partial I} > 0$，进而有 $I^{c^*} \ge yN$。

可以看出，如果 $I^{c^*} < yN$ 一定会导致企业更多的市场缺货损失，即协同治理策略下，企业利润严重下降；如果 $I^{c^*} < yN$，因为 $I+Q \le M$，则 $Q^{c^*} > M-yN$，这说明，应急储备中心要求较高的库存量，会带来较大的过期损失，不符合政企协同治理的目的（降低应急物资过期损失、提高整体社会供给能力）；从社会公众消费者角度看，如果 $I^{c^*} < yN$，则大部分情况下，消费者的需求得不到满足，不利于社会福利的提高；此外，政企协同治理中，政府往往要求企业保障一个最低存储量，一般情况下不能低于日常储备量。综上，考虑协同治理在政府应急物资管理目标、企业利润、消费者需求等方面的基本要求，$I^{c^*} \ge yN$ 是合理的。

（2）$I \ge yN$ 时，有

$$\mathrm{E}\Pi^c = \left\{ \begin{array}{l} -\displaystyle\sum_{i=0}^{k-1}\int_{iN}^{(i+1)N}(p-c_v)\left[\int_{0}^{Q}(I-y(t-iN))f(x)\mathrm{d}x\right. \\ \left.+\int_{Q}^{Q+I-y(t-iN)}(I+Q-y(t-iN)-x)f(x)\mathrm{d}x\right]g(t)\mathrm{d}t \\ -\displaystyle\int_{kN}^{V}(p-c_v)\left[\int_{0}^{Q}(I-y(t-kN))f(x)\mathrm{d}x\right. \\ \left.+\int_{Q}^{Q+I-y(t-kN)}(I+Q-y(t-kN)-x)f(x)\mathrm{d}x\right]g(t)\mathrm{d}t \\ +pI + jpyN - jc_o(I-yN) + (j+1)c_a(I-yN) \end{array}\right\}$$

此时，有

$$\frac{\partial \mathrm{E\Pi}^c}{\partial I} = \left\{ \begin{array}{l} -(p-c_v)\left[\displaystyle\sum_{i=0}^{k-1}\int_{iN}^{(i+1)N}\int_Q^{Q+I-y(t-iN)}f(x)\mathrm{d}x g(t)\mathrm{d}t + \int_{kN}^{V}\int_Q^{Q+I-y(t-kN)}f(x)\mathrm{d}x g(t)\mathrm{d}t\right] \\[4mm] +p\displaystyle\int_Q^M f(x)\mathrm{d}x + c_v\int_0^Q f(x)\mathrm{d}x - jc_o + (j+1)c_a \end{array} \right.$$

$$\frac{\partial^2 \mathrm{E\Pi}^c}{\partial I^2} = -(p-c_v)\left[\sum_{i=0}^{k-1}\int_{iN}^{(i+1)N}f(Q+I-y(t-iN))g(t)\mathrm{d}t + \int_{kN}^{V}f(Q+I-y(t-kN))g(t)\mathrm{d}t\right] \leqslant 0$$

所以有 $I^{c*} = \left\{ \begin{array}{ll} yN, & \dfrac{\partial \mathrm{E\Pi}^c}{\partial I}\big|_{I=yN} < 0 \\[3mm] M-Q, & \dfrac{\partial \mathrm{E\Pi}^c}{\partial I}\big|_{I=M-Q} \geqslant 0 \\[3mm] I^c, & 其他 \end{array} \right.$，其中 I^c 满足 $\dfrac{\partial \mathrm{E\Pi}^c}{\partial I}\big|_{I=I^c} = 0$。

当 $I \geqslant yN$ 时，则决策变量的可行域变为 $0 \leqslant Q \leqslant M-yN$，$yN \leqslant I \leqslant M-Q$。
求解上层规划问题：

$$\mathrm{EC}^c = \left[\begin{array}{l} (c_{\mathrm{es}}-p)\displaystyle\sum_{i=0}^{k-1}\int_{iN}^{(i+1)N}\int_{Q+I^{c*}-y(t-iN)}^{M}(x-Q-I^{c*}+y(t-iN))f(x)\mathrm{d}x g(t)\mathrm{d}t \\[4mm] +(c_{\mathrm{es}}-p)\displaystyle\int_{kN}^{V}\int_{Q+I^{c*}-y(t-kN)}^{M}(x-Q-I^{c*}+y(t-kN))f(x)\mathrm{d}x g(t)\mathrm{d}t \\[4mm] +p\displaystyle\int_Q^M(x-Q)f(x)\mathrm{d}x - c_v\int_0^Q(Q-x)f(x)\mathrm{d}x + jc_o Q + (j+1)c_a(I^{c*}-yN) \end{array} \right]$$

值得注意的是，当 $I^{c*} = M-Q$ 或 $I^{c*} = I^c$ 时，$\dfrac{\partial I^{c*}}{\partial Q} = -1$；而当 $I^{c*} = yN$ 时，$\dfrac{\partial I^{c*}}{\partial Q} = 0$。利用全导数公式得出如下结果。

（1）当 $I^{c*} = yN$ 时，

$$\frac{\partial \mathrm{EC}^c}{\partial Q} = \left\{ \begin{array}{l} -(c_{\mathrm{es}}-p)\left[\displaystyle\sum_{i=0}^{k-1}\int_{iN}^{(i+1)N}\int_{Q+I^{c*}-y(t-iN)}^{M}f(x)\mathrm{d}x g(t)\mathrm{d}t + \int_{kN}^{V}\int_{Q+I^{c*}-y(t-kN)}^{M}f(x)\mathrm{d}x g(t)\mathrm{d}t\right] \\[4mm] -p\displaystyle\int_Q^M f(x)\mathrm{d}x - c_v\int_0^Q f(x)\mathrm{d}x + jc_o \end{array} \right.$$

（2）当 $I^{c*} = I^c$ 时，

$$\frac{\partial \mathrm{EC}^c}{\partial Q} = -p\int_Q^M f(x)\mathrm{d}x - c_v\int_0^Q f(x)\mathrm{d}x + jc_o - (j+1)c_a$$

又因为 $\left.\dfrac{\partial E\Pi^c}{\partial I}\right|_{I=I^c}=0$ 且 $I^c>yN$，所以有 $-p\displaystyle\int_Q^M f(x)\mathrm{d}x-c_v\displaystyle\int_0^Q f(x)\mathrm{d}x+jc_o-$

$(j+1)c_a\geqslant 0$，即 $\dfrac{\partial EC^c}{\partial Q}\leqslant 0$，此时不存在稳定解，因为 $Q^{c*}=M-yN$，$I^{c*}(Q)=yN$。

（3）当 $I^{c*}=M-Q$ 时，

$$\frac{\partial EC^c}{\partial Q}=-p\int_Q^M f(x)\mathrm{d}x-c_v\int_0^Q f(x)\mathrm{d}x+jc_o-(j+1)c_a$$

又因为 $\left.\dfrac{\partial E\Pi^c}{\partial I}\right|_{I=M-Q}\geqslant 0$，所以有 $-p\displaystyle\int_Q^M f(x)\mathrm{d}x-c_v\displaystyle\int_0^Q f(x)\mathrm{d}x+jc_o-(j+1)c_a\geqslant 0$，

即 $\dfrac{\partial EC^c}{\partial Q}\leqslant 0$，此时也不存在稳定解，因为此时 $Q^{c*}=M-yN$，$I^{c*}(Q)=yN$。

综上，可得 $I^{c*}=yN$，进而可得到定理 5-1 的结果。

5.3 补贴协同治理策略的分析

5.3.1 政企补贴协同治理系统的协调

基于协同治理以政府与社会多元主体共同参与政府事务的管理，其系统协调是一个非常重要的绩效指标。根据协调理论，当分散决策下的各主体利润之和等于整体集中决策下的整体利润时，系统各主体之间实现协调。所以，当应急储备中心与企业组成的应急物资储备系统进行集中决策时，整体的成本函数（记为 EC^{wc}）为

$$EC^{wc}=\times\left\{\begin{array}{l}-pI+\displaystyle\sum_{i=0}^{k-1}\int_{iN}^{(i+1)N}[(c_{es}-p)E((x-Q)^+-(I-y(t-iN))^+)]g(t)\mathrm{d}t\\[4pt]-jp(I-(I-yN)^+)+\displaystyle\int_{kN}^{V}[(c_{es}-p)E((x-Q)^+-(I-y(t-kN))^+)]g(t)\mathrm{d}t\\[4pt]\displaystyle\sum_{i=0}^{k-1}\int_{iN}^{(i+1)N}[(c_{es}-c_v)E((I-y(t-iN))^+-(x-Q)^+)^+]g(t)\mathrm{d}t\\[4pt]+\displaystyle\int_{kN}^{V}[(c_{es}-c_v)E((I-y(t-kN))^+-(x-Q)^+)^+]g(t)\mathrm{d}t\\[4pt]+pE(x-Q)^+-c_vE(Q-x)^++jc_oQ+jc_{es}(yN-I)^++jc_o(I-yN)^+\end{array}\right.$$

$$(5\text{-}4)$$

令函数 $H(Q,I)=\displaystyle\sum_{i=0}^{k-1}\int_{iN}^{(i+1)N}\int_{Q+I-y(t-iN)}^{M}f(x)\mathrm{d}xg(t)\mathrm{d}t+\int_{kN}^{V}\int_{Q+I-y(t-kN)}^{M}f(x)\mathrm{d}xg(t)\mathrm{d}t$，

则 $1 - H(Q, I) = \sum\limits_{i=0}^{k-1} \int_{iN}^{(i+1)N} \int_{0}^{Q+I-y(t-iN)} f(x)\mathrm{d}xg(t)\mathrm{d}t + \int_{kN}^{V} \int_{0}^{Q+I-y(t-kN)} f(x)\mathrm{d}xg(t)\mathrm{d}t$。求得集

中决策下的最优解满足：

$$Q^{\mathrm{wc}*} + I^{\mathrm{wc}*} = \begin{cases} yN, & jc_o > c_{\mathrm{es}}H(0, yN) + c_v[1 - H(0, yN)] \\ M, & jc_o \le c_{\mathrm{es}}H(M - yN, yN) + c_v[1 - H(M - yN, yN)] \\ Q^{\mathrm{wc}} + I^{\mathrm{wc}}, & \text{其他} \end{cases}$$

其中，Q^{wc} 和 I^{wc} 的值通过求解下列等式得到：

$$\left\{ \begin{aligned} &-c_{\mathrm{es}} \left[\sum_{i=0}^{k-1} \int_{iN}^{(i+1)N} \int_{Q^{\mathrm{wc}}+I^{\mathrm{wc}}-y(t-iN)}^{M} f(x)\mathrm{d}xg(t)\mathrm{d}t + \int_{kN}^{V} \int_{Q^{\mathrm{wc}}+I^{\mathrm{wc}}-y(t-kN)}^{M} f(x)\mathrm{d}xg(t)\mathrm{d}t \right] \\ &-c_v \left[\sum_{i=0}^{k-1} \int_{iN}^{(i+1)N} \int_{0}^{Q^{\mathrm{wc}}+I^{\mathrm{wc}}-y(t-iN)} f(x)\mathrm{d}xg(t)\mathrm{d}t + \int_{kN}^{V} \int_{0}^{Q^{\mathrm{wc}}+I^{\mathrm{wc}}-y(t-kN)} f(x)\mathrm{d}xg(t)\mathrm{d}t \right] + jc_o \end{aligned} \right\} = 0$$

所以，可以得到集中与分散决策下的最优值，即式（5-5）与式（5-6）：

$$\mathrm{EC}^{\mathrm{wc}*} = \left\{ \begin{aligned} &c_{\mathrm{es}} \left[\sum_{i=0}^{k-1} \int_{iN}^{(i+1)N} \int_{Q^{\mathrm{wc}*}+I^{\mathrm{wc}*}-y(t-iN)}^{M} (x - Q^{\mathrm{wc}*} - I^{\mathrm{wc}*} + y(t-iN)) f(x)\mathrm{d}xg(t)\mathrm{d}t \right. \\ &\left. \times \int_{kN}^{V} \int_{Q^{\mathrm{wc}*}+I^{\mathrm{wc}*}-y(t-iN)}^{M} (x - Q^{\mathrm{wc}*} - I^{\mathrm{wc}*} + y(t-kN)) f(x)\mathrm{d}xg(t)\mathrm{d}t \right] \\ &-c_v \left[\sum_{i=0}^{k-1} \int_{iN}^{(i+1)N} \int_{0}^{Q^{\mathrm{wc}*}+I^{\mathrm{wc}*}-y(t-iN)} (Q^{\mathrm{wc}*} - x + I^{\mathrm{wc}*} - y(t-iN)) f(x)\mathrm{d}xg(t)\mathrm{d}t \right. \\ &\left. \times \int_{kN}^{V} \int_{0}^{Q^{\mathrm{wc}*}+I^{\mathrm{wc}*}-y(t-iN)} (Q^{\mathrm{wc}*} - x + I^{\mathrm{wc}*} - y(t-kN)) f(x)\mathrm{d}xg(t)\mathrm{d}t \right] \\ &-pyn + jc_o Q^{\mathrm{wc}*} \end{aligned} \right.$$

$$(5\text{-}5)$$

$$\mathrm{EC}^{c*} - \mathrm{E}\Pi^{c*} = \left\{ \begin{aligned} &c_{\mathrm{es}} \left[\sum_{i=0}^{k-1} \int_{iN}^{(i+1)N} \int_{Q^{c*}+I^{c*}-y(t-iN)}^{M} (x - Q^{c*} - I^{c*} + y(t-iN)) f(x)\mathrm{d}xg(t)\mathrm{d}t \right. \\ &\left. \times \int_{kN}^{V} \int_{Q^{c*}+I^{c*}-y(t-iN)}^{M} (x - Q^{c*} - I^{c*} + y(t-kN)) f(x)\mathrm{d}xg(t)\mathrm{d}t \right] \\ &-c_v \left[\sum_{i=0}^{k-1} \int_{iN}^{(i+1)N} \int_{0}^{Q^{c*}+I^{c*}-y(t-iN)} (Q^{c*} - x + I^{c*} - y(t-iN)) f(x)\mathrm{d}xg(t)\mathrm{d}t \right. \\ &\left. \times \int_{kN}^{V} \int_{0}^{Q^{c*}+I^{c*}-y(t-iN)} (Q^{c*} - x + I^{c*} - y(t-kN)) f(x)\mathrm{d}xg(t)\mathrm{d}t \right] \\ &-pyn + jc_o Q^{c*} \end{aligned} \right.$$

$$(5\text{-}6)$$

对比补贴协同治理下的分散决策与集中决策结果，得到政府补贴实现政企协同治理应急物资系统的协调条件，如定理 5-2 所述。

定理 5-2

（1）当 $(Q^{c*}, I^{c*}) = (0, yN)$，$Q^{wc*} + I^{wc*} = yN$ 时，$EC^{c*} - E\Pi^{c*} = EC^{wc*}$，即 $jc_o > c_{es}H(0, yN) + c_v[1 - H(0, yN)]$ 且 $(j+1)c_a \leqslant jc_o - pH(0, yN) - c_v[1 - H(0, yN)]$，补贴协同治理系统达到协调状态。

（2）当 $(Q^{c*}, I^{c*}) = (M - yN, yN)$，$Q^{wc*} + I^{wc*} = M$ 时，$EC^{c*} - E\Pi^{c*} = EC^{wc*}$，即 $jc_o \leqslant c_{es}H(M - yN, yN) + c_v[1 - H(M - yN, yN)]$，补贴协同治理系统达到协调状态。

（3）当 $(Q^{c*}, I^{c*}) = (Q^c, yN)$ 且 $Q^{wc} < Q^c$ 时，可能会有 $EC^{c*} - E\Pi^{c*} = EC^{wc*}$，即

$$\left\{\begin{array}{l} c_{es}H(M - yN, yN) + p[1 - H(M - yN, yN)] \\ -(p - c_v)\displaystyle\int_0^{M-yN} f(x)\mathrm{d}x \end{array}\right\} < jc_o \leqslant c_{es}H(0, yN) + p[1 - H(0, yN)]$$

且 $(j+1)c_a \leqslant jc_o - pH(Q^c, yN) - c_v[1 - H(Q^c, yN)]$，补贴协同治理系统可以实现协调。

证明　因为 $EC^{c*} - E\Pi^{c*} = EC^{wc*}$ 时实现协调，所以，根据式（5-5）与式（5-6），当 $Q^{c*} + I^{c*} = Q^{wc*} + I^{wc*}$ 时，补贴协同治理系统达到协调状态，即（1）与（2）得证。

另外，易得

$$\left\{\begin{array}{l} -c_{es}H(Q, yN) - p\left[\displaystyle\sum_{i=0}^{k-1}\int_{iN}^{(i+1)N}\int_Q^{Q+yN-y(t-iN)} f(x)\mathrm{d}xg(t)\mathrm{d}t\right. \\ \left. +\displaystyle\int_{kN}^V\int_Q^{Q+yN-y(t-kN)} f(x)\mathrm{d}xg(t)\mathrm{d}t\right] - c_v\displaystyle\int_0^Q f(x)\mathrm{d}x + jc_o \end{array}\right\} \leqslant \left\{\begin{array}{l} -c_{es}H(Q, yN) \\ -c_v(1 - H(Q, yN)) + jc_o \end{array}\right\}$$

因为 $-c_{es}H(Q^{wc}, I^{wc}) - c_v(1 - H(Q^{wc}, I^{wc})) + jc_o = 0$，且上式为 Q 的增函数，所以，有

$$Q^{wc} + I^{wc} \leqslant Q^c + yN$$

因为

$$\left\{\begin{array}{l} c_{es}\left[\displaystyle\sum_{i=0}^{k-1}\int_{iN}^{(i+1)N}\int_{Q+I-y(t-iN)}^M (x - Q - I + y(t - iN))f(x)\mathrm{d}xg(t)\mathrm{d}t\right. \\ \left. \times\displaystyle\int_{kN}^V\int_{Q+I-y(t-iN)}^M (x - Q - I + y(t - kN))f(x)\mathrm{d}xg(t)\mathrm{d}t\right] \\ -c_v\left[\displaystyle\sum_{i=0}^{k-1}\int_{iN}^{(i+1)N}\int_0^{Q+I-y(t-iN)} (Q - x + I - y(t - iN))f(x)\mathrm{d}xg(t)\mathrm{d}t\right. \\ \left. \times\displaystyle\int_{kN}^V\int_0^{Q+I-y(t-iN)} (Q - x + I - y(t - kN))f(x)\mathrm{d}xg(t)\mathrm{d}t\right] \end{array}\right\} \text{是 } (Q+I) \text{ 的}$$

单减函数，jc_oQ 是 Q 的增函数，所以，当 $Q^{wc} + I^{wc} \leqslant Q^c + yN$ 时，须 $Q^{wc} < Q^c$，才可能会有 $\mathrm{EC}^{c*} - \mathrm{E\Pi}^{c*} = \mathrm{EC}^{wc*}$。定理 5-2（3）结论成立。

从定理 5-2 可以看出：①针对比较关键的应急物资（最小期望缺货惩罚大于期望过期损失），不论合作补贴的高低，补贴协同治理策略均能达到系统协调状态；而针对非关键的物资（最小期望缺货惩罚远小于期望过期损失），较低的合作补贴下，有可能实现系统的协调。②针对比较安全的地区（突发事件发生频率低，即 $j > \bar{j}$），较低的合作补贴有可能实现系统协调；而针对不太安全的地区（突发事件发生频率高，如地震活跃带、沿海台风区、政治不稳定地区等），补贴协同治理策略均能实现系统协调。进一步地，当系统实现协调时（即 $\mathrm{EC}^{c*} - \mathrm{E\Pi}^{c*} = \mathrm{EC}^{wc*}$），针对关键应急物资或不安全地区，应急储备中心期望应急缺货损失的作用更显著，则 $Q^{wc*} + I^{wc*} \leqslant Q^{c*} + I^{c*}$ 且 $Q^{wc*} \leqslant Q^{c*}$，即应急储备中心在分散决策下会存储更多的应急物资，以保证足够的应急供给能力。

5.3.2 补贴协同治理策略的有效性

探究补贴协同治理策略的有效性，需要验证相对于被动接受策略，补贴协同治理策略在过期损失的降低、应急供给能力的提高、期望损失的降低等方面的优势。因此，本章首先引入第 3 章的被动接受策略下应急物资库存模型：

$$\mathrm{EC}^p = c_{es}\int_Q^M (x - Q)f(x)\mathrm{d}x - c_v\int_0^Q (Q - x)f(x)\mathrm{d}x + jc_oQ$$

$$\mathrm{E\Pi}^p = pyn$$

$$\text{且}\ (Q^{p*}, I^{p*}) = \begin{cases} (0, yN), & -c_{es} + jc_o > 0 \\[2mm] (M - yN, yN), & -c_{es}\int_{M-yN}^M f(x)\mathrm{d}x - c_v\int_0^{M-yN} f(x)\mathrm{d}x + jc_o \leqslant 0\ ,\ \text{其中，}\ Q^p \\[2mm] (Q^p, yN), & \text{其他} \end{cases}$$

的值满足等式 $-c_{es}\int_{Q^p}^M f(x)\mathrm{d}x - c_v\int_0^{Q^p} f(x)\mathrm{d}x + jc_o = 0$。

因为 $\mathrm{EC}^{p*} - \mathrm{E\Pi}^{p*} \neq \mathrm{EC}^{wc*}$，所以在被动接受策略下，应急储备中心与企业之间无法达到较优的协调状态。

1. 过期损失的降低与应急供给能力的提高

对比补贴协同治理策略与被动接受策略的最优解，说明政企补贴协同治理在应急储备中心过期损失以及应急供给能力方面的作用，如定理 5-3 所述。

定理 5-3 $Q^c \leqslant Q^p$，$I^{c*} = I^{p*} = yN$。

证明 因为 Q^c 可由下列等式获得

$$\frac{\partial EC^c}{\partial Q} = \left\{ \begin{array}{l} -(c_{es}-p)\left[\displaystyle\sum_{i=0}^{k-1}\int_{iN}^{(i+1)N}\int_{Q+yN-y(t-iN)}^{M}f(x)\mathrm{d}xg(t)\mathrm{d}t + \int_{kN}^{V}\int_{Q+yN-y(t-kN)}^{M}f(x)\mathrm{d}xg(t)\mathrm{d}t\right] \\ -p\displaystyle\int_{Q}^{M}f(x)\mathrm{d}x - c_v\int_{0}^{Q}f(x)\mathrm{d}x + jc_o \end{array} \right\} = 0$$

以及 Q^p 由等式 $\dfrac{\partial EC^p}{\partial Q} = -c_{es}\displaystyle\int_{Q^p}^{M}f(x)\mathrm{d}x - c_v\int_{0}^{Q^p}f(x)\mathrm{d}x + jc_o = 0$ 获得。又因为，

$$\frac{\partial EC^c}{\partial Q} - \frac{\partial EC^p}{\partial Q} = (c_{es}-p)\left[\sum_{i=0}^{k-1}\int_{iN}^{(i+1)N}\int_{Q}^{Q+yN-y(t-iN)}f(x)\mathrm{d}xg(t)\mathrm{d}t + \int_{kN}^{V}\int_{Q}^{Q+yN-y(t-kN)}f(x)\mathrm{d}xg(t)\mathrm{d}t\right] \geqslant 0$$

所以有 $\dfrac{\partial EC^c}{\partial Q}\Big|_{Q=Q^p} > 0 = \dfrac{\partial EC^c}{\partial Q}\Big|_{Q=Q^c}$。又因为 $\dfrac{\partial^2 EC^c}{\partial Q^2} > 0$，所以有 $Q^c \leqslant Q^p$。

应急储备中心在补贴协同治理策略与被动接受策略下的过期损失分别为 $jc_o Q^{c^*}$、$jc_o Q^{p^*}$，即低库存水平意味着低过期损失。分析 Q^{c^*} 与 Q^{p^*} 之间的所有关系：

$$Q^{p^*}=0 \Rightarrow Q^{c^*}=\left\{\begin{array}{l}0\\M-yN\end{array}\right., \quad Q^{p^*}=Q^p \Rightarrow Q^{c^*}=\left\{\begin{array}{l}0\\Q^c\\M-yN\end{array}\right., \quad Q^{p^*}=M-yN \Rightarrow Q^{c^*}=\left\{\begin{array}{l}0\\Q^c\\M-yN\end{array}\right..$$

可以发现，补贴协同治理策略在大部分情形下可以降低过期损失，但是，在较高的补贴水平下，$Q^{c^*}=M-yN$，不利于应急储备中心过期损失的降低。分析可能的原因，应急储备中心的库存量随着补贴水平的增加而增加，所以在较高的补贴水平下，应急储备中心会尽可能存储较多的物资量，以降低企业增加库存量的应急采购的可能性，进而降低政府的补贴成本。

另外，补贴协同治理策略与被动接受策略下的平均整体应急供给能力为 $E(Q^{c^*}+I^{c^*}-y(t-\lfloor t/N \rfloor N)) = Q^{c^*}+I^{c^*}-y(n-jN)$ 与 Q^{p^*}，也就是说，可以得到：补贴协同治理策略可以提高整体应急供给能力。当市场需求率非常大或者期望过期损失较大时，即 $-c_{es}\displaystyle\int_{y((j+1)N-n)}^{M}f(x)\mathrm{d}x - c_v\int_{0}^{y((j+1)N-n)}f(x)\mathrm{d}x + jc_o \geqslant 0$，有 $Q^p \leqslant y((j+1)N-n)$，此时，$Q^{p^*}=0$ 或 $Q^{p^*}=Q^p$ 情形下均有补贴协同治理提高了平均整体应急供给能力。此外，在较高补贴水平下，一定有 $Q^{c^*}=M-yN$，此时，虽然较高的补贴水平不利于降低过期损失，但确实提高了应急供给能力。

然而，定理 5-3 结果显示：在补贴协同治理应急物资下，企业的库存水平没有增加。这一结论可能会与直观理解不符合，因为直观上企业应该会增加库存水平以保障突发事件发生后的应急供给。然而，首先，本章假设了突发事件发生时间的随机性，企业面临着突发事件发生时剩余库存不确定性，存在库存剩余或过期风险；其次，政府对企业不能提供足够的应急物资缺货惩罚，即政府仅仅采取

正向激励措施，而不是利用行政权力强制性要求企业实施，企业不存在应急缺货带来的风险。但是，这一结果似乎与实践观察也相符，比如，一些大型零售企业并没有因为与政府签订应急合作协议而增加库存量。

2. 政府与企业期望成本的降低

由于分布函数是未知的，不同治理策略下的最优成本之间不能直接比较大小。所以，利用第 2 章的自由分布规划求解方法，假设决策者是风险规避的，引入成本函数的上界，在悲观决策准则下对比政企合作治理下的补贴协同治理策略与政府治理下的销售策略。计算过程与第 3 章类似，在 $I \geqslant yN$ 限定条件下，分别得到补贴协同治理策略与销售策略下的成本函数上界、利润函数下界：

$$
\text{EC}^c = \left\{
\begin{aligned}
&(c_{es} - p)\left[\sum_{i=0}^{k-1}\int_{iN}^{(i+1)N}\int_{Q+I-y(t-iN)}^{M}(x-Q-I+y(t-iN))f(x)\mathrm{d}x g(t)\mathrm{d}t \right. \\
&\left. +\int_{kN}^{V}\int_{Q+I-y(t-kN)}^{M}(x-Q-I+y(t-kN))f(x)\mathrm{d}x g(t)\mathrm{d}t\right] \\
&+pE(x-Q)^+ - c_v E(Q-x)^+ + jc_o Q + (j+1)c_a(I-yN)^+
\end{aligned}
\right\}
$$

$$
\xrightarrow[0\leqslant E(Q-x)^+\leqslant Q\frac{M-u}{M}]{0\leqslant E(x-Q)^+\leqslant (M-Q)\frac{u}{M}} \text{EC}^c \leqslant \left\{
\begin{aligned}
&(c_{es}-p)\left[\sum_{i=0}^{k-1}\int_{iN}^{(i+1)N}(M-Q-I+y(t-iN))\frac{u}{M}g(t)\mathrm{d}t \right. \\
&\left. +\int_{kN}^{V}(M-Q-I+y(t-kN))\frac{u}{M}g(t)\mathrm{d}t\right] \\
&+p(M-Q)\frac{u}{M}+jc_o Q + (j+1)c_a(I-yN)
\end{aligned}
\right\}
$$

$$
\xrightarrow[i=\lfloor t/N\rfloor]{\max(n/N-1,0)\leqslant E\lfloor t/N\rfloor\leqslant n/N} \text{EC}^c \leqslant \left[
\begin{aligned}
&(c_{es}-p)\left(M-Q-I+y\left(n-\left(\frac{n}{N}-1\right)^+ N\right)\right)\frac{u}{M} \\
&+p(M-Q)\frac{u}{M}+\frac{n}{N}c_o Q + \left(\frac{n}{N}+1\right)c_a(I-yN)
\end{aligned}
\right] = \text{EC}^{c\max}
$$

同理，$\text{E}\Pi^{c\min} = pI - (p-c_v)(Q+I)\dfrac{M-u}{M} + \left(\dfrac{n}{N}-1\right)^+ pyN - \dfrac{n}{N}c_o(I-yN) + \dfrac{n}{N}c_a(I-yN)$。

$\text{EC}^{p\max} = c_{es}(M-Q)\dfrac{u}{M} + \dfrac{n}{N}c_o Q$，　$\text{E}\Pi^{p\min} = pyn$。

接着，计算上界成本函数（下界利润函数）的最小值（最大值）：

$$(Q^{c\max*}, I^{c\min*}) = \begin{cases} (0, yN), & \dfrac{n}{N}c_a + p\dfrac{u}{M} + c_v\dfrac{M-u}{M} - \dfrac{n}{N}c_o \leqslant 0, \quad -c_{es}\dfrac{u}{M} + \dfrac{n}{N}c_o > 0 \\[3mm] (M-yN, yN), & \dfrac{n}{N}c_a + p\dfrac{u}{M} + c_v\dfrac{M-u}{M} - \dfrac{n}{N}c_o \leqslant 0, \quad -c_{es}\dfrac{u}{M} + \dfrac{n}{N}c_o \leqslant 0 \\[3mm] (0, M), & \dfrac{n}{N}c_a + p\dfrac{u}{M} + c_v\dfrac{M-u}{M} - \dfrac{n}{N}c_o > 0, \quad -p\dfrac{u}{M} + \dfrac{n}{N}c_o \\[3mm] & -\left(\dfrac{n}{N}+1\right)c_a > 0 \\[3mm] (M-yN, yN), & \dfrac{n}{N}c_a + p\dfrac{u}{M} + c_v\dfrac{M-u}{M} - \dfrac{n}{N}c_o > 0, \quad -p\dfrac{u}{M} + \dfrac{n}{N}c_o \\[3mm] & -\left(\dfrac{n}{N}+1\right)c_a \leqslant 0 \end{cases}$$

$$(Q^{p\max*}, I^{p\min*}) = \begin{cases} (0, yN), & -c_{es}\dfrac{u}{M} + \dfrac{n}{N}c_o > 0 \\[3mm] (M-yN, yN), & -c_{es}\dfrac{u}{M} + \dfrac{n}{N}c_o \leqslant 0 \end{cases}$$

根据最优解易求得补贴协同治理策略与被动接受策略下的最小成本上界值，进而可以求得两种策略的最优成本差以及对比优势，如表 5-2 和表 5-3 所示。

表 5-2　补贴协同治理策略与被动接受策略的成本差

情形	最优库存量		$(EC^{c\max*} - E\Pi^{c\min*}) - (EC^{p\max*} - E\Pi^{p\min*})$
	补贴协同治理策略	被动接受策略	
情形 1	$(M-yN, yN)$	$(M-yN, yN)$	$-c_{es}y\Delta\dfrac{u}{M} + p(M-y\Delta)\dfrac{M-u}{M} - c_v M\dfrac{M-u}{M}$
情形 2	$(0, yN)$	$(0, yN)$	$-c_{es}y\Delta\dfrac{u}{M} - c_v yN\dfrac{M-u}{M} + py(N-\Delta)\dfrac{M-u}{M}$
情形 3	$(0, M)$	$(M-yN, yN)$	$-c_{es}y\Delta\dfrac{u}{M} + py(N-\Delta)\dfrac{M-u}{M} - c_v M\dfrac{M-u}{M} + c_a(M-yN)$
情形 4	$(0, M)$	$(0, yN)$	$-c_{es}(M-y(N-\Delta))\dfrac{u}{M} - c_v M\dfrac{M-u}{M}$ $+ py(N-\Delta)\dfrac{M-u}{M} + \dfrac{n}{N}c_o(M-yN) + c_a(M-yN)$
情形 5	$(M-yN, yN)$	$(M-yN, yN)$	$-c_{es}y\Delta\dfrac{u}{M} + p(M-y\Delta)\dfrac{M-u}{M} - c_v M\dfrac{M-u}{M}$
情形 6	$(M-yN, yN)$	$(0, yN)$	$-c_{es}(M-y(N-\Delta))\dfrac{u}{M} - c_v M\dfrac{M-u}{M}$ $+ py(N-\Delta)\dfrac{M-u}{M} + \dfrac{n}{N}c_o(M-yN)$

注：$\Delta = \left(1 + \left(\dfrac{n}{N}-1\right)^+\right)N - n$，则 $\Delta = \begin{cases} 0, & n > N \\ N-n, & n \leqslant N \end{cases}$，$0 \leqslant \Delta \leqslant N$，$N - \Delta = n - \left(\dfrac{n}{N}-1\right)^+ N$

表 5-3　各情形下补贴协同治理策略较优的条件

补贴情形	期望过期成本情形	补贴协同治理策略下成本较低的条件
$c_a \leq c_o - \dfrac{\bar{v}}{n/N}$	$\min\left(\bar{v}, c_{es}\dfrac{u}{M}\right) < \dfrac{n}{N}c_o \leq c_{es}\dfrac{u}{M}$	$c_{es} \geq \dfrac{(p(M-y\Delta)-c_vM)(M-u)/M}{y\Delta u/M}$ （$\Delta > 0$）
	$\dfrac{n}{N}c_o > \max\left(\bar{v}, c_{es}\dfrac{u}{M}\right)$	$c_{es} \geq \dfrac{(p(N-\Delta)-c_vM)\dfrac{M-u}{M}}{\Delta u/M}$ （$\Delta > 0$）
$c_o - \dfrac{\bar{v}}{n/N} < c_a,$ $c_a \leq c_o - \dfrac{pu/M}{n/N}$	$p\dfrac{u}{M} < \dfrac{n}{N}c_o \leq c_{es}\dfrac{u}{M}$	$c_{es} \geq \dfrac{c_a(M-yN)+(py(N-\Delta)-c_vM)\dfrac{M-u}{M}}{y\Delta u/M}$ （$\Delta > 0$）
	$\dfrac{n}{N}c_o > c_{es}\dfrac{u}{M}$	$c_{es} \geq \dfrac{\left[\begin{array}{c}\dfrac{n}{N}c_o(M-yN)+c_a(M-yN)\\ +(py(N-\Delta)-c_vM)\dfrac{(M-u)}{M}\end{array}\right]}{(M-y(N-\Delta))u/M}$
$c_a > c_o - \dfrac{pu/M}{n/N}$	$\dfrac{n}{N}c_o \leq c_{es}\dfrac{u}{M}$	$c_{es} \geq \dfrac{(p(M-y\Delta)-c_vM)(M-u)/M}{y\Delta u/M}$ （$\Delta > 0$）
	$\dfrac{n}{N}c_o > c_{es}\dfrac{u}{M}$	$c_{es} \geq \dfrac{\dfrac{n}{N}c_o(M-yN)+(py(N-\Delta)-c_vM)\dfrac{M-u}{M}}{(M-y(N-\Delta))u/M}$

注：其中 $\bar{v} = pu/M + c_v(M-u)/M$，表示企业在补贴协同治理策略下的单位期望收益（应急需求过多时、收入与应急需求过少时剩余残值），$\bar{v}/(n/N)$ 表示单位库存周期内的期望收益，$c_o - \bar{v}/(n/N)$ 表示企业在单位库存周期内，每多存储一单位物资带来的过期成本增加与期望收益的增加，pu/M 表示应急储备中心补贴协同治理策略下的单位期望采购成本，$c_o - (pu/M)/(n/N)$ 表示应急储备中心在单位库存周期内，每多存储一单位物资带来的过期成本增加与应急采购成本降低

　　基于表 5-2 的结果，由于补贴协同治理策略与被动接受策略下应急物资期望过期损失均为 jc_oQ，而 Q 表示应急储备中心的应急供给能力，所以观察补贴协同治理策略与被动接受策略下的最佳库存量，分析补贴协同治理策略对应急储备中心过期损失降低与应急供给能力提高的作用，得到结论 5-1。

　　结论 5-1　在未知分布函数条件下，悲观决策准则下的补贴协同治理策略可以有效提高整体应急供给能力；当补贴水平较高 $\left(c_a > c_o - \dfrac{pu/M}{n/N}\right)$ 且突发事件发生频率较低 $\left(\dfrac{n}{N} > c_{es}\dfrac{u}{M}\Big/c_o\right)$ 时，补贴协同治理策略不利于应急储备中心过期损失的降低。

　　首先，在悲观决策准则下，补贴协同治理策略下的最大可能缺货量为 $\left(M-Q^{c\max*}-I^{c\min*}+y\left(n-\left(\dfrac{n}{N}-1\right)^+N\right)\right)\dfrac{u}{M}$，而被动接受策略下的最大可能缺货量为 $(M-Q^{p\max*})\dfrac{u}{M}$，表 5-2 中 6 种情形下的最佳库存水平均满足补贴协同治理策

略下的最大可能缺货量较低，所以，可以认为补贴协同治理策略有利于提高应急供给能力。其次，应急储备中心的期望过期量为 $\frac{n}{N}Q^{c\max*}$、$\frac{n}{N}Q^{p\max*}$，在情形 1 至情形 5 下，均有 $Q^{c\max*} \leqslant Q^{p\max*}$，而在情形 6 下 $\left(c_a > c_o - \dfrac{pu/M}{n/N} \text{ 且 } \dfrac{n}{N} > c_{es}\dfrac{u}{M}/c_o\right)$，$Q^{c\max*} \geqslant Q^{p\max*}$，所以，如果合作补贴水平较低，补贴协同治理策略可以同时实现过期损失的降低与应急供给能力的提高。如果合作补贴水平非常较高，针对不太稳定的地区（事故发生频率较高），补贴协同治理策略可以实现过期损失的降低与应急供给能力的提高；而针对相对稳定安全的地区（事故发生频率较低），补贴协同治理策略可以提高应急供给能力，但增加了应急储备中心的过期损失。

在实践过程中，政府往往会给予战略合作企业较高的补贴，以激励企业能够储备足够多的库存保障应急响应时的供给，但是，该研究结果表明：未知分布函数的分布时，悲观决策准则下，适当高的补贴水平 $\left(c_o - \dfrac{\overline{v}}{n/N} < c_a \leqslant c_o - \dfrac{pu/M}{n/N}\right)$ 可以激励企业提高库存（$I^{c\min*} = M > I^{p\min*} = yN$），但是特别高的补贴水平并不能有效激励企业提高库存（$I^{c\min*} = I^{p\min*} = yN$）。所以，该结论建议，在政府与企业建立战略合作关系的时候，①高补贴策略最好在不稳定地区储备的应急物资库存体系中采用；②尽可能避免给予企业非常高的补贴。

基于表 5-2，给出表 5-3 中补贴协同治理策略下成本较小的条件，表 5-3 中给出的优势条件说明补贴协同治理策略并不总是优于无任何行为的被动接受策略，即补贴协同治理策略并不总是适用的，而结论 5-2 给出了补贴协同治理策略的有效范围。

结论 5-2　综合应急供给能力的提高与过期损失的降低两个方面，针对较关键的应急物资（$c_{es} > \overline{c}_{es}$），补贴协同治理策略比被动接受策略更有效。

观察表 5-3 的结果，在各种情形下，只要应急物资的缺货成本足够高，则补贴协同治理策略优于被动接受策略。进一步地，分析表示应急物资类型与突发事件类型的四个主要参数对成本差或者优势条件范围大小的影响，以说明补贴协同治理策略更适合什么类型的应急物资或者突发事件。

首先，明显地，随着 c_{es}（应急物资关键性）的增加，补贴协同治理策略与被动接受策略下的成本差在降低，并且补贴协同治理策略的优势条件范围在变大，所以应急物资越关键，补贴协同治理策略优势越显著。分析可能的原因：一方面，补贴协同治理策略下，企业可以在突发事件响应结束后立刻补货，即不会由应急供给而导致市场需求缺货，不存在市场缺货惩罚；另一方面，相比被动接受策略，补贴协同治理策略总是提高了应急供给能力（结论 5-1），所以应急缺货惩罚越高，补贴协同治理策略带来的应急供给能力效果越显著。这一结论与部分实践观察相符，比如，80% 的美国当地政府会通过补贴支付大型制药企业（强生等）建立合作关系（Shen et al.，2011a），政府也会与大型企业共同储备能源、粮食等固定保质期战略应急物资，但是由于战略应急物资的关键性，所以政府往往也会在自身仓库中存储较多物资量。

其次，物资的市场条件（市场需求率 y）对补贴协同治理策略与被动接受策略的成本差、补贴协同治理策略优势条件范围大小的影响是复杂的。在情形 1 和情形 5，成本差是 y 的减函数，即物资市场条件越好，成本降低越多；在情形 2，如果成本差小于 0（应急物资足够关键），则市场需求率 y 越大补贴协同治理策略优势越明显，而如果成本差大于 0（应急物资关键性非常低），则市场需求率 y 越大补贴协同治理策略劣势越明显；在情形 3，存在转折点 $\tilde{c}_{es}$，使得成本差在 $c_{es} \geq \max(\tilde{c}_{es},(n/Nc_o)/(u/M))$ 时是 y 的减函数，在 $\max(\tilde{c}_{es},(n/Nc_o)/(u/M)) < c_{es} \leq \tilde{c}_{es}$ 时是 y 的增函数；在情形 4 与情形 6，即 $\dfrac{n}{N}c_o > c_{es}\dfrac{u}{M}$，存在转折点 $\tilde{c}_{es}$，使得当 $c_{es} \leq \min(\tilde{c}_{es},(n/Nc_o)/(u/M))$ 时，补贴协同治理策略与被动接受策略的成本差是 y 的减函数，在 $\min(\tilde{c}_{es},(n/Nc_o)/(u/M)) \leq c_{es} < (n/Nc_o)/(u/M)$ 时，成本差是 y 的增函数。整体上看，当 c_{es} 足够大时，随着 y 的增加，成本差在降低。另外，y 值的增加可能会增大补贴协同治理策略的优势条件范围。这一结论与 Wang 等（2016）以及 Zhang 等（2019）的研究结论一致，即政企协同治理应该集中在那些普适性比较高（市场需求量比较大）的物资；与实践观察相符，中国很多地方政府，如北京、深圳等，与企业建立合作关系共同存储常用物资（如瓶装水、食物等）。

再次，随着 n（应急需求的平均时间间隔）的减小，补贴协同治理策略与被动接受策略的成本差变小，并且补贴协同治理策略的优势条件范围变大，所以，突发事件发生频率越高的地区，补贴协同治理策略的优势越显著。分析可能的原因：突发事件平均时间间隔越长，单位库存周期内发生突发事件的概率越低，过期损失可能会增加。进一步地，分析参数 u（突发事件后果）的影响，存在转折点 $\tilde{c}_{es}$，使得当 $c_{es} \leq \tilde{c}_{es}$ 时，成本差是 u 的增函数，而当 $c_{es} > \tilde{c}_{es}$ 时，成本差是 u 的减函数，并且，随着 u 的增加，补贴协同治理策略的优势条件范围增大，所以，对于关键性的物资，补贴协同治理策略更适合容易发生严重突发事件的地区，而对于轻微关键的物资，补贴协同治理策略更适合那些不太容易发生严重突发事件的地区。此结论建议，对于地震频发区、政治不稳定地区（战争）等，应急储备中心应当积极寻找企业合作。

最后，本章分析了库存周期长度 N 对补贴协同治理策略选择的影响，即补贴协同治理策略是更适合固定保质期物资还是非固定保质期物资。当 $N < n$ 时，

$\Delta = 0$，分析 N 对成本差与有效条件范围大小的敏感性，如果 p（物资的市场价格）较大，补贴协同治理策略是不利的（成本差大于 0）；而如果 p（物资的市场价格）较小，补贴协同治理是否更有效是不确定的（当补贴较小时是不利的，当补贴较大时是有利的）；当 $N \geqslant n$ 时，$\Delta = N - n$，则随着 N 值增大，补贴协同治理策略的优势增大。这说明，针对较短库存周期（N 较小时）的固定保质期物资，价值较大的物资更适合政府治理的销售策略，比如一些战略储备物资（能源、专业救援物资），而价值较小的物资可以实施补贴协同治理策略；而对于库存周期较长（N 较小时）的固定保质期物资，补贴协同治理策略可能是较优的，如帐篷、衣服、被褥等保质期较长的常用物资。

综上，与被动接受策略相比，补贴协同治理策略可以在一定条件下更优，具体适用范围如下。

（1）补贴协同治理策略的适用情景为：关键、市场需求量大的应急物资，发生频率高、后果严重的突发事件地区。

（2）保质期较短的价值较大应急物资（血液、专业化救援设备等）更适合政府治理，而价值较小的物资（瓶装水、牛奶、食品等）可以利用高补贴策略下的政企协同治理。

5.4　销售策略与补贴协同治理策略的对比分析

如第 4 章面向消费者与面向企业的销售策略分析所述，面向消费者的销售策略是应急储备中心在物资保质期内，将应急物资销售给公益偏好消费者；面向企业的低价销售策略是应急储备中心在最迟销售时间内，将应急物资低价销售给企业。所以，从消费者剩余、应急储备中心损失、企业利润组成的社会经济价值来看，面向消费者的销售策略可以增加公益偏好消费者剩余，虽然降低了企业利润但增加了应急储备中心的销售收入。因为市场消费需求总量是一定的，而面向消费者的销售价格大于面向企业的销售处理价格，所以，应急储备中心的销售收入增加量明显大于企业利润的减少量。综上，可以得到应急储备中心面向消费者的销售策略，与面向企业的销售策略相比，会带来更大的社会经济价值增加。加之，剩余应急物资面向消费者的销售策略的研究价值更大，所以这里选择探究应急物资面向消费者的销售策略与补贴协同治理的策略对比优势。

从结论 3-1 与结论 3-2 可知，政府治理下面向消费者的销售策略总是优于应急储备中心无任何行动，且销售策略更适用于为容易频繁发生严重突发事件地区储备的关键性强、市场需求量大的应急物资。而根据结论 5-1 与结论 5-2，政企协同治理下的补贴协同治理策略也更适用于为容易频繁发生严重突发事件地区储备的关键性强、市场需求量大的应急物资。那么，面向消费者的销售策略是否比补贴协同治理策略更有效？下面进一步验证应急储备中心的销售策略的有效性，进而为有巨大争议性的销售策略实施提供更多的理论依据。

引入第 3 章的销售策略下应急库存模型（3-4）

$$\min_{Q} EC^s$$

$$\text{s.t.} \begin{cases} \min_{I} E\Pi^s \\ Q + I \leqslant M \end{cases}$$

其中，应急储备中心的期望成本 EC^s 表达式为

$$EC^s = \frac{n}{N}\left[\frac{N}{n} \times c_{es}E(x-Q)^+ - p(Q-(Q-\theta yN)^+) + c_o(Q-\theta yN)^+\right]$$

给定应急储备中心的存储量，销售企业的期望利润函数为

$$E\Pi^s = \frac{n}{N}\left[\begin{array}{l} p[I-(I-(1-\theta)yN-(\theta yN-Q)^+)^+]-c_o(I-(1-\theta)yN-(\theta yN-Q)^+)^+ \\ -c_{es}((1-\theta)yN+(\theta yN-Q)^+-I)^+ \end{array}\right]$$

根据期望总成本函数的上界，计算销售策略与补贴协同治理策略之间的成本差，以及销售策略最坏状态下的最优成本值较小的条件。为了对比方便，假设公益偏好消费者购买临期应急物资的效用增加为 0，这样会高估销售策略的总成本，进而低估销售策略的优势。具体计算结果见表 5-4。

表 5-4　悲观决策准则下销售策略与补贴协同治理策略的最优解与成本差

补贴情形	各种过期成本情形	[销售策略；补贴协同治理策略]	$(EC^{s\max^*} - E\Pi^{s\min^*})$ $-(EC^{c\max^*} - E\Pi^{c\min^*})$
$c_a \leqslant c_o - \dfrac{\bar{v}}{n/N}$	$\min\left(\bar{v}, c_{es}\dfrac{u}{M}\right) < \dfrac{n}{N}c_o,$ $\dfrac{n}{N}c_o \leqslant c_{es}\dfrac{u}{M}$	$[(M-(1-\theta)yN,$ $(1-\theta)yN);$ $(M-yN,yN)]$	$\left[\begin{array}{l} -c_{es}y(\theta N-\Delta)\dfrac{u}{M} \\ +(c_v M-p(M-y\Delta))\dfrac{M-u}{M} \end{array}\right]$
	$\dfrac{n}{N}c_o > \max\left(\bar{v}, c_{es}\dfrac{u}{M}\right)$	$[(\theta yN,(1-\theta)yN);$ $(0,yN)]$	$\left[\begin{array}{l} -c_{es}y(\theta N-\Delta)\dfrac{u}{M} \\ +(c_v yN-py(N-\Delta))\dfrac{M-u}{M} \end{array}\right]$
$c_o - \dfrac{\bar{v}}{n/N} < c_a,$ $c_a \leqslant c_o - \dfrac{pu/M}{n/N}$	$p\dfrac{u}{M} < \dfrac{n}{N}c_o \leqslant c_{es}\dfrac{u}{M}$	$[(M-(1-\theta)yN,$ $(1-\theta)yN);$ $(0,M)]$	$\left[\begin{array}{l} -c_{es}y(\theta N-\Delta)\dfrac{u}{M} - c_a(M-yN) \\ +(c_v M-py(N-\Delta))\dfrac{M-u}{M} \end{array}\right]$
	$\dfrac{n}{N}c_o > c_{es}\dfrac{u}{M}$	$[(\theta yN,(1-\theta)yN);$ $(0,M)]$	$\left[\begin{array}{l} -c_{es}(y(\theta N-\Delta)-(M-yN))\dfrac{u}{M} \\ -\dfrac{n}{N}c_o(M-yN) - c_a(M-yN) \\ +(c_v M-py(N-\Delta))\dfrac{M-u}{M} \end{array}\right]$

续表

补贴情形	各种过期成本情形	[销售策略；补贴协同治理策略]	$(EC^{s\,max*} - E\Pi^{s\,min*})$ $-(EC^{c\,max*} - E\Pi^{c\,min*})$
$c_a > c_o - \dfrac{pu/M}{n/N}$	$\dfrac{n}{N}c_o \leq c_{es}\dfrac{u}{M}$	$[(M-(1-\theta)yN,$ $(1-\theta)yN);$ $(M-yN, yN)]$	$\left[\begin{array}{l} -c_{es}y(\theta N - \Delta)\dfrac{u}{M} \\ +(c_v M - p(M - y\Delta))\dfrac{M-u}{M} \end{array} \right]$
	$\dfrac{n}{N}c_o > c_{es}\dfrac{u}{M}$	$[(\theta yN,(1-\theta)yN);$ $(M-yN, yN)]$	$\left[\begin{array}{l} -c_{es}(y(\theta N - \Delta)-(M-yN))\dfrac{u}{M} \\ -\dfrac{n}{N}c_o(M-yN) \\ +(c_v M - py(N-\Delta))\dfrac{M-u}{M} \end{array} \right]$

注：$\Delta = \left(1+\left(\dfrac{n}{N}-1\right)^{+}\right)N - n$，则 $\Delta = \begin{cases} 0, & n > N \\ N-n, & n \leq N \end{cases}$，$0 \leq \Delta \leq N$，$N - \Delta = n - \left(\dfrac{n}{N}-1\right)^{+}N$；$\bar{v} = pu/M +$ $c_v(M-u)/M$ 表示企业在补贴协同治理策略下的单位期望收益（应急需求过多时的收入与应急需求过少时的剩余残值），$\bar{v}/(n/N)$ 表示单位库存周期内的期望收益，$c_o - \bar{v}/(n/N)$ 表示企业在单位库存周期内，每多存储一单位物资带来的过期成本增加与期望收益的增加，pu/M 表示应急储备中心在补贴协同治理策略下的单位期望采购成本，$c_o - (pu/M)/(n/N)$ 表示应急储备中心在单位库存周期内，每多存储一单位物资带来的过期成本增加与应急采购成本降低。第三列数值是销售策略与补贴协同治理策略下的最优解，括号内的数值前者是应急储备中心的库存决策量，后者是销售企业的库存决策量

首先，观察表 5-4 中所有六种可能情形下的最优解，分析销售策略与补贴协同治理策略相比是否带来了过期损失的降低以及应急供给能力的提高，得到结论 5-3。

结论 5-3　相对于补贴协同治理策略，在一些条件下，销售策略可以带来更多的过期损失降低；当期望缺货惩罚较高时（$c_{es}\dfrac{u}{M} \geq \dfrac{n}{N}c_o$），如果 $n < N$ 且 $\theta > 1 - \dfrac{n}{N}$，则销售策略可以带来比补贴协同治理策略更多的应急供给能力提高。

悲观决策准则下，面向消费者的销售策略下的过期损失量为 $\dfrac{n}{N}(Q^{s*} - \theta yN)$，缺货损失量为 $(M - Q^{s*})\dfrac{u}{M}$，补贴协同治理策略下的过期损失量为 $\dfrac{n}{N}Q^{c*}$，缺货损失量为 $\left(M - Q^{c*} - I^{c*} + y\left(n - \left(\dfrac{n}{N}-1\right)^{+}N\right)\right)\dfrac{u}{M}$。所以，根据表 5-4 的结果可以推断，销售策略在降低应急物资过期损失方面，与补贴协同治理策略效果差不多，唯一的区别在于当补贴水平较高且期望缺货惩罚较小时，销售策略比补贴协同治理策略下的过期损失低；进一步地，销售策略在提高应急供给能力方面，特别是在期望缺货惩罚较高时（$c_{es}\dfrac{u}{M} \geq \dfrac{n}{N}c_o$），如果 $n < N$ 且 $\theta > 1 - \dfrac{n}{N}$，可以带来比补贴协

同治理策略更多的应急供给能力提高。

其次，综合过期损失降低、应急供给能力提高、其他社会福利增加等方面，形成一个综合性的社会整体期望成本指标，给出销售策略综合优于补贴协同治理策略的实施条件，即回答问题：在什么条件下，尽管补贴协同治理策略带来过期损失降低以及应急供给能力提高，销售策略依然是较优选择方案？下文的定理 5-4 给出了这个问题的答案。

定理 5-4　从社会整体价值角度分析，销售策略优于补贴协同治理策略的充分条件为

$$\left\{ n \geqslant \frac{c_{es}(1-\theta)yN\frac{u}{M}+c_vM\frac{M-u}{M}}{y\left(c_{es}\frac{u}{M}+p\frac{M-u}{M}\right)} \middle| c_{es} \geqslant \max\left(\frac{[c_vM-pyN]^+\frac{(M-u)}{M}}{\theta yN\frac{u}{M}},p\right) \right\}$$

或者

$$\left\{ n \geqslant \frac{c_{es}(1-\theta)yN\frac{u}{M}+c_vM\frac{M-u}{M}}{y\left(c_{es}\frac{u}{M}+p\frac{M-u}{M}\right)} \middle| y \geqslant \frac{c_vM\frac{(M-u)}{M}}{N\left(p\frac{(M-u)}{M}+c_{es}\theta\frac{u}{M}\right)} \right\}$$

证明

（1）当 $n \geqslant N$，即 $\Delta = 0$ 时，首先，情形 1、情形 2 与情形 5 的成本差小于 0，即 $(EC^{smax^*}-E\Pi^{smin^*})-(EC^{cmax^*}-E\Pi^{cmin^*})<0$，因为 $p \geqslant c_v$，可得结论：政府补贴金额较少时销售策略是更有效的。情形 3、情形 4、情形 6 的成本差分别为

$$-c_{es}y\theta N\frac{u}{M}-c_a(M-yN)+(c_vM-pyN)\frac{M-u}{M}$$

$$-c_{es}y\theta N\frac{u}{M}-c_a(M-yN)+(c_vM-pyN)\frac{M-u}{M}+c_{es}(M-yN)\frac{u}{M}-\frac{n}{N}c_o(M-yN)$$

$$-c_{es}y\theta N\frac{u}{M}+(c_vM-pyN)\frac{M-u}{M}+c_{es}(M-yN)\frac{u}{M}-\frac{n}{N}c_o(M-yN)$$

因情形 4 与情形 6 下有 $c_{es}\frac{u}{M}<\frac{n}{N}c_o$，所以只要 $-c_{es}y\theta N\frac{u}{M}+(c_vM-pyN)\frac{M-u}{M}<0$，即 $c_{es}>\max\left(\frac{[c_vM-pyN]^+(M-u)/M}{\theta yNu/M},p\right)$ 或者 $yN>\frac{c_vM(M-u)/M}{p(M-u)/M+c_{es}\theta u/M}$，则一定有上述三种情形下的成本差都小于 0。

（2）当 $n < N$，即 $\Delta = N-n$ 时，有与（1）相似的分析过程。

只要 $-c_{es}y(\theta N-\Delta)\frac{u}{M}+(c_vM-py(N-\Delta))\frac{M-u}{M} \leqslant 0$（$\Delta = N-n$），上述六种情

形下的成本差都小于 0。 $-c_{es}yn\dfrac{u}{M}+c_{es}(1-\theta)yN\dfrac{u}{M}+c_vM\dfrac{M-u}{M}-pyn\dfrac{M-u}{M}\leqslant 0$，

所以要求 $n\geqslant\dfrac{c_{es}(1-\theta)yN\dfrac{u}{M}+c_vM\dfrac{M-u}{M}}{y\left(c_{es}\dfrac{u}{M}+p\dfrac{M-u}{M}\right)}$。

又因为有 $n<N$ 的约束条件限制，所以，如果 n 的可行范围不为空，必须要求 $c_{es}(1-\theta)yN\dfrac{u}{M}+c_vM\dfrac{M-u}{M}\leqslant yN\left(c_{es}\dfrac{u}{M}+p\dfrac{M-u}{M}\right)$，即 $-c_{es}y\theta N\dfrac{u}{M}+$

$(c_vM-pyN)\dfrac{M-u}{M}\leqslant 0$。

综合 $n<N$ 与 $n\geqslant N$ 情况，可以得到：只要 $n\geqslant\dfrac{c_{es}(1-\theta)yN\dfrac{u}{M}+c_vM\dfrac{M-u}{M}}{y\left(c_{es}\dfrac{u}{M}+p\dfrac{M-u}{M}\right)}$ 且

$-c_{es}y\theta N\dfrac{u}{M}+(c_vM-pyN)\dfrac{M-u}{M}\leqslant 0$，一定有政府治理下的销售策略在任何情形下均优于政企合作治理下的补贴协同治理策略，定理 5-4 得证。

定理 5-4 验证了在悲观决策准则下，与补贴协同治理策略相比，销售策略较优的适用情景是：突发事件发生频率低且应急物资比较关键，或者突发事件发生频率低且应急物资市场需求量大。结合结论 3-1 与结论 3-2，可以推知，针对突发事件发生不是特别频繁的地区，只要市场需求量足够大或者应急物资关键性比较强，政府治理下的销售策略可以很好地实现社会整体价值的增加。

分析应急物资类型（关键性、普适性）与突发事件类型（发生频率、后果影响）两个维度中四个参数对销售策略优势的影响。

首先，如果不知道其他参数的取值范围，不能直接得到应急物资的关键性参数 c_{es} 与普适性参数 y 的影响是正向或者负向的，比如：观察成本差对 c_{es} 的单调性，如果

$y(\theta N-\Delta)-(M-yN)\geqslant 0$，即 $\left\{y\geqslant\dfrac{M}{\theta N+n}\middle|n<N\leqslant\dfrac{n}{1-\theta}\right\}$ 或者 $\left\{y\geqslant\dfrac{M}{(1+\theta)N}\middle|N\leqslant n\right\}$，

销售策略的优势性则随着 c_{es} 的增加而增强；同理，当 $c_{es}\geqslant\dfrac{\dfrac{n}{N}c_o+c_a-p\dfrac{(M-u)}{m}}{(1+\theta)\dfrac{u}{m}}$

时，销售策略优势则随着市场需求率的增大而变得更显著。所以，在充分条件下，可以得到一般性保守结论：较短固定保质期的应急物资，其市场需求量越大、急救作用越关键，越适合销售策略。例如，同样非常关键且具有相同价值的瓶装水与桶装水，如果市场对瓶装水的需求量更大一些，则瓶装水更适合政府治理的销

售策略而桶装水可能更适合补贴协同治理策略；同理，具有相同市场需求量的食物和瓶装水，由于瓶装水在救援过程中更关键，所以建议政府储备瓶装水并定期销售，而食物可以实施补贴协同治理策略。

其次，无论 $\Delta = 0$ 或者 $\Delta = N - n$，成本差是随着 n 的增加而减少的，所以与补贴协同治理策略相比，销售策略总是更适合突发事件发生频率相对较低的应急库存系统。然而，参数 u 对成本差的影响与其他参数的大小有关，如果 $y(\theta N - \Delta) - (M - yN) \geqslant 0$，并且 $c_{es}(y(\theta N - \Delta) - (M - yN)) + c_v M - pM + py\Delta \geqslant 0$，成本差则随着 u 的增加而变小，这说明，针对固定保质期较短的应急物资，如果市场需求率较高且非常关键，销售策略更适合那些为容易发生严重后果的地区储备应急物资的库存系统；否则，针对那些保质期较长的应急物资，或者关键性较弱的应急物资，或者市场需求率低的物资，可能更适合实施补贴协同治理策略。

综上，结合第 3 章的政府治理下的销售策略与捐赠策略优势分析，以及本章的销售策略与补贴协同治理策略的优势分析，给出政府治理下的销售策略的适用范围，如结论 5-4 所述。

结论 5-4

（1）与被动接受策略相比，政府治理下的销售策略总是较优的，捐赠策略也总是较优的，而补贴协同治理策略更适用那些关键的应急物资。

（2）与捐赠策略相比，政府治理下的销售策略总是更适用于那些高频严重的突发事件，以及那些市场需求量大、关键性强的应急物资。

（3）与补贴协同治理策略相比，政府治理下的销售策略总是更适用于那些发生频率较低的突发事件，以及那些市场需求量大、关键性强的应急物资。

按照风险矩阵的设计准则（Li et al.，2018；Bao et al.，2018），给出捐赠策略、补贴协同治理策略、销售策略等不同治理策略的大致适用情景，如图 5-2 所示。

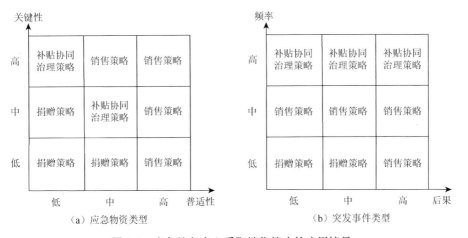

图 5-2　应急储备中心采取销售策略的应用情景

5.5　数值仿真与结果分析

借鉴第 2 章、第 3 章、第 4 章算例分析中的数值案例，给定具体参数取值如表 5-5 所示。

表 5-5　基准情形下的参数取值

参数	p	c_{es}	c_{cs}	c_o	c_v	c_a	y	N	V	M	θ
取值	46	920	184	40	30	30	120	6	96	2000	0.5

上述仿真参数中，数量参数单位为 1 个，时间参数单位为 1 个月，需求速率参数单位为 1 个月，成本、残值以及效用参数单位为 1 元。而对于随机变量 X 与 τ 的分布函数，在基准情形下假设应急需求数量 X 服从区间[0, 2000]上均值为 1000 的独立截断正态分布，突发事件发生时间间隔 τ 服从区间[0, 96]上均值为 48 的独立截断负指数分布。具体概率密度函数如下：

$$f(x)=\begin{cases} \dfrac{1}{\sqrt{2\pi}\sigma}\mathrm{e}^{\frac{(x-u)^2}{2\sigma^2}}, & 0\leqslant x\leqslant M \\ 0, & \text{其他} \end{cases},$$

$$g(t)=\begin{cases} \dfrac{1}{n}\mathrm{e}^{-\frac{1}{n}t}, & 0\leqslant t\leqslant V \\ 0, & \text{其他} \end{cases}。$$

为了验证随机分布对模型及其最优决策的影响，均匀分布、离散分布等其他分布函数也有被考虑。考虑到补贴协同治理模型的复杂性，本章采用迭代决策方法，具体过程如表 5-6 所示。

表 5-6　补贴协同治理模型的互动迭代过程

步骤	介绍
步骤 1	输入参数 N，p，c_o，c_{cs}，c_{es}，c_a，c_v，M，V，y，u，n，令 $m=0$；随机初始化企业库存水平 $I^{(0)}=y*N*\mathrm{rand}$
步骤 2	设置 $m=m+1$，用 $I^{(m-1)}$ 代替 I 计算应急储备中心的期望损失成本函数，并得到相应决策值 $Q^{(m)}$ 与最优值 $C_g^{c(m)}$
步骤 3	用 $Q^{(m)}$ 代替 Q 并计算销售企业的期望利润函数，得到相应的决策值 $I^{(m)}$ 与最优值 $\Pi_r^{c(m)}$
步骤 4	重复步骤 2 和步骤 3，直至 m 满足条件：$|I^{(m)}-I^{(m-1)}|\leqslant 0.01$ 且 $|Q^{(m)}-Q^{(m-1)}|\leqslant 0.01$
步骤 5	输出最优点与最优值 $Q^*=Q^{(m)}$，$I^*=I^{(m)}$，$C_g^{c*}=C_g^{c(m)}$，$\Pi_r^{c*}=\Pi_r^{c(m)}$

5.5.1 应急物资与突发事件的影响

本节对比补贴协同治理策略、销售策略、被动接受策略之间的成本差值，以直观地了解补贴协同治理策略、政府治理下的销售策略的适用条件，验证悲观决策准则下补贴协同治理策略与销售策略的理论分析结果。分别计算补贴协同治理策略与被动接受策略的成本差、销售策略与被动接受策略的成本差，其中成本差为负说明补贴协同治理策略或销售策略相对于被动接受策略较优。注意，本节图 5-3 和图 5-4 的纵轴期望成本之差均表示某一策略与被动接受策略下的期望成本差。图 5-3 与图 5-4 直观展示了应急物资类型和突发事件类型对补贴协同治理策略的影响。

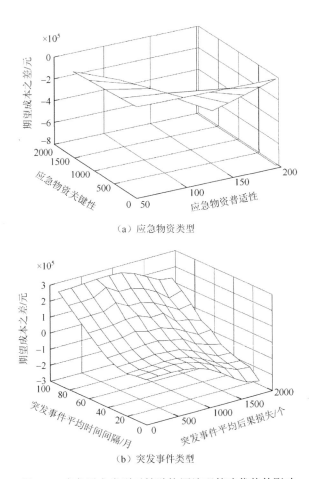

（a）应急物资类型

（b）突发事件类型

图 5-3　应急需求类型对补贴协同治理策略优势的影响

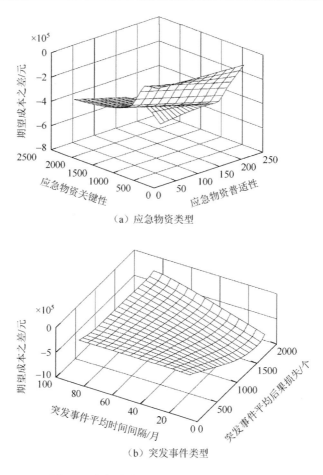

（a）应急物资类型

（b）突发事件类型

图 5-4　应急需求类型对销售策略优势的影响

可以看出，补贴协同治理策略与销售策略均更适合于关键性强、市场需求量大的应急物资；同时，补贴协同治理策略与销售策略均更适合于后果严重的突发事件，也均更适合于发生频率较高的突发事件地区，但是当突发事件后果不严重时，存在一个发生频率转折点，使得补贴协同治理在转折点之后，随着频率提高而优势减弱。因此，可以得到补贴协同治理策略与销售策略的适用范围存在相似性与差别，则与常用的补贴协同治理策略相比，销售策略在什么条件下实施更有利？根据问题进行仿真，结果如图 5-5 所示。

图 5-5 中纵轴表示销售策略与补贴协同治理策略的成本差，负值表示销售策略较优。同 5.4 节分析结论，当应急物资市场需求较大或者较关键时，销售策略要优于补贴协同治理策略，而优势程度随着物资需求率与关键性增大而增强或减弱；针对突发事件发生频率较低的地区，建议采取销售策略，而针对常常发生严

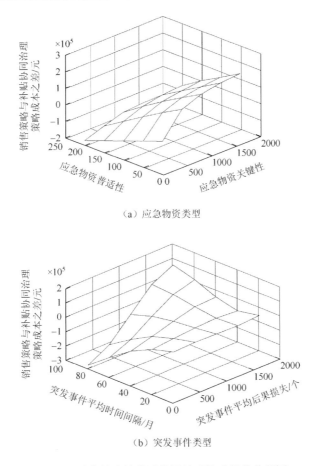

（a）应急物资类型

（b）突发事件类型

图 5-5　销售策略较补贴协同治理策略的优势范围

重突发事件的地区，如地震带国家或地区、沿海容易遭受海啸或台风影响的国家或地区、易燃易爆炸生产型工厂或园区等，建议采取补贴协同治理策略。两种策略之间的优势对比为第 6 章建立在补贴协同治理策略的基础上引入销售策略奠定基础。

5.5.2　实施参数的影响

本节主要进行政府补贴、消费者公益偏好程度、固定保质期应急物资库存周期等参数的敏感性分析，具体如图 5-6 所示。

与第 3 章算例分析结果一致，销售策略带来的成本降低效果，随着市场上消费者公益偏好程度的增加而显著增大，即当消费者公益偏好程度非常高时，补贴协同治理策略、销售策略、被动接受策略三个单纯策略中,销售策略是最佳选择。相对于补贴协同治理策略,对于较长固定保质期应急物资(多于 2 年),当库存周期多于 48 个月时,销售策略带来的成本降低高于补贴协同治理策略带来的成本降低。这说明,像帐篷、拖车房、运输工具、应急隔离舱等非固定保质期应急物资,可以经过较长保存后进行拍卖销售。所以,美国联邦应急管理局在 2017 年的飓风救灾全面结束后开始网上拍卖拖车房,以及我国各级政府及应急管理局 2023 年开始尝试的用剩应急隔离舱或其他报废应急物资拍卖,是有利于应急物资库存控制与治理的。

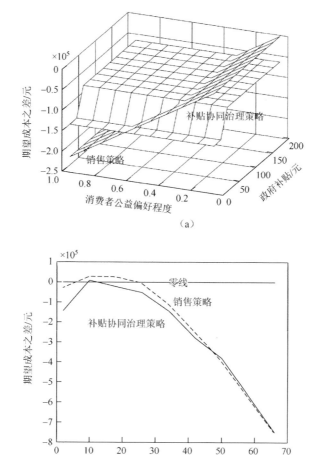

图 5-6　关键实施参数对库存控制策略的影响

另外,补贴协同治理策略的优势,是随着政府补贴的增加而先增加后降低的。

同时，较低的补贴金额对补贴协同治理策略优势有着较高的敏感性，随着补贴金额的增加，其敏感性在降低。因此，在较低的补贴水平时，补贴协同治理策略改善效果更明显。进而本章研究建议，针对不同的突发事件，当地政府可以设计不同的补贴机制，比如，发生频率较低的突发事件需要设计较高的补贴金额，而发生频率较高的突发事件则需要较低的补贴金额。

5.5.3　应急需求随机性的影响

分析应急需求数量与应急需求时间间隔的不确定性程度（随机变量方差）的敏感性，以描述应急需求的随机性对库存控制策略有效性的影响。在此基础上，本部分探析了不同分布函数对库存控制策略的影响，以说明库存策略在随机环境下的稳定性，如图 5-7 与图 5-8 所示。

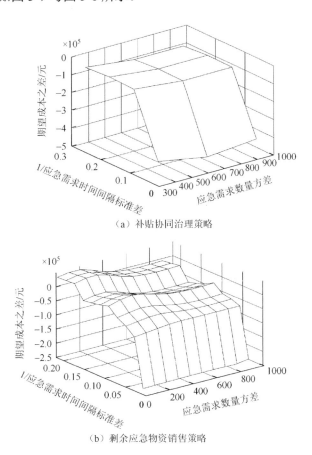

（a）补贴协同治理策略

（b）剩余应急物资销售策略

图 5-7　需求不确定性程度对库存控制策略优势的影响

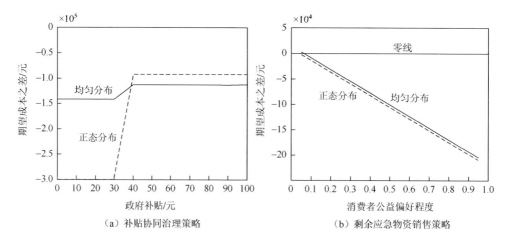

（a）补贴协同治理策略　　　　　　（b）剩余应急物资销售策略

图 5-8　不同随机分布对库存控制策略优势的影响

从图 5-7 中可以看出，补贴协同治理策略更适用于具有高度不确定性应急需求时间间隔与应急需求数量的突发事件，而剩余应急物资销售策略在高度不确定性应急需求时间间隔与较低不确定性应急需求数量的环境下更有利。另外，图 5-8 显示，针对不同分布函数的影响，剩余应急物资销售策略比补贴协同治理策略更稳定。因此，在未知函数分布条件下，剩余应急物资销售策略下的模型更具有鲁棒性。所以，可以得到，针对特别难以预测的突发事件，建议采取更稳定的销售策略。

5.6　结论与管理启示

政企协同治理是实践中常常选择的一种方法，政企协同治理中的期权契约、弹性数量契约、价格折扣契约、奖励机制、预付款等多种合作策略被学者关注，并取得很多研究成果。然而，考虑中国情景，即"集中管理，统一调拨""在适量存储的基础上，可与有关企业签订应急供货协议，应急期间实行先征用后结算的办法"，弹性数量契约、预付款等合作策略的实施会比较困难；另外，实践中存在突发事件发生随机且分布函数难估计的特点。故此，本章研究了采购与补贴相结合的补贴协同治理策略，并在悲观决策准则下，决策政企协同治理优于政府治理的适用条件，以及销售策略优于补贴协同治理策略的适用条件，一方面为政企协同治理的选择提供参考依据，另一方面为销售策略的争议性提供更多理论证据。具体的结论与相关管理启示如下。

（1）补贴协同治理策略有可能降低应急储备中心的过期损失，以及提高应急库存系统的应急供给能力。政府补贴水平较高时有利于应急供给能力提高，但并不利于过期损失的降低，所以政府补贴水平设定需要在应急供给能力与过期损失之间实现均衡。

（2）补贴协同治理策略对关键性应急物资是有利的，并且更适用市场需求量大的关键应急物资，特别是在为容易发生"灰犀牛"事件（频率高、后果重）地区储备的应急物资。保质期较短的价值较大应急物资（血液、专业电子救援设备等）更适合政府储备治理，而价值较小的物资（瓶装水、牛奶、食品等）可以利用高补贴策略下的政企储备治理。

（3）补贴协同治理策略与销售策略在降低过期损失方面与提高应急供给能力方面，各有利弊，所以综合两个方面以及社会福利（企业市场需求数量、应急储备中心销售收入）发现，当应急物资比较关键或者市场需求量较大，且应急物资被使用的概率较低时（突发事件发生频率较低），销售策略是优于补贴协同治理策略的。这说明，与捐赠策略、补贴协同治理策略相比，销售策略的实施是可以改善社会整体福利的，包括贫困人群的福利改善。所以，根据保守研究结论，建议在中等发生频率突发事件储备系统中，对那些市场需求量大的关键应急物资，实施销售策略，比如，为4～5年发生一次突发事件的飓风活跃区或地震活跃区等地区储备瓶装水、食品、抗生素等（图1-1）。

在实践意义上，本章研究内容，一方面，考虑我国国情构建补贴协同治理应急物资的系统，另一方面，将应急环境下决策者的风险规避态度引入决策过程，并且缓解了应急需求随机分布函数估计的困难。所以本章既使得补贴协同治理策略在实践中更具有可操作性，又对我国应急物资库存系统管理有一定指导参考作用。在理论意义上，一方面，扩展了应急物资政企协同治理中的合作策略，另一方面，给出了政企协同治理具备有效性的理论条件，也给出了销售策略优于补贴协同治理策略的适用情景，进而为销售策略的争议性提供了理论证据。

根据前文分析，销售策略与补贴协同治理策略在降低过期损失与提高应急供给能力方面各有利弊，相互补充，所以下一步的研究方向将融合两种策略构成混合策略，以期利用"双管齐下"的策略实现比单一策略更优的效果。同时，探索补贴协同治理策略下引入销售策略的可行性，形成全面的销售策略体系，具体研究过程与结果见第6章。

第6章 补贴协同治理与销售策略的混合效应研究

6.1 引　言

根据第 5 章研究内容，补贴协同治理策略可能降低了政府治理时的库存量，但是，我国地方政府应急物资的储备治理基本规则是：在适量存储的基础上，可与有关企业签订应急供货协议；与企业签订代储协议，与自建储备库方式相结合，加强应急物资保障联动能力。在政企协同储备治理中，政府一方面利用企业市场力量储备一定的物资量以增强应急物资保障能力，另一方面自建应急储备中心储备关键性较强的战略物资，以保障可靠的应急供给响应。也就是说，政府应急储备中心依然面临着用剩或临期应急物资轮换更新的问题。

应急储备中心剩余物资销售策略与补贴协同治理策略的混合使用，与改善应急物资储备保障体系是契合的。一方面，政企合作治理与剩余应急物资销售或捐赠策略，均可以在提高应急供给能力同时降低过期损失；另一方面，销售策略、补贴协同治理策略在适用情景中存在一定程度的替代性与互补性，举例来说，销售策略与补贴协同治理策略都适合关键性强、市场需求量更大的应急物资，以及发生频率高、后果严重的突发事件，但销售策略更适合应急物资需求可能性小（突发事件发生频率稍微低）的应急库存系统，补贴协同治理策略对应急物资需求发生概率大的应急库存系统更有利。所以，在补贴协同治理策略的基础上引入销售策略，即政企协同治理下实施销售策略是否更有效？基于销售策略与补贴协同治理策略的混合，简称为混合策略。

已有研究证明多种策略混合使用比单一策略使用更有效（van Mieghem，2003；Snyder et al.，2016）。所以，本章尝试性探究在我国现行补贴协同治理策略下实施销售策略的有效性，即混合策略的有效性。为了弥补此研究领域的空白，本章具体研究的问题包括以下几点。

（1）基于销售与补贴协同治理的混合策略，是否优于单一策略？

（2）政府治理与政企协同治理下的销售策略各自适用的范围条件是什么？

（3）如何实施剩余应急物资销售策略，以尽可能避免较大的争议性？

为了回答上述研究问题，本章鉴于企业与政府的协同治理方式，设计了基于销售与补贴协同治理的混合策略，形成了补贴协同治理下的销售策略，构建了混合策略下的应急库存模型；分析对比了混合策略与单一补贴协同治理策略下的决策，探索了混合策略是否更有利于应急库存体系管理效果的改善，给出了政府治理与补贴协同治理下的销售策略的各自应用范围；利用了迭代算法进行数值计算仿真，以验证应急需求时间间隔与应急需求数量的随机性对结论的影响，以及补贴协同治理下的销售策略实施的优势；最后，结合第 3～5 章的研究内容与结论，简单分析了剩余应急物资销售策略的实施动机与要素，形成了销售策略的实施框架。

　　本章的主要贡献在于：①考虑我国特殊情景下的应急物资储备体系，整合补贴协同治理策略与销售策略，形成补贴协同治理下的销售策略，弥补应急物资储备系统中库存管理混合策略研究的空白。②探究补贴协同治理下实施销售策略的有效性或优势，判断当前我国应急物资储备体系实践是否应该引入具有争议性的销售策略。③剖析剩余应急物资销售策略的实施动机与要素，形成销售策略的逻辑实施框架。此外，在数值计算过程中，由于政企协同治理下，应急储备中心与企业的均衡解是通过不断交互博弈得到的，过程复杂且运行时间较长，利用库恩-塔克（Kuhn-Tucker，K-T）条件将双层规划转变为单层规划，并利用近似算法，求解单层非线性规划模型。

6.2　混合策略下的库存模型

6.2.1　基于销售与补贴协同治理的混合策略设计

　　如 6.1 节所述，混合策略是在实践中常用的在补贴协同治理策略下实施销售策略，即补贴协同治理策略与销售策略的融合使用。4.6 节与 5.4 节已阐述了关于面向消费者的销售策略较之面向企业的销售策略的区别，本章的混合策略是面向消费者的销售策略与补贴协同治理策略的混合，因为面向消费者的销售策略的研究价值与社会经济价值更大。

　　由于补贴协同治理策略是我国应急库存体系实践中常采用的策略，此策略一方面保证了应急救援时政府可以快速集中所有可以集中的力量对抗灾难，另一方面降低了政府行政手段对企业市场带来的不利影响，激励企业积极参与补贴协同治理。又因为销售策略总是优于无任何行动的被动接受策略，既有利于降低过期损失又有利于提高应急供给能力。所以，研究基于销售与补贴协同治理的混合策略可以创新应急物资储备策略，更好地改善应急物资保障体系。

　　在混合策略的应急物资库存系统中包括以下方面。

　　（1）政府在库存期初存储一定的物资量，并给予大型超市或生产企业一定的补贴应对突发事件发生时的应急采购，根据"先征用后结算、结算价格以市场价格为基准"的规定，合理假设应急采购价格等于市场价格，同时与补贴策略下企业的补货周期相同，企业的补货周期同步于应急储备中心补货周期（Liu et al.，2016），即应急需求发生后或者库存周期末。政府销售那些应急响应结束时的剩余物资，或库存期末的临期物资，销售价格等于市场价格。

（2）根据解释水平理论，公益偏好消费者在当前市场阶段进行消费；而根据企业补货策略，如果库存周期末没有突发事件发生，则当前市场阶段在库存周期末结束，而如果有突发事件发生，则当前市场阶段提前至突发事件发生时结束。所以，未被应急物资销售满足的公益偏好消费者，在其处在的市场阶段结束时，会向企业转移需求；考虑到消费者的公益偏好，针对参与补贴协同治理应急物资的企业，假设在市场结束时转移向企业的公益偏好型需求不存在市场缺货损失。

为了建模方便性，赋予相关参数符号表示如下。

c_{es}：应急需求未被满足的应急缺货惩罚。

c_{cs}：市场需求未被满足的市场缺货惩罚。

c_o：库存周期末剩余物资的过期处理成本。

c_v：库存周期内未使用物资的剩余价值，如捐赠、低价处理、回收再制造等。

p：物资的市场价格。

c_a：政府对企业的合作补贴。

y：相对稳定的市场需求率。

N：常规库存补货周期。

Q：应急储备中心的存储量，决策变量。

I：企业的库存水平，决策变量。

由于应急需求分布函数信息在实践中难以被准确估计，特别是在难以预测的、变动的应急环境中，仅知道一部分分布信息，如随机变量的均值、上下界限信息等这些相对比较容易得到的信息。

X：应急需求数量，随机变量。

τ：应急需求时间间隔，即突发事件发生时间间隔，随机变量。

M：应急需求数量 X 的上界，M 为一个较大的数，其下界本章默认为 0，因为应急储备中心储备的应急物资是为所有类型的突发事件做准备的，"黑天鹅"事件与"灰犀牛"事件的后果影响特别大，所以可以认为应急需求数量的上界非常大，而常见事件或可忽略事件的后果影响较小，则将下界默认为 0 是合理的。

V：应急需求时间间隔 τ 的上界，V 也是一个较大的数，相似地，本章默认时间间隔下界为 0 也是合理的。

$f(x)$、$F(x)$：应急需求数量取值 x 的概率、$X \leqslant x$ 的累积密度函数。

$g(t)$、$G(t)$：应急需求时间间隔取值 t 的概率、$\tau \leqslant t$ 的累积密度函数。

u：应急需求数量的平均值。

n：应急需求的平均时间间隔。

k：最大可能的补货次数，$k = \lfloor V/N \rfloor$，表示对 V/N 往下取整，即 k 为满足 $(V/N) - 1 \leqslant k \leqslant V/N$ 的整数。

6.2.2　模型构建

用上标 sc 表示基于销售与补贴协同治理的混合策略下的期望成本或利润，构建应急储备中心期望成本函数如下：

$$EC^{sc} = \left\{\begin{array}{l} c_{es}\left[\sum_{i=0}^{k-1}\int_{iN}^{(i+1)N} E((x-Q)^+ - (I-(1-\theta)y(t-iN))^+)^+ g(t)\mathrm{d}t \right.\\ \left. +\int_{kN}^{V} E((x-Q)^+ - (I-(1-\theta)y(t-kN))^+)^+ g(t)\mathrm{d}t\right] \\ +p\left[\sum_{i=0}^{k-1}\int_{iN}^{(i+1)N} E((x-Q)^+ - ((x-Q)^+ - (I-(1-\theta)y(t-iN))^+)^+)g(t)\mathrm{d}t\right.\\ \left. +\int_{kN}^{V} E((x-Q)^+ - ((x-Q)^+ - (I-(1-\theta)y(t-kN))^+)^+)g(t)\mathrm{d}t\right] \\ -p\left[\sum_{i=0}^{k-1}\int_{iN}^{(i+1)N} E((Q-x)^+ - ((Q-x)^+ - \theta y(t-iN))^+)g(t)\mathrm{d}t\right.\\ \left. +\int_{kN}^{V} E((Q-x)^+ - ((Q-x)^+ - \theta y(t-kN))^+)g(t)\mathrm{d}t\right] \\ -c_v\left[\sum_{i=0}^{k-1}\int_{iN}^{(i+1)N} E((Q-x)^+ - \theta y(t-iN))^+ g(t)\mathrm{d}t + \int_{kN}^{V} E((Q-x)^+ - \theta y(t-kN))^+ g(t)\mathrm{d}t\right] \\ -jp(Q-(Q-\theta yN)^+) + jc_o(Q-\theta yN)^+ + (j+1)c_a(I-(1-\theta)yN)^+ \end{array}\right.$$

其中，j 为期望值，$j = E\left(\lfloor t/N \rfloor\right)$，简化得式（6-1）：

$$EC^{sc} = \left\{\begin{array}{l} (c_{es}-p)\left[\sum_{i=0}^{k-1}\int_{iN}^{(i+1)N} E((x-Q)^+ - (I-(1-\theta)y(t-iN))^+)^+ g(t)\mathrm{d}t\right.\\ \left. +\int_{kN}^{V} E((x-Q)^+ - (I-(1-\theta)y(t-kN))^+)^+ g(t)\mathrm{d}t\right] \\ +(p-c_v)\left[\sum_{i=0}^{k-1}\int_{iN}^{(i+1)N} E((Q-x)^+ - \theta y(t-iN))^+ g(t)\mathrm{d}t\right.\\ \left. +\int_{kN}^{V} E((Q-x)^+ - \theta y(t-kN))^+ g(t)\mathrm{d}t\right] + pE(x-Q)^+ - pE(Q-x)^+ \\ -jp(Q-(Q-\theta yN)^+) + jc_o(Q-\theta yN)^+ + (j+1)c_a(I-(1-\theta)yN)^+ \end{array}\right. \quad (6\text{-}1)$$

同理，销售企业的利润函数为

$$
E\Pi^{sc} = \left\{
\begin{array}{l}
p\left[\displaystyle\sum_{i=0}^{k-1}\int_{iN}^{(i+1)N} E(I-((I-(1-\theta)y(t-iN))^+-(\theta y(t-iN)-(Q-x)^+)^+ \right. \\[3mm]
\left. -(x-Q)^+)^+)g(t)\mathrm{d}t+\int_{kN}^{V} E(I-((I-(1-\theta)y(t-kN))^+-(\theta y(t-kN) \right. \\[3mm]
\left. -(Q-x)^+)^+-(x-Q)^+)^+)g(t)\mathrm{d}t\right]+c_v\left[\displaystyle\sum_{i=0}^{k-1}\int_{iN}^{(i+1)N} E((I-(1-\theta)y(t-iN))^+ \right. \\[3mm]
-(\theta y(t-iN)-(Q-x)^+)^+-(x-Q)^+)^+g(t)\mathrm{d}t \\[3mm]
\left. +\int_{kN}^{V} E((I-(1-\theta)y(t-kN))^+-(\theta y(t-kN)-(Q-x)^+)^+-(x-Q)^+)^+g(t)\mathrm{d}t\right] \\[3mm]
-c_{cs}\left[\displaystyle\sum_{i=0}^{k-1}\int_{iN}^{(i+1)N}((1-\theta)y(t-iN)-I)^+g(t)\mathrm{d}t+\int_{kN}^{V}((1-\theta)y(t-kN)-I)^+g(t)\mathrm{d}t\right] \\[3mm]
+jp(I-((I-(1-\theta)yN)^+-(\theta yN-Q)^+)^+)-jc_{cs}((1-\theta)yN-I)^+ \\[3mm]
-jc_o((I-(1-\theta)yN)^+-(\theta yN-Q)^+)^++(j+1)c_a(I-(1-\theta)yN)^+
\end{array}
\right\}
$$

简化得式（6-2）：

$$
E\Pi^{sc} = \left\{
\begin{array}{l}
-\displaystyle\sum_{i=0}^{k-1}\int_{iN}^{(i+1)N}(p-c_v)E((I-(1-\theta)y(t-iN))^+-(\theta y(t-iN)-(Q-x)^+)^+-(x-Q)^+)^+g(t)\mathrm{d}t \\[3mm]
-\int_{kN}^{V}(p-c_v)E((I-(1-\theta)y(t-kN))^+-(\theta y(t-kN)-(Q-x)^+)^+-(x-Q)^+)^+g(t)\mathrm{d}t \\[3mm]
-c_{cs}\left[\displaystyle\sum_{i=0}^{k-1}\int_{iN}^{(i+1)N}((1-\theta)y(t-iN)-I)^+g(t)\mathrm{d}t+\int_{kN}^{V}((1-\theta)y(t-kN)-I)^+g(t)\mathrm{d}t\right] \\[3mm]
-jc_{cs}((1-\theta)yN-I)^+-j(p+c_o)((I-(1-\theta)yN)^+-(\theta yN-Q)^+)^+ \\[3mm]
+(j+1)pI+(j+1)c_a(I-(1-\theta)yN)^+
\end{array}
\right\}
$$

$$(6-2)$$

其中，应急储备中心的期望成本包括：突发事件发生时需求量较高的缺货损失以及应急采购成本、来源于应急需求发生后的剩余物资或库存周期末的临期物资的销售收入、销售后临期物资的过期损失以及剩余物资的残余价值、给予企业的补贴成本；企业的期望利润包括：常规市场需求的销售收入、过期损失、市场缺货损失（即非公益偏好消费者缺货损失）、应急需求的供给收入，以及政府补贴收入。期望成本与期望利润是由同一批物资带来的。

在政府应急管理部门与销售企业的博弈过程中，政府处在核心地位，即先行决策。综上，基于销售与补贴协同治理的混合储备模型为

$$\min_{Q} \mathrm{EC}^{\mathrm{sc}}$$
$$\mathrm{s.t.}\begin{cases} \max\limits_{I} \mathrm{E\Pi}^{\mathrm{sc}} \\ I+Q \leqslant M \end{cases} \qquad (6\text{-}3)$$

6.3 补贴协同治理下销售策略分析

6.3.1 储备治理决策分析

定理 6-1 $\theta yN \leqslant Q^{\mathrm{sc}*} \leqslant M-(1-\theta)yN$，$I^{\mathrm{sc}*} \geqslant (1-\theta)yN$。

证明 根据倒序求解法，先计算销售企业的下层规划解，为应急储备中心库存量的函数，再计算应急储备中心的上层规划解，得到最优决策，代入下层规划解得到销售企业最优决策。

首先将 Q 当成参数，对下层规划进行求解，具体过程如下。

（1）如果 $I \leqslant (1-\theta)yN$，则

$$\frac{\partial \mathrm{E\Pi}^{\mathrm{sc1}}}{\partial I} = \left\{ \begin{array}{l} -(p-c_v)\left[\sum\limits_{i=0}^{k-1} \int_{iN}^{iN+\frac{I}{(1-\theta)y}} \int_{(Q-\theta y(t-iN))^+}^{I-(1-\theta)y(t-iN)+(Q-\theta y(t-iN))^+} f(x)\mathrm{d}x g(t)\mathrm{d}t \right. \\ \left. + \int_{kN}^{\min\left(kN+\frac{I}{(1-\theta)y},V\right)} \int_{(Q-\theta y(t-kN))^+}^{I-(1-\theta)y(t-kN)+(Q-\theta y(t-kN))^+} f(x)\mathrm{d}x g(t)\mathrm{d}t \right] \\ + c_{\mathrm{cs}}\left[\sum\limits_{i=0}^{k-1} \int_{iN+\frac{I}{(1-\theta)y}}^{(i+1)N} g(t)\mathrm{d}t + \int_{\min\left(kN+\frac{I}{(1-\theta)y},V\right)}^{V} g(t)\mathrm{d}t \right] + jc_{\mathrm{cs}} + (j+1)p \end{array} \right\}$$

$\dfrac{\partial \mathrm{E\Pi}^{\mathrm{sc1}}}{\partial I} \geqslant 0$，因为 $j \geqslant 0$ 且 $p \geqslant p-c_v$，所以，易知 $I^{\mathrm{sc}*} \geqslant (1-\theta)yN$。

（2）如果 $(1-\theta)yN < I \leqslant (1-\theta)yN+(\theta yN-Q)^+$，则

$$\frac{\partial \mathrm{E\Pi}^{\mathrm{sc2}}}{\partial I} = \left\{ \begin{array}{l} -(p-c_v)\left[\sum\limits_{i=0}^{k-1} \int_{iN}^{(i+1)N} \int_{0}^{I-(1-\theta)y(t-iN)+(Q-\theta y(t-iN))^+} f(x)\mathrm{d}x g(t)\mathrm{d}t \right. \\ \left. + \int_{kN}^{V} \int_{0}^{I-(1-\theta)y(t-kN)+(Q-\theta y(t-kN))^+} f(x)\mathrm{d}x g(t)\mathrm{d}t \right] + (j+1)p + (j+1)c_a \end{array} \right\} \geqslant 0$$

（3）如果 $I > (1-\theta)yN+(\theta yN-Q)^+$，则

$$\frac{\partial \mathrm{E\Pi}^{\mathrm{sc3}}}{\partial I} = \left\{ \begin{array}{l} -(p-c_v)\left[\sum\limits_{i=0}^{k-1} \int_{iN}^{(i+1)N} \int_{0}^{I-(1-\theta)y(t-iN)+(Q-\theta y(t-iN))^+} f(x)\mathrm{d}x g(t)\mathrm{d}t \right. \\ \left. + \int_{kN}^{V} \int_{0}^{I-(1-\theta)y(t-kN)+(Q-\theta y(t-kN))^+} f(x)\mathrm{d}x g(t)\mathrm{d}t \right] \\ + (j+1)p - j(p+c_o) + (j+1)c_a \end{array} \right\}$$

$$\frac{\partial^2 E\Pi^{sc1}}{\partial I^2} \leqslant 0 \ , \quad \frac{\partial^2 E\Pi^{sc2}}{\partial I^2} \leqslant 0 \ , \quad \frac{\partial^2 E\Pi^{sc3}}{\partial I^2} \leqslant 0 \ , \quad \text{且} \ E\Pi^{sc1}\Big|_{I=(1-\theta)yN} = E\Pi^{sc2}\Big|_{I=(1-\theta)yN} \ ,$$

$E\Pi^{sc2}\Big|_{I=(1-\theta)yN+(\theta yN-Q)^+} = E\Pi^{sc2}\Big|_{I=(1-\theta)yN+(\theta yN-Q)^+}$，所以下层规划有唯一最优解。具体地：

当 $(1-\theta)yN \leqslant M-Q$，即 $Q \leqslant M-(1-\theta)yN$ 时，如果 $\dfrac{\partial E\Pi^{sc3}}{\partial I}\Big|_{I \to (1-\theta)yN+(\theta yN-Q)^+} < 0$，

则 $I^{sc*} = (1-\theta)yN+(\theta yN-Q)^+$；而如果 $\dfrac{\partial E\Pi^{sc3}}{\partial I}\Big|_{I=M-Q} \geqslant 0$，则 $I^{sc*} = M-Q$；否则，

$I^{sc*} = I^{sc}$，I^{sc} 满足 $\dfrac{\partial E\Pi^{sc3}}{\partial I}\Big|_{I=I^{sc}} = 0$。

当 $(1-\theta)yN \geqslant M-Q$，即 $Q \geqslant M-(1-\theta)yN$ 时，则 $I^{sc*} = M-Q \leqslant (1-\theta)yN$，同 5.2.3 节的决策过程，为了实现政企协同治理目的、满足销售企业市场需求，合理给定 $I^{sc*} \geqslant (1-\theta)yN$，进而有 $Q \leqslant M-(1-\theta)yN$。

其次，在 I^{sc*} 的基础上，对上层规划进行求解。

（1）如果 $Q \leqslant \theta yN$，则当 $I^{sc*} = yN-Q$ 或 $I^{sc*} = M-Q$ 时，$\dfrac{\partial I^{sc*}}{\partial Q} = -1$；而当

$I^{sc*} = I^{sc}$，

$$\frac{\partial E\Pi^{sc3}}{\partial I} = \begin{cases} -(p-c_v)\sum\limits_{i=0}^{k-1}\left(\begin{array}{l} \int_{iN}^{iN+\frac{Q}{\theta y}}\int_0^{I^{sc}-(1-\theta)y(t-iN)+Q-\theta y(t-iN)} f(x)\mathrm{d}x g(t)\mathrm{d}t \\ +\int_{iN+\frac{Q}{\theta y}}^{(i+1)N}\int_0^{I^{sc}-(1-\theta)y(t-iN)} f(x)\mathrm{d}x g(t)\mathrm{d}t \end{array} \right) \\ -(p-c_v)\left(\begin{array}{l} \int_{kN}^{\min\left(kN+\frac{Q}{\theta y},V\right)}\int_0^{I^{sc}-(1-\theta)y(t-kN)+Q-\theta y(t-kN)} f(x)\mathrm{d}x g(t)\mathrm{d}t \\ +\int_{\min\left(kN+\frac{Q}{\theta y},V\right)}^{V}\int_0^{I^{sc}-(1-\theta)y(t-kN)} f(x)\mathrm{d}x g(t)\mathrm{d}t \end{array} \right) \\ +(j+1)p-j(p+c_o)+(j+1)c_a \end{cases} = 0$$

此时，利用隐函数求导法，可知 $\dfrac{\partial I^{sc*}}{\partial Q} = -1$。

依据全导数公式，有

$$\frac{\partial EC^{sc1}}{\partial Q} = \begin{cases} (p-c_v)\left[\sum\limits_{i=0}^{k-1}\int_{iN}^{iN+\frac{Q}{\theta y}}\int_0^{Q-\theta y(t-iN)} f(x)\mathrm{d}x g(t)\mathrm{d}t + \int_{kN}^{\min\left(kN+\frac{Q}{\theta y},V\right)}\int_0^{Q-\theta y(t-kN)} f(x)\mathrm{d}x g(t)\mathrm{d}t \right] \\ -(j+1)p-(j+1)c_a \end{cases}$$

或

$$\frac{\partial EC^{sc1}}{\partial Q} = \begin{cases} (p-c_v)\left[\sum\limits_{i=0}^{k-1}\int_{iN}^{iN+\frac{Q}{\theta y}}\int_0^{Q-\theta y(t-iN)} f(x)\mathrm{d}x g(t)\mathrm{d}t + \int_{kN}^{\min\left(kN+\frac{Q}{\theta y},V\right)}\int_0^{Q-\theta y(t-kN)} f(x)\mathrm{d}x g(t)\mathrm{d}t \right] \\ -(j+1)p-(j+1)c_a \end{cases}$$

因为 $\dfrac{\partial \mathrm{EC}^{\mathrm{sc1}}}{\partial Q} \leqslant 0$，$\dfrac{\partial^2 \mathrm{EC}^{\mathrm{sc1}}}{\partial Q^2} \geqslant 0$，$j \geqslant 0$ 以及 $\displaystyle\sum_{i=0}^{k-1} \int_{iN}^{iN+\frac{Q}{\theta y}} \int_0^{Q-\theta y(t-iN)} f(x)\mathrm{d}x g(t)\mathrm{d}t +$

$\displaystyle\int_{kN}^{\min\left(kN+\frac{Q}{\theta y},\, V\right)} \int_0^{Q-\theta y(t-kN)} f(x)\mathrm{d}x g(t)\mathrm{d}t \leqslant 1$，所以，一定有 $Q^{\mathrm{sc}*} \geqslant \theta yN$。

（2）如果 $Q > \theta yN$，则

$$\frac{\partial \mathrm{E\Pi}^{\mathrm{sc3}}}{\partial I} = \left\{ \begin{array}{l} -(p-c_v)\displaystyle\sum_{i=0}^{k-1} \int_{iN}^{(i+1)N} \int_0^{I-(1-\theta)y(t-iN)+Q-\theta y(t-iN)} f(x)\mathrm{d}x g(t)\mathrm{d}t \\ -(p-c_v)\displaystyle\int_{kN}^{V} \int_0^{I-(1-\theta)y(t-kN)+Q-\theta y(t-kN)} f(x)\mathrm{d}x g(t)\mathrm{d}t \\ +(j+1)p - j(p+c_o) + (j+1)c_a \end{array} \right\}$$

所以，当 $I^{\mathrm{sc}*} = (1-\theta)yN$ 时，$\dfrac{\partial I^{\mathrm{sc}*}}{\partial Q} = 0$；当 $I^{\mathrm{sc}*} = I^{\mathrm{sc}}$ 时，$\dfrac{\partial I^{\mathrm{sc}*}}{\partial Q} = -1$；当 $I^{\mathrm{sc}*} = M-Q$

时，$\dfrac{\partial I^{\mathrm{sc}*}}{\partial Q} = -1$。利用全导数公式，可得出以下三种情形。

当 $I^{\mathrm{sc}*} = (1-\theta)yN$ 时：

$$\frac{\partial \mathrm{EC}^{\mathrm{sc2}}}{\partial Q} = \left\{ \begin{array}{l} -(c_{\mathrm{es}}-p)\left[\displaystyle\sum_{i=0}^{k-1} \int_{iN}^{(i+1)N} \int_{Q+I-(1-\theta)y(t-iN)}^{M} f(x)\mathrm{d}x g(t)\mathrm{d}t + \int_{kN}^{V} \int_{Q+I-(1-\theta)y(t-kN)}^{M} f(x)\mathrm{d}x g(t)\mathrm{d}t \right] \\ +(p-c_v)\left[\displaystyle\sum_{i=0}^{k-1} \int_{iN}^{(i+1)N} \int_0^{Q-\theta y(t-iN)} f(x)\mathrm{d}x g(t)\mathrm{d}t + \int_{kN}^{V} \int_0^{Q-\theta y(t-kN)} f(x)\mathrm{d}x g(t)\mathrm{d}t \right] - p + jc_o \end{array} \right\}$$

当 $I^{\mathrm{sc}*} = I^{\mathrm{sc}}$ 时：

$$\frac{\partial \mathrm{EC}^{\mathrm{sc2}}}{\partial Q} = \left\{ \begin{array}{l} (p-c_v)\left[\displaystyle\sum_{i=0}^{k-1} \int_{iN}^{(i+1)N} \int_0^{Q-\theta y(t-iN)} f(x)\mathrm{d}x g(t)\mathrm{d}t + \int_{kN}^{V} \int_0^{Q-\theta y(t-kN)} f(x)\mathrm{d}x g(t)\mathrm{d}t \right] \\ -p + jc_o - (j+1)c_a \end{array} \right\}$$

当 $I^{\mathrm{sc}*} = M-Q$ 时：

$$\frac{\partial \mathrm{EC}^{\mathrm{sc2}}}{\partial Q} = \left\{ \begin{array}{l} (p-c_v)\left[\displaystyle\sum_{i=0}^{k-1} \int_{iN}^{(i+1)N} \int_0^{Q-\theta y(t-iN)} f(x)\mathrm{d}x g(t)\mathrm{d}t + \int_{kN}^{V} \int_0^{Q-\theta y(t-kN)} f(x)\mathrm{d}x g(t)\mathrm{d}t \right] \\ -p + jc_o - (j+1)c_a \end{array} \right\}$$

以上三种情形均有 $\dfrac{\partial^2 \mathrm{EC}^{\mathrm{sc2}}}{\partial Q^2} \geqslant 0$，且 $\mathrm{EC}^{\mathrm{sc1}}\big|_{Q=\theta yN} = \mathrm{EC}^{\mathrm{sc2}}\big|_{Q=\theta yN}$，所以应急储备中

心最小化期望成本有唯一最优解。

综上，可以得到 $\theta yN \leqslant Q^{\mathrm{sc}*} \leqslant M-(1-\theta)yN$，$I^{\mathrm{sc}*} \geqslant (1-\theta)yN$。定理 6-1 得证。

结论 6-1　与补贴协同治理策略相比，如当 $Q^{\mathrm{sc}*} = M-(1-\theta)yN$，$Q^{c*} = M-yN$

时，补贴协同治理下销售策略可以实现应急供给能力的提高，并且不增加过期损

失；与被动接受策略相比，可以同时实现应急供给能力提高与过期损失降低。

6.3.2　补贴协同治理下销售策略有效性分析

在验证应急供给能力提高与应急过期损失降低作用的基础上，为说明补贴协同治理下销售策略的有效性，将基于销售与补贴协同治理的混合策略与单一补贴协同治理策略进行对比分析。为了方便模型的求解与对比，忽略突发事件救援结束时的销售，这样做的合理性在于：一方面，应急救援结束后很少有剩余情形发生；另一方面，忽略用剩应急物资的销售低估了应急储备中心以及销售企业的销售收入，进而低估了补贴协同治理下销售策略的优势。

用上标 mix 表示混合策略下的近似成本或利润，具体函数表达如下：

$$EC^{mix} = \begin{pmatrix} \sum_{i=0}^{k-1}\int_{iN}^{(i+1)N}(c_{es}-p)E((x-Q)^+ -(I-(1-\theta)y(t-iN))^+)^+ g(t)dt \\ +\int_{kN}^{V}(c_{es}-p)E((x-Q)^+ -(I-(1-\theta)y(t-kN))^+)^+ g(t)dt \\ +pE(x-Q)^+ -c_v E(Q-x)^+ -jp(Q-(Q-\theta yN)^+) \\ +jc_o(Q-\theta yN)^+ +(j+1)c_a(I-(1-\theta)yN)^+ \end{pmatrix}$$

$$E\Pi^{mix} = \begin{pmatrix} -\sum_{i=0}^{k-1}\int_{iN}^{(i+1)N}(p-c_v)E((I-(1-\theta)y(t-iN))^+ -(x-Q)^+)^+ g(t)dt \\ -\int_{kN}^{V}(p-c_v)E((I-(1-\theta)y(t-kN))^+ -(x-Q)^+)^+ g(t)dt \\ +pI+jpI-j(p+c_o)((I-(1-\theta)yN)^+ -(\theta yN-Q)^+)^+ \\ -jc_{cs}((1-\theta)yN+(\theta yN-Q)^+ -I)^+ +(j+1)c_a(I-(1-\theta)yN)^+ \end{pmatrix}$$

故可得，$EC^{sc}-EC^{mix}=(p-c_v)\begin{pmatrix}\sum_{i=0}^{k-1}\int_{iN}^{(i+1)N}E((Q-x)^+ -\theta y(t-iN))^+ g(t)dt \\ +\int_{kN}^{V}E((Q-x)^+ -\theta y(t-kN))^+ g(t)dt -E(Q-x)^+\end{pmatrix}$，

以及 $E\Pi^{sc}-E\Pi^{mix}=(p-c_v)\begin{pmatrix}\sum_{i=0}^{k-1}\int_{iN}^{(i+1)N}E(\theta y(t-iN)-(Q-x)^+)^+ g(t)dt \\ +\int_{kN}^{V}E(\theta y(t-kN)-(Q-x)^+)^+ g(t)dt\end{pmatrix}$。

所以 $EC^{sc}\leqslant EC^{mix}$ 以及 $E\Pi^{sc}\geqslant E\Pi^{mix}$，即 $EC^{mix}-E\Pi^{mix}\geqslant EC^{sc}-E\Pi^{sc}$，进而 $EC^{mix*}-E\Pi^{mix*}\geqslant EC^{sc*}-E\Pi^{sc*}$，即混合策略成本与利润函数被保守估计，进而得到混合策略的优势条件是充分的。

根据第 2 章研究内容，假设分布函数未知，在 min-max 准则下，推出：

$$\mathrm{EC}^{\mathrm{mix\,max}*} = \left\{ \begin{array}{l} (c_{\mathrm{es}} - p)\left[M - I - Q + \theta yn - \theta\left(\dfrac{n}{N} - 1\right)^{+} yN \right]\dfrac{u}{M} + p(M - Q)\dfrac{u}{M} \\[3mm] -\left(\dfrac{n}{N} - 1\right)^{+} p\theta yN + \dfrac{n}{N}c_o(Q - \theta yN) + \left(\dfrac{n}{N} + 1\right)c_a(I - (1-\theta)yN) \end{array} \right\}$$

$$\mathrm{E}\Pi^{\mathrm{mix\,min}*} = pI - (p - c_v)(I + Q)\frac{M - u}{M} - \frac{n}{N}c_o(I - (1-\theta)yN)$$

$$+ \left(\left(\frac{n}{N} - 1\right)^{+} + 1 \right)c_a(I - (1-\theta)yN)$$

又已知：

$$\mathrm{EC}^{c\,\max*} = (c_{\mathrm{es}} - p)\left[M - I - Q + yn - \left(\frac{n}{N} - 1\right)^{+} yN \right]\frac{u}{M} + p(M - Q)\frac{u}{M} + \frac{n}{N}c_o Q$$

$$+ \left(\frac{n}{N} + 1\right)c_a(I - yN)$$

$$\mathrm{E}\Pi^{c\,\min*} = pI - (p - c_v)(I + Q)\frac{M - u}{M} + \left(\frac{n}{N} - 1\right)^{+} pyN - \frac{n}{N}c_o(I - yN)$$

$$+ \left(\left(\frac{n}{N} - 1\right)^{+} + 1 \right)c_a(I - yN)$$

因此，依据最值求解方法，可知，$Q^{\mathrm{mix\,max}*} = Q^{c\,\max*}$ 以及 $I^{\mathrm{mix\,min}*} = I^{c\,\min*}$。所以对比混合策略与单一补贴协同治理策略，有

$$(\mathrm{EC}^{\mathrm{mix\,max}*} - \mathrm{E}\Pi^{\mathrm{mix\,min}*}) - (\mathrm{EC}^{c\,\max*} - \mathrm{E}\Pi^{c\,\min*}) = -(c_{\mathrm{es}} - p)\theta yN\left(\frac{n}{N} - \left(\frac{n}{N} - 1\right)^{+}\right)\frac{u}{M}$$

$$+ \left(\frac{n}{N} - 1\right)^{+} pyN$$

由上式可知，补贴协同治理下引入销售策略并非总是有利的，即在一定条件下，在政企补贴协同治理下，应急储备中心实施销售剩余应急物资的策略，既可以提高应急供给能力，又有利于降低物资过期损失。具体来讲，相比于补贴协同治理策略，引入销售策略有优势范围，即 $(\mathrm{EC}^{\mathrm{mix\,max}*} - \mathrm{E}\Pi^{\mathrm{mix\,min}*}) - (\mathrm{EC}^{c\,\max*} - \mathrm{E}\Pi^{c\,\min*}) \leqslant 0$ 的成立条件。

结论 6-2　相比于单一补贴协同治理策略，在补贴协同治理下引入销售策略，存在的优势条件为 $c_{\mathrm{es}} \geqslant \dfrac{p\theta\left[\dfrac{n}{N} - \left(\dfrac{n}{N} - 1\right)^{+}\right]\dfrac{u}{M} + \left(\dfrac{n}{N} - 1\right)^{+} p}{\theta\left[\dfrac{n}{N} - \left(\dfrac{n}{N} - 1\right)^{+}\right]\dfrac{u}{M}}$，或 $n \leqslant \left[\dfrac{(c_{\mathrm{es}} - p)\theta\dfrac{u}{M}}{p} + 1\right]N$。

　　由结论 6-2 的优势条件表达式可知，补贴协同治理下，针对关键的应急物资（c_{es} 较大）或者发生频率比较高的突发事件风险地区（n 较小），销售剩余应急物资可以带来应急库存管理效果增加，否则补贴协同治理下不适于引入销售策略来缓解应急储备中心过期损失问题。

　　分析应急缺货惩罚 c_{es}、应急物资市场需求率 y、应急需求数量的平均值 u、应急需求的平均时间间隔 n 对成本差以及混合策略优势条件的范围大小的影响。

　　首先，随着 c_{es} 的增加，混合策略与单一补贴协同治理策略的成本差在降低，销售策略的优势条件范围在扩大，即应急物资越关键，补贴协同治理下实施销售策略越有利。其次，在实施销售策略较优条件下，尽管优势条件的范围并不随着 y 的变化而变化，但成本差是随着 y 的增加而缩小的，即市场需求率越大，补贴协同治理下引入销售策略越有利。再次，随着 u 的增加，成本差在降低，优势条件范围在扩大，即针对严重突发事件易发区，补贴协同治理下采取销售策略是有利的。最后，随着 n 的增加，成本差在增大，优势条件范围在缩小，即针对经常发生突发事件的高风险地区，补贴协同治理下采取销售策略也是有利的。

　　此外，随着 θ 的增加，成本差是降低的，优势条件范围是扩大的，即市场消费者公益偏好程度越高，补贴协同治理下采取销售策略越有利。所以，针对那些发生频率高、发生后果严重的突发事件以及关键的应急物资，同时采取销售策略与补贴协同治理策略可以获得更好的库存管理效果，并且应急储备中心与企业应当关注提高物资市场占有率以及消费者偏好程度的一些方式方法。

　　结合第 3~5 章的研究内容，按照风险矩阵的设计准则（Li et al.，2018；Bao et al.，2018），给出捐赠策略、补贴协同治理策略、销售策略、补贴协同治理下销售策略等不同治理策略的适用范围，如图 6-1 所示。

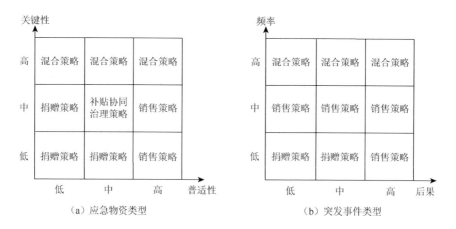

（a）应急物资类型　　　　　　　　　　　（b）突发事件类型

图 6-1　应急储备中心采取销售策略的应用情景

6.4　近似算法与仿真

6.4.1　近似算法

由于补贴协同治理下，应急储备中心与企业的博弈均衡解是通过不断交互博弈得到的，而一般的互动迭代算法运行时间太长，如应急需求时间间隔服从负指数分布、应急需求数量服从正态分布的博弈模型，用 MATLAB 求解需要至少30 分钟的迭代过程。

为避免迭代带来的较长计算时间，本章寻找双层规划的近似算法。一般方法是将双层规划近似转换为单层规划，K-T 条件是实现这一转换的有效方法之一，Shi 等（2005）提出并证明了求解双层规划的 K-T 方法的有效性与普适性。根据 K-T 条件得到单层规划后，一般采用分支定界法、目标函数切割等方法进行求解，分支定界法不能保证全局最优性，目标函数切割法也需要较长的计算时间（Edmunds and Bard，1991；徐飞和郭耀煌，1996）。此外，可行方向法作为约束优化问题的一种有效求解算法在双层规划中也受到了较多的采用（Savard and Gauvin，1994）。

从定理 6-1 的证明过程可以看出，本问题模型为凸规划，即 K-T 条件得到的最优解为模型最优解。首先，依据模型决策特征，将决策模型约束空间紧缩，称之为紧缩约束方法；其次，利用 K-T 条件，将双层规划等价转化为单层规划问题。具体双层规划模型（6-4）为

$$
\min_{Q} \mathrm{EC}^{sc} \\
\text{s.t.} \begin{cases} \max_{I} \mathrm{E\Pi}^{sc} \\ I + Q \leqslant M \end{cases} \tag{6-4}
$$

利用紧缩约束与 K-T 条件等价转换为单层规划模型（6-5）：

$$
\min_{Q} \mathrm{EC}^{sc} \\
\text{s.t.} \begin{cases} \dfrac{\partial \mathrm{E\Pi}^{sc}}{\partial I} + \lambda_1 - \lambda_2 = 0 \\ \lambda_1(I + Q - M) - \lambda_2(I - (1-\theta)yN) = 0 \\ I + Q \leqslant M \\ I \geqslant (1-\theta)yN \\ Q \geqslant \theta yN \\ \lambda_1 \geqslant 0, \ \lambda_2 \geqslant 0 \end{cases} \tag{6-5}
$$

其中，$\mathrm{EC^{sc}} = \left\{ \begin{aligned} &(c_{es}-p)\left[\sum_{i=0}^{k-1}\int_{iN}^{(i+1)N}\int_{Q+I-(1-\theta)y(t-iN)}^{M}(x-Q-I+(1-\theta)y(t-iN))f(x)\mathrm{d}xg(t)\mathrm{d}t\right.\\ &\left.+\int_{kN}^{V}\int_{Q+I-(1-\theta)y(t-kN)}^{M}(x-Q-I+(1-\theta)y(t-kN))f(x)\mathrm{d}xg(t)\mathrm{d}t\right]\\ &+(p-c_v)\left[\sum_{i=0}^{k-1}\int_{iN}^{(i+1)N}\int_{0}^{Q-\theta y(t-iN)}(Q-x-\theta y(t-iN))f(x)\mathrm{d}xg(t)\mathrm{d}t\right.\\ &\left.+\int_{kN}^{V}\int_{0}^{Q-\theta y(t-kN)}(Q-x-\theta y(t-kN))f(x)\mathrm{d}xg(t)\mathrm{d}t\right]+p\int_{Q}^{M}(x-Q)f(x)\mathrm{d}x\\ &-p\int_{0}^{Q}(Q-x)f(x)\mathrm{d}x-jp\theta yN+jc_o(Q-\theta yN)+(j+1)c_a(I-(1-\theta)yN) \end{aligned} \right\},$

$\mathrm{E\Pi^{sc}} = \left\{ \begin{aligned} &-(p-c_v)\sum_{i=0}^{k-1}\int_{iN}^{(i+1)N}\left[\int_{Q-\theta y(t-iN)}^{I-(1-\theta)y(t-iN)+Q-\theta y(t-iN)}(I-(1-\theta)y(t-iN)+Q-\theta y(t-iN)\right.\\ &\left.-x)f(x)\mathrm{d}x+\int_{0}^{Q-\theta y(t-iN)}(I-(1-\theta)y(t-iN))f(x)\mathrm{d}x\right]g(t)\mathrm{d}t\\ &-(p-c_v)\int_{kN}^{V}\left[\int_{Q-\theta y(t-iN)}^{I-(1-\theta)y(t-iN)+Q-\theta y(t-kN)}(I-(1-\theta)y(t-kN)+Q-\theta y(t-kN)\right.\\ &\left.-x)f(x)\mathrm{d}x+\int_{0}^{Q-\theta y(t-kN)}(I-(1-\theta)y(t-kN))f(x)\mathrm{d}x\right]g(t)\mathrm{d}t\\ &-j(p+c_o)(I-(1-\theta)yN)+(j+1)pI+(j+1)c_a(I-(1-\theta)yN) \end{aligned} \right\},$

$\dfrac{\partial\mathrm{E\Pi^{sc3}}}{\partial I} = \left\{ \begin{aligned} &-(p-c_v)\left[\sum_{i=0}^{k-1}\int_{iN}^{(i+1)N}\int_{0}^{I-(1-\theta)y(t-iN)+(Q-\theta y(t-iN))}f(x)\mathrm{d}xg(t)\mathrm{d}t\right.\\ &\left.+\int_{kN}^{V}\int_{0}^{I-(1-\theta)y(t-kN)+(Q-\theta y(t-kN))}f(x)\mathrm{d}xg(t)\mathrm{d}t\right]\\ &+(j+1)p-j(p+c_o)+(j+1)c_a \end{aligned} \right\}.$

定理 6-2 双层规划模型（6-4）存在最优解 (Q^*,I^*) 的充要条件是模型（6-5）存在最优解 $(Q^*,I^*,\lambda_1^*,\lambda_2^*)$。

证明 首先，根据定理 6-1 的证明过程，得到 $I^* \geq (1-\theta)yN$ 与 $Q^* \geq \theta yN$ 结论，所以，加入约束条件 $I \geq (1-\theta)yN$ 与 $Q \geq \theta yN$，不会改变模型（6-4）的最优解，并且可以紧缩搜索空间与降低迭代时间，故模型（6-4）的等价模型可以写为

$$\min_{Q}\mathrm{EC^{sc}}$$

$$\mathrm{s.t.}\begin{cases}\max_{I}\mathrm{E\Pi^{sc}}\\I+Q\leq M\\I\geq(1-\theta)yN\\Q\geq\theta yN\end{cases}$$

设约束条件的可行集为 S，即 $S=\{(Q,I):I+Q\leq M, I\geq(1-\theta)yN, Q\geq\theta yN\}$。上式模型可以进一步写为

$$\min_{Q} EC^{sc}$$

$$\text{s.t.} \begin{cases} I \in \arg\min E\Pi^{sc} \\ (Q,I) \in S \end{cases}$$

针对凸优化问题，K-T 条件就是最小值存在的充分必要条件，所以，下层规划模型可以等价写成：

$$\frac{\partial E\Pi^{sc}}{\partial I} + \lambda_1 - \lambda_2 = 0$$

$$\lambda_1(I+Q-M) - \lambda_2(I-(1-\theta)yN) = 0$$

$$(Q,I) \in S , \quad \lambda_1 \geqslant 0 , \quad \lambda_2 \geqslant 0$$

即

$$\min_{Q} EC^{sc}$$

$$\text{s.t.} \begin{cases} \dfrac{\partial E\Pi^{sc}}{\partial I} + \lambda_1 - \lambda_2 = 0 \\ \lambda_1(I+Q-M) - \lambda_2(I-(1-\theta)yN) = 0 \\ I+Q \leqslant M \\ I \geqslant (1-\theta)yN \\ Q \geqslant \theta yN \\ \lambda_1 \geqslant 0, \quad \lambda_2 \geqslant 0 \end{cases}$$

所以，模型（6-4）与模型（6-5）是等价的，即定理 6-2 成立。

基于上述分析过程，得到求解模型（6-5）即可，模型（6-5）是单层单目标带有约束的非线性优化问题。鉴于互补松弛条件 $\lambda_1(I+Q-M) - \lambda_2(I-(1-\theta)yN) = 0$ 的特征，多数学者采取分支定界方法（Shi et al.，2006）。本章也从互补松弛条件的特征出发，但是分支的规则为：从 $\lambda_i H_i(h_1,h_2) \neq 0$ 中选择 $H_i(h_1,h_2)$ 最大值，相应地 λ_i 赋值为 0。$\sum_i \lambda_i H_i(h_1,h_2)$ 为互补松弛条件，$H_i(h_1,h_2)$ 为下层约束条件，h_1,h_2 为上下层决策变量，λ_i 为拉格朗日乘子。

此方法比一般分支定界法（分支规则为选择 $\lambda_i H_i(h_1,h_2)$ 最大值，相应地 λ_i 重置为 0）的优势在于，以最不可能实现的边界条件为分支依据，从而首先保证满意解，不会在最难以到达的边界条件上取到，而选择 $\lambda_i H_i(h_1,h_2)$ 最大值，则可能会首先剔除掉比较容易到达的边界条件。具体来讲，近似算法的计算步骤如表 6-1 所示。

表 6-1　基于销售与补贴协同治理的混合策略模型的求解算法

步骤	介绍
步骤 1	输入初始参数 N，p，c_o，c_{cs}，c_{es}，c_a，c_v，M，V，y，u，n，θ；令 $\text{iter}=1$
步骤 2	根据定理 6-1，分析最优解特征，紧缩约束空间，从初始集 $\bar{S}=\{(Q,I):Q+I\leqslant M\}$ 等价紧缩至 $$S=\{(Q,I):I+Q\leqslant M,I\geqslant(1-\theta)yN,Q\geqslant\theta yN\}$$
步骤 3	列出下层规划 K-T 条件 $\begin{cases}\dfrac{\partial E\Pi^{sc}}{\partial I}+\lambda_1-\lambda_2=0\\ \lambda_1(I+Q-M)-\lambda_2(I-(1-\theta)yN)=0\\ I+Q\leqslant M,\ I\geqslant(1-\theta)yN,\ Q\geqslant\theta yN\\ \lambda_1\geqslant0,\ \lambda_2\geqslant0\end{cases}$
步骤 4	固定互补松弛条件 $\lambda_1(I+Q-M)-\lambda_2(I-(1-\theta)yN)=0$，求解单层规划模型：$$\min_Q EC^{sc}$$ $\text{s.t.}\begin{cases}\dfrac{\partial E\Pi^{sc}}{\partial I}+\lambda_1-\lambda_2=0\\ I+Q\leqslant M\\ I\geqslant(1-\theta)yN,\ Q\geqslant\theta yN\\ \lambda_1\geqslant0,\ \lambda_2\geqslant0\end{cases}$
步骤 5	判断单层规划模型的解是否满足 $\lambda_1(I+Q-M)-\lambda_2(I-(1-\theta)yN)=0$，如果满足则得到最优解，计算并输出决策与目标值（$Q^*,I^*,\lambda_1^*,\lambda_2^*,EC^{sc*},E\Pi^{sc*}$）；如果不满足，则选择 $\max(I+Q-M,I-(1-\theta)yN)$，并将相应系数（$\lambda_1$ 或 λ_2）设置为 0，记录 $EC^{\text{iter},sc*}$，并令 $\text{iter}=\text{iter}+1$，重复步骤 4，直至求解满足互补松弛条件

6.4.2　数值仿真

采用第 2～5 章的参数取值，具体如表 6-2 所示。

表 6-2　基准情形下的参数取值

参数	p	c_{es}	c_{cs}	c_o	c_v	c_a	y	N	V	M	θ
取值	46	920	184	40	30	30	120	6	96	2000	0.5

上述仿真参数取值，参考第 3 章数值仿真，对参数取值缩小 100 倍，仿真数量参数单位为 1 个，时间参数单位为 1 个月，需求速率参数单位为 1 个月，成本、残值以及效用参数单位为 1 元。而对于随机变量 X 与 τ 的分布函数，在基准情形下假设应急需求数量 X 服从区间[0, 2000]上均值为1000的独立截断正态分布，应急需求时间间隔服从区间[0, 96]上均值为48的独立截断负指数分布。具体概率密度函数如下：

$$f(x)=\begin{cases}\dfrac{1}{\sqrt{2\pi}\sigma}\mathrm{e}^{-\frac{(x-u)^2}{2\sigma^2}}, & 0\leqslant x\leqslant M\\[2mm]0, & \text{其他}\end{cases}$$

$$g(t)=\begin{cases}\dfrac{1}{n}\mathrm{e}^{-\frac{1}{n}t}, & 0\leqslant t\leqslant V\\[2mm]0, & \text{其他}\end{cases}$$

以应急物资类型与突发事件类型为分析依据,观察基于销售与补贴协同治理策略的适用条件。图 6-2 中,纵轴表示混合策略下成本值减去被动接受策略成本值,故而成本差值越小代表混合策略越优;水平轴表示应急物资类型、突发事件类型,具体包括:应急物资关键性与应急物资普适性、突发事件平均时间间隔与突发事件平均后果损失。

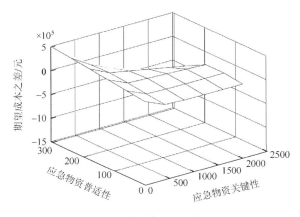

（a）应急物资类型影响

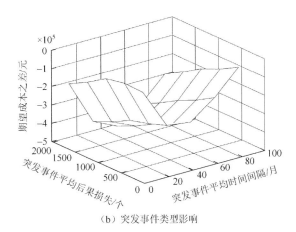

（b）突发事件类型影响

图 6-2　基于销售与补贴协同治理的混合策略

　　图 6-2 直观展示了混合策略比较适用于关键的应急物资（如为公共卫生事件常规储备的疫苗、抗流感药、消毒液、口罩、战略储备粮食等应急医疗或生活物资），以及后果严重的突发事件地区（如地震区、政治不稳定地区、世界公共卫生组织及医院医疗部门等）。可以推断，针对非关键应急物资，如衣服、照明工具等功能容易被其他物资替代的应急物资，市场需求率较小时，混合策略可以呈现出优势；而针对较关键的应急物资，市场需求率较高或者较低时，采用混合策略可能更有效。混合策略优势随着突发事件发生频率的增加先增加后降低，这说明，混合策略优势是销售策略与补贴协同治理策略的优势综合，当突发事件发生频率较高时，补贴协同治理策略占据优势地位，其优势随着突发事件发生频率的降低而减弱，但销售策略的相对优势在增加，且增加作用大于减弱作用；当发生频率降低到一定水平时，销售策略占据优势地位，其优势随着突发事件发生频率的降低而增加，但补贴协同治理策略的相对优势在降低，降低作用大于增加作用。

　　相对于单一补贴协同治理策略以及单一销售策略，基于销售与补贴协同治理的混合策略在什么条件下更有利？现行补贴协同治理下引入销售策略是否更有利，或者补贴协同治理下的销售策略是否比政府治理下的销售策略更优？仿真结果如图 6-3 所示，其中纵轴表示各研究策略与被动接受策略的成本差，混合策略表示基于销售与补贴协同治理的混合策略，即"双管齐下"。

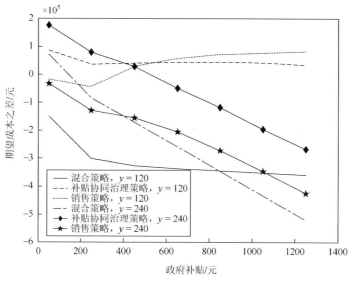

（a）应急物资普适性与关键性影响

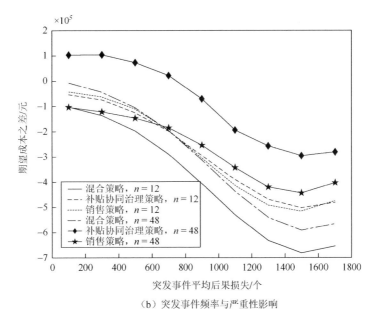

（b）突发事件频率与严重性影响

图 6-3　混合策略与单一策略的对比分析

y 表示应急物资普适性数值，纵轴表示某一策略与被动接受策略成本之差

　　首先，对比分析混合策略与单一补贴协同治理策略，判断什么条件下补贴协同治理可以引入销售策略。从图 6-3（a）中可以看出，混合策略在应急物资比较关键时拥有更显著的优势，说明针对应急医疗物资，如血液等，应急储备中心在与医院补贴协同治理的基础上，可以将自身库存销售给医院或诊所等部门，即在补贴协同治理的基础上实现销售轮换；针对关键的应急物资，混合策略在物资市场需求率较大时拥有更显著的优势，说明针对重要必需物资（关键性强、普适性大），应急储备在补贴协同治理下，可以对其自身库存实施销售策略；针对非关键应急物资，市场需求率较低的物资更适合混合策略。同时在图 6-3（b）中，针对为严重突发事件储备（地震、核泄漏、战争等）的应急物资，应急储备中心实施混合策略有利于提高应急供给能力与降低过期损失；同样，用 $\dfrac{1}{n}$ 表示突发事件发生次数，可以看出在易发生突发事件的国家或地区（地震带、政治不稳定地区或国家、易燃易爆炸的生产工厂），比如，日本或中国四川这些地震带上的国家或地区，或者生产易燃易爆炸的工厂区域，可以聚集精力实现销售与补贴协同治理策略的混合使用。上述仿真结果与 6.3 节对补贴协同治理下销售策略的保守（悲观决策准则下）定性分析结果一致，即补贴协同治理下，关键性、普适性的应急物资以及严重的、频发的突发事件更适合引入销售策略。

　　其次，对比分析补贴协同治理下销售策略与政府治理下的销售策略，判断选择补贴协同治理下的销售策略还是政府治理下的销售策略实施。分别观察图 6-3（a）与图 6-3（b），对非关键性且市场普适性高的应急物资，比如，为应对突发公共卫生事件的羽绒服、照明工具等属于非关键性但市场需求量大的应急物资，政府治理下的销售策略比补贴协同治理下的销售策略更具有显著优势；同理，对后果损失非严重且发生频率较高的突发事件，如交通安全事故，政府治理下的销售策略比补贴协同治理下的销售策略更优；政府治理下的销售策略与补贴协同治理下的销售策略一致，应急物资的市场需求率越高，销售策略越有利。所以，可以认为，政府治理下的销售策略更适合发生频率低的突发事件，而补贴协同治理下的销售策略对于发生频率高的突发事件更占据优势。综上，"双管齐下"的混合策略并不总是优于单一策略。

此外，政府补贴与消费者公益偏好程度均为混合策略的实施参数，其影响趋势如图 6-4 所示。

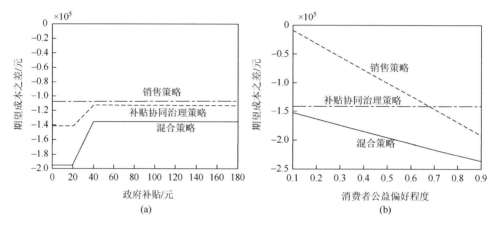

图 6-4　应急物资库存策略实施参数的影响

纵轴表示混合策略、补贴协同治理策略、销售策略与被动接受策略下的期望成本之差

直观地，与销售策略、补贴协同治理策略相比，混合策略的优势随政府补贴的增加呈现先降低后轻微增加，随着消费者公益偏好程度的增强而明显增加。可以看出，较高的市场补贴下，混合策略的优势不如低补贴下的优势显著，所以，建议应急储备中心以较低补贴价作为补贴标准，并且针对不同应急物资类型或突发事件类型设计不同的补贴制度，补贴额的决策可以进一步深入研究。另外，提高消费者公益偏好程度可以实现销售策略价值增加，虽然销售策略下应急储备中心与企业的总体经济价值得到增加，但是流失了更多消费者导致企业利润的降低，所以，应急储备中心应当设计合理的利益共享均衡机制，在此基础上共同关注提高市场消费者公益偏好程度。

6.5 剩余应急物资销售策略实施框架

本书主要是探究应急储备中心救援用剩的或临期的应急物资（在此书中统称为固定保质期剩余应急物资）是否可以采取销售策略，这里，销售策略指应急储备中心在应急救援结束后以及应急准备阶段内物资保质期临近时点，对库存剩余物资面向市场或企业进行销售。

6.5.1 剩余应急物资销售策略的实施动机

引起社会争议性的事件是 2019 年 2 月美国联邦应急管理局网上向公众拍卖救灾用剩的拖车房，同时 2020 年 1 月武汉市商务局上架销售寿光抗疫蔬菜也引致网上争议。截至目前，尚没有证据证明剩余应急物资销售策略是不可行的，并且法律层面没有规定不能轮售救灾储备物资。2023 年我国也尝试面向社会公众拍卖用剩的应急物资。所以本书尝试性构建销售策略应急物资库存决策模型，为应急储备中心销售剩余应急物资提供经济成本方面的证据，丰富应急物资储备管理策略。总结第 3 章、第 4 章、第 5 章、第 6 章的研究内容，可以得出，应急救援用剩或者临期的应急物资销售策略，在一定条件下，能够改善库存保障体系中的缺货风险和过期风险，即应急储备中心在一定条件下是有动机实施销售策略的。具体实施条件如下。

（1）在政府治理下，面向消费者的销售策略总是优于被动接受策略，可以同时实现应急供给能力的提高、过期损失的可能降低、社会整体经济价值的增加；销售策略优于捐赠策略的基本要求是物资市场需求量较高。在市场需求水平约束条件下，销售策略更适用于关键性的应急物资、"灰犀牛"（发生概率大、后果影响严重）突发事件。

（2）面向企业的低价销售策略在期望过期损失较小时是有利的，因为其不仅可以降低不确定性而且可以降低期望损失；对应急储备中心而言，面向企业的销售策略除了实施过程的复杂性以外，面向消费者的销售策略带来的经济价值大于面向企业的销售策略带来的经济价值。

（3）针对突发事件发生不是特别频繁的地区，只要市场需求量足够大或者应急物资关键性比较强，政府治理下的销售策略可以很好地实现社会整体价值的增加，即相比于补贴协同治理策略，政府治理下面向消费者的销售策略较优。

（4）在政企补贴协同治理下，针对关键的应急物资或者发生频率比较高的突发事件风险地区，引入剩余应急物资销售策略才可以带来应急库存管理效果增加，否则补贴协同治理下不适于引入销售策略缓解应急物资过期损失问题。

综上，具有较大市场需求率的应急物资是实施销售策略的前提，在此前提下，较关键的应急物资，为比较严重的突发事件（"黑天鹅"事件、重大公共卫生突发事件）储备的酒精、消毒液、口罩等应急物资，更适合采取销售策略。政府治理下，突发事件发生频率高的地区更适合销售策略，而补贴协同治理下，突发事件发生频率高的地区也更适合引入销售策略。此外，市场消费者公益偏好程度有利于销售策略的实施。

实施销售策略时，选择政府治理还是补贴协同治理下销售策略的依据如下。

（1）在突发事件发生频率较低的地区，针对市场需求量大且关键的应急物资采取政府治理下的销售策略；

（2）而在突发事件发生频率较高的地区（如地震带的日本、四川等地区、台风暴雨易发的沿海城市、易燃易爆炸的厂区、政治不稳定地区），则建议采取基于销售与补贴协同治理的混合策略，即补贴协同治理下的销售策略。

6.5.2　剩余应急物资销售策略的实施要素

为研究剩余应急物资销售策略的实施要素，要分析销售策略的业务、主体、关系、环境。具体实施要素构成与含义见表 6-3。

表 6-3　剩余应急物资销售策略的实施要素

宏观方面	微观要素	对剩余应急物资销售策略实施的影响
业务	不确定性	应急需求时间间隔与应急需求数量的不确定性，导致销售策略实施的时间与数量的不确定性，而不确定性程度越高，越需要灵活的销售实施方案
	物资用途	应急物资包括救援类、医疗类、生活类等物资，不同物资用途的市场需求弹性不同，比如医疗类或专业类物资要求较强的沟通协调，通常需要可控性较高的销售实施方案
	交易方式	交易信息越多越透明，销售策略实施越简单；渠道单一或多样决定销售策略市场化或专门化实施方案
主体	关注程度	市场消费者或其他利益相关者对剩余应急物资销售策略关注程度越高，说明销售物资可能被购买越多，不合理销售越容易被发现，实施方案更公平公正
	信任程度	市场消费者对组织对应急储备中心的信任程度越高，说明销售策略实施得到更多支持，采取集权式销售实施过程可能越有效
	治理能力	应急储备中心治理能力越强，采取可控性较高的销售实施过程或方案可能越有效
关系	应急储备中心地位	应急储备中心在关系网络中的地位，更容易影响利益相关者对其销售过程的协同运行
	关系网络联结强度	关系网络中的成员联结越紧密，应急储备中心越需要采取信任、沟通等非正式机制实施销售过程的管理

续表

宏观方面	微观要素	对剩余应急物资销售策略实施的影响
环境	社会文化	在公益偏好或消费者道德素质水平比较高的地区，剩余应急物资销售可以提高由缺货风险与过期风险组成的经济价值，公众舆论也促进或阻碍销售实施
	政策法规	政府对剩余应急物资销售策略没有明确地实施法律法规，如何规范地销售剩余应急物资是销售策略实施过程中重要的一方面
	智能技术	现代信息技术的发展，使得交易过程更透明化、信任化，如区块链技术，更有利于剩余应急物资透明信任规范地实施
	生态自然环境	固定保质期资源过期浪费通常破坏生态环境，环保压力倒逼应急储备中心降低固定保质期过期损失，实现库存轮换

（1）应急储备中心剩余物资销售策略涉及应急储备中心、消费者、销售企业，销售过程还可能会涉及社区、政府监督机构、非政府公益组织、金融机构、行业协会、社会媒体，其通过各种利益纽带或社会关系牵连。这些利益相关者对剩余应急物资销售策略形成内部或外部作用，比如，政府相关规章制度的约束，一些枪支弹药等危险品战略储备在中国市场不能随意流通；应急储备中心销售过程的公开透明，政府监督机构、社区公众以及媒体的监督参与会影响其销售实施。

（2）应急储备中心面向消费者公开销售剩余应急物资，具有公益偏好的消费者购买剩余应急物资，即应急储备中心与公益偏好消费者有商业关系与社会关系；在补贴协同治理下，应急储备中心与销售企业有市场竞争关系、合作补贴关系、应急征用关系，即应急储备中心与销售企业有商业关系与政治关系；销售企业销售物资给非公益偏好消费者、从应急储备中心转移的未满足需求的公益偏好消费者，所以销售企业与消费者有商业关系。

（3）应急储备中心销售剩余应急物资是一种商业活动，也是一种公共活动，因为销售的目的是降低公共资源浪费，提高公共应急能力。故其受经济环境（市场运行等）、社会政治环境（道德文化、政策法规、公众舆论等）、组织的内部环境（物资、制度、文化）、生态环境（固定保质期物资带来的污染）、信息技术环境（大数据技术、区块链技术）等的影响。

6.5.3　剩余应急物资销售策略的实施框架

根据 6.5.2 节的研究，影响剩余应急物资销售策略实施的因素包括业务、主体、关系、环境等，涉及销售实施的全过程，这些要素相对比较全面，且对剩余应急物资销售策略实施的影响是不可忽视的。因此，剩余应急物资销售策略实施的管理及方案设计需要从实施要素的影响入手，进而构建出剩余应急物资销售策略实施的大致框架，如图 6-5 所示。

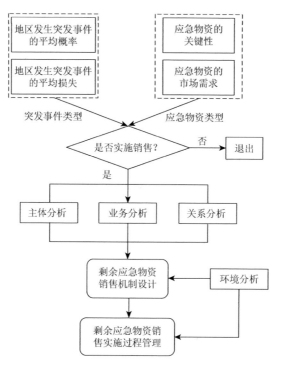

图 6-5　剩余应急物资销售策略的实施框架示意图

　　剩余应急物资销售策略实施，起源于是否满足销售策略实施的优势条件，即关键性强、市场需求量大的应急物资。然后评估所在地区的安全性，即发生突发事件的概率与后果，如果在相对安全的国家或地区，选择政府治理下的销售策略，而如果在相对不稳定的国家或地区，选择补贴协同治理下的销售策略。

　　在确定是否实施以及实施何种治理方式下的销售策略之后，对销售策略实施过程涉及的主体、业务、关系进行剖析，确定其影响要素，并设计剩余应急物资的销售机制，包括销售渠道、销售时间、销售价格、促销等机制。

　　销售策略根据设计的机制运行，由于外界环境的影响，会出现各种不确定与挑战，比如，剩余应急物资销售过程的不透明性、社会政策环境的变化等，需要制定一些治理措施，避免出现腐败或者不合理现象，保障应急物资储备保障体系的快速响应与灵活性。

6.6　结论与管理启示

　　本章是对剩余应急物资销售策略的进一步延伸性研究。当前常用的应急储备中心储备治理方式为补贴协同治理，并且这种方式是政府所倡导并鼓励的；剩余应急物资面向市场销售引起较大的争议性，亟须探究面向市场销售剩余应急物资的销售策略。基于此，本章研究当前补贴协同治理下引入销售策略是否可以降低过期损失与提高应急供给能力，即基于销售与补贴协同治理混合策略的优势条件。为直观给出销售策略的分析结果，对混合策略的双层规划模型进行转化，设计近似算法并求解。本章的另一项工作是，在研究政府治理下与补贴协同治理下销售策略的优势之后，分析剩余应急物资销售策略的实施要素，并尝试性给出销售策略实施的逻辑框架，为剩余应急物资销售策略的实施提供起始点与路径。本章的主要研究结论与管理启示有以下几点。

（1）在现行的补贴协同治理中，针对关键的应急物资或者发生频率比较高的突发事件风险地区，引入销售策略可以实现应急供给能力的提高以及应急过期损失的降低。此结论可理解为，在任意地区建立的应急储备中心，对其储备的关键应急物资采取基于销售与补贴协同治理的混合策略，要优于单一补贴协同治理策略；而在突发事件发生频率比较高的高风险地区，可对任意应急物资采取基于销售与补贴协同治理的混合策略。

（2）销售策略对关键性强、市场需求量大的应急物资是有利的，可以采取政府治理下的销售策略，也可以采取补贴协同治理下的销售策略。而选择在政府治理还是补贴协同治理下引入销售，取决于所在地区的突发事件发生频率。因此，在发生频率较高的高风险地区，采取补贴协同治理下的销售策略；在发生频率较低的安全地区，针对关键性强的应急物资采取政府治理下的销售策略，关键性较强的应急物资采取补贴协同治理策略，关键性不强的应急物资采取捐赠策略。所以，评估地区的风险大小（频率与后果）是选择实施何种治理方式下销售策略的关键。

（3）在决定是否实施销售策略时，主要分析应急物资类型以及应急储备中心可能面临的突发事件类型；在分析过程中，从涉及剩余应急物资销售实施全过程的方案行为、主体、关系、环境四个方面入手，概括销售策略实施的要素，具体包括不确定性、物资用途、交易方式、关注程度、信任程度、治理能力、应急储备中心地位、关系网络联结强度、社会文化、政策法规、智能技术、生态自然环境等；通过上述分析选择采取直销、网络销售、间接销售、拍卖等销售机制，并针对性设计销售实施方案与管理措施，即实施过程步骤以及相关保障约束措施，最后衡量出销售实施过程的应急保障效果与过期控制效果，并不断反馈调整。

第 7 章　结论与展望

应急物资提前储备是应急管理及应急预案的重要内容,这一作用在四川地震、郑州水灾等突发事件应对中得到凸显。在应对新发突发特大公共卫生事件时,我国各地战略储备普遍短缺,主要表现在应急医疗服务人员和场地提供、应急医疗物资储备和生产等方面。而口罩、酒精、医疗场地、医疗设备等应急物资储备的严重不足导致疫情扩散加快、感染患者伤亡概率增加、民众恐慌心理加重。另外,因为重大突发事件的发生频率较低,且突发事件的发生时间与数量是不确定性的,固定保质期应急物资在应急储备中心存在较高的过期损失,如生活物资(水、牛奶、面包、水果、蔬菜等)、医疗物资(酒精、口罩、感冒药、消炎药、血液等)等过期浪费严重。所以,为缓解应急物资储备缺货风险与过期风险并存的管理困境,研究应急物资储备治理策略具有重要意义,有利于提高应急供给能力,帮助解决应急物资保障体系的突出短板,也有利于降低过期损失,使应急救援用剩的物资或者保存的临期物资能够得到有效轮换使用。

基于上述应急物资储备管理困境背景,在应急物资库存控制决策研究存在的一些应用挑战与不足的基础上,本书对应急物资储备决策方法与储备治理策略进行深入研究,从未知应急需求随机变量分布条件下决策、政府治理下的销售策略(包括面向消费者和面向企业的销售策略)构建、政企合作治理下的协同治理策略(包括补贴协同治理策略和销售策略与补贴协同治理的混合策略)设计三个递进内容探究剩余应急物资销售策略的可行性,具有重要的理论与实践意义。

7.1　主　要　工　作

本书的研究切入点是美国联盟应急管理局拖车房拍卖行为引发的社会争议、我国地方各级政府及应急管理部门面向社会公众拍卖剩余应急物资的尝试性,探索销售策略的可行性、有效性以及不同治理策略的应用范围。为有效研究剩余应急物资销售这一治理策略,系统地分析了应急物资库存管理与控制领域相关研究,发现相关理论研究在实践应用过程中存在一些挑战:①研究多为已知概率的随机规划模型,而在数据匮乏且复杂多样的应急实践环境中往往难以准确获取随机分布信息。②政企协同治理是应急库存控制的常用方法,但政府应急救援规定对决策有很大影响。针对研究的切入点及存在的挑战,本书具体做了以下的研究工作。

（1）针对剩余应急物资销售行为的争议性和实践探索性，构建了面向消费者以及面向企业的销售策略，并从提高应急供给能力（减少缺货风险）以及降低过期损失（减少过期风险）两个方面，对比研究销售策略相对于被动接受策略、捐赠策略、补贴协同治理策略的优势。在探究剩余应急物资销售策略的优势过程中，发现：如果得到销售策略的优势条件，需要构建求解未知随机变量分布条件下决策模型的方法；由于补贴协同治理策略实践的理论研究还需更深入探索，为了对比常见的补贴协同治理策略与销售策略的优劣，则需要设计实践中常用的补贴协同治理。基于此，本书又从研究主线上开展了另外两个分支研究：首先研究库存规划决策方法，构建了自由分布库存规划模型，因为这是应急决策研究的基础；其次基于"代储物资补贴、征用补偿管理"政策，设计了补贴协同治理策略。

（2）针对应急物资库存规划决策方法的挑战，具体研究工作包括两个方面。首先，从应急环境的特点出发，考虑应急需求数量与应急需求时间间隔的不确定性，验证应急需求时间间隔的不确定性是否显著影响固定保质期应急物资库存控制决策与管理绩效，并且说明应急需求时间间隔的不确定性是否是固定保质期应急物资库存过期损失的来源之一。其次，针对实践中不能准确确定随机分布信息的情况，构建了基于应急需求数量与应急需求时间间隔的不确定性下的自由分布库存规划模型，通过界定期望目标函数的上下界，利用 min-max 准则和悲观决策准则进行保守决策，说明了模型的鲁棒性。构建的自由分布库存规划模型考虑了多个维度的随机性，避免了多个维度随机性带来的"维度灾难"，还降低了随机变量分布信息估计难度。

（3）针对政企协同治理过程中中国国情下政府救援规定，依据我国各级政府及应急管理部门对应急物资储备保障要求，设计了补贴协同治理策略，验证基于政府补贴对应急储备中心与销售企业之间的协同治理系统是否有协调作用，同时分析了补贴协同治理策略优于无任何行动的被动接受策略的条件，给出了补贴协同治理策略的治理有效性范围，并探究了销售策略相较于补贴协同治理策略的利弊。在此基础上，根据混合策略常常优于单一策略的思想，进一步构建了基于销售与补贴协同治理的混合策略，观察补贴协同治理下引入销售策略是否有利于应急物资库存控制改善，给出了政府治理与补贴协同治理下销售策略的适用范围，形成了应急物资储备不同治理策略的应用范围。

7.2　主　要　结　论

根据第 2~6 章的研究内容与工作，本书主要通过构建应急库存随机规划模型，采用自由分布库存规划模型求解方法，得出应急物资储备治理策略的比较优势，为剩余应急物资销售策略的争议性提供理论依据，为应急储备中心选择不同治理策略提供指导。研究过程中，通过算例直观展示了研究方法的可行性与研究结果的有效性，得到的研究结论具体如下。

（1）自由分布库存规划模型对应急物资保障体系研究是一种有效的决策方法。应急物资库存面临需求时间、需求数量的不确定性，应急物资储备保障发生在突发事件的早期准备阶段，此时，大量的参数不确定性可能会限制模型获得准确决策的能力，并且这种不确定性是不能通过时间等待降低的，因为应急物资储备保障发生在突发事件发生之前。所以，在不确定环境下，获得稳定的最优解是衡量决策成功与否的重要因素。在应急需求数量与应急需求时间间隔不确定性下，构建的自由分布库存规划模型具有鲁棒性与有效性。此外，应急需求时间间隔的不确定性显著影响着决策结果，是固定保质期应急物资过期损失的主要因素。因此，在固定保质期应急物资库存控制决策研究中，除了考虑应急需求数量的不确定性，也需要考虑应急需求时间间隔的不确定性。而自由分布库存规划模型，也能解决多维不确定性带来的"维度灾难"，为固定保质期应急物资储备保障体系的构建与研究提供决策支持。

（2）面向消费者的剩余应急物资销售策略可以有效提高应急供给能力、降低过期损失。面向消费者的销售策略受消费者公益偏好程度影响，其决定着应急储备中心从市场销售企业吸引过来的最大销售量，所以消费者公益偏好程度影响应急储备中心与销售企业的销售收入分配。研究发现，以自由分布库存规划为决策方法，在给定的公益偏好环境下，面向消费者的剩余应急物资销售策略总是优于无任何行为的被动接受策略。这说明，面向公众的剩余应急物资拍卖，是可以改善应急物资储备中缺货风险与过期风险并存的管理困境。

（3）应急物资本质上具有人道主义救助性质，而其面向公众销售的行为被认为违背了人道主义原则，因为没有像捐赠策略一样体现救助精神。基于此，考虑捐赠策略对贫困人群的社会福利改善作用，判断在什么情形下实施销售策略可以实现更显著的社会福利价值的提升作用。研究显示，经济发达地区或国家实施销售策略比贫困改善带来更多社会价值，而经济落后国家或地区实施剩余应急物资捐赠策略有助于扶贫改善，更值得推崇。但是，在应急供给能力提升作用方面，销售策略有着比捐赠策略更显著的效果。总之，在保守准则下，以应急供给能力为主导、人道主义救助为主要特征的应急物资保障体系中，面向消费者的销售策略存在应用范围，与具有人道主义性质的捐赠策略有不同应用范围侧重。

（4）面向企业的剩余应急物资销售策略总能有效提高应急供给能力并同时降低应急储备中心的过期损失。当面向消费者的销售策略的销售挤占效应大于面向企业的销售策略的过期风险转移效应和后期采购效应时，面向企业的销售策略比面向消费者的销售策略更有效。这说明，较低的应急储备中心批发价格可以保证面向企业的销售策略的有效性，应急储备中心与销售企业进行协同治理存在有效实施空间。因此，协同治理的合作机制应当是缓解应急物资储备中缺货与过期并存的管理困境的进一步重要策略。

（5）剩余应急物资销售策略存在优于补贴协同治理策略的实施范围，提出的补贴协同治理策略可以有效协调应急储备中心与销售企业的合作关系，并且可以实现过期损失的降低。因为政企协同治理是当前政府应急储备常采用的储备保障方式，并且我国应急救援规定致使常见的市场契约可能偏离最优结果，为对比销售策略与补贴协同治理策略的优劣，本书构建了补贴协同治理模型，该模型考虑了突发事件发生后应急储备中心先征用后结算补偿的救援规定。研究发现，相对于被动接受策略，补贴协同治理策略存在应用界限，剩余应急物资的销售策略与补贴协同治理策略之间存在适用条件的相同与不同之处，为构建基于销售与补贴协同治理的混合策略提供思路依据，即适用范围不同的策略可能存在相互补充的关系，混合策略可能优于单一策略。

（6）在补贴协同治理下引入销售策略可以综合两个单一策略的实施效果。比如，剩余应急物资销售策略与补贴协同治理策略，都更适合关键的应急物资，则针对关键的应急物资，基于销售与补贴协同治理的混合策略比任意单一策略更有利。研究补贴协同治理下剩余应急物资销售的可行性发现，补贴协同治理下引入销售策略存在优于单一补贴协同治理策略的实施范围；不同突发事件发生频率的地区，可以采取不同治理方式下的销售策略。综上，当满足一定的条件时，剩余应急物资的销售策略的实施是可以同时获得应急供给能力的提高与过期损失的降低。因此，通过研究得到，剩余应急物资销售策略存在有利实施范围，所以美国联邦应急管理局的拍卖剩余拖车房、我国各级政府及应急管理局拍卖应急隔离舱等行为是可行的，为其争议性和有效性提供了借鉴意义。

7.3　未来展望

重大突发公共卫生事件应对早期阶段，世界很多地方的应急药品、应急生活物资等储备仍显不足，反映出各个国家的应急物资保障体系存在突出短板，而应急物资保障体系是提高突发事件应对响应能力的重要前提。因而，解决完善重大突发事件的物资储备治理策略是亟须解决的现实问题。在应急物资储备治理方面，要解决的关键问题为：一是应急物资储备的能力保障，包括补充创新应急物资储备渠道或方式；二是因为固定保质期应急物资的过期损失以及应急需求时间间隔的不确定性，需要确定应急物资合适的储备量。

关于应急物资储备保障体系的理论研究较多，本书在目前应急物资储备治理研究的基础上，分析现有理论研究在实践应用中的挑战，在挑战中部分需求分布信息下应急物资库存规划、应急救援规定约束下的补贴协同治理研究的基础上，完成剩余应急物资销售策略的争议性分析。为应急物资保障体系提出了一套新的并且有效的储备治理策略，解决了应急物资销售轮换策略争议性，为进一步深入探究剩余应急物资销售策略的实施、指导应急物资储备治理策略选择、完善应急物资保障体系与应急管理机制提供基础，未来将从以下几个方面进行后续的研究。

（1）剩余应急物资销售策略实施方面。本书说明了销售策略在一定条件下的可实施性，但在实施过程中需要注意：价格合理性，即一方面要避免价格过高违背应急物资储备的初衷，另一方面也须避免价格过低而产生投机行为；信息透明性，应急储备物资作为一种公共物品，需要保障物资销售透明化，避免因相关人员利用行政权力产生腐败现象。因此，未来针对剩余应急物资销售策略实施的研究包括：①探究剩余应急物资销售策略实施的阻碍机制，识别民众反对剩余应急物资销售策略的影响因素及程度范围，探讨应急储备中心较少甚至没有针对用剩的或者临期的应急物资采取销售策略的根源，为解决销售轮换策略争议性提供政策建议。②制定合理的定价机制，因为销售行为一定涉及价格，而本书中假设剩余应急物资销售价格等同市场价格。未来可放松这一假设，专门研究剩余应急物资销售轮换策略的价格机制，市场供需影响产品价格，而影响市场供需的除了储备量与生产规模、市场规模外，应急物资的本身属性（固定保质期、普适性、关键性等价值）也影响着市场需求结构，社会文化氛围与政策规定也影响着市场供需方式。③借鉴区块链信任机制，构建多元主体参与的应急物资透明治理机制，设计协调治理机制保障销售策略的透明化实施。挖掘区块链参与者之间的信任机制，剖析应急储备中心与采购商、销售企业、消费者、公众之间可能存在信任问题的环节，制定相应的保障政策并提供技术支持，构建销售策略的实施治理机制。

（2）随机规划研究方法方面。①探索未知分布条件下多随机变量的规划方法，因为突发事件面临着较大的不确定性，包括发生时间、需求数量、发生地点、物资储备方与供应方的供给不确定性。而考虑多种随机变量时，如何有效避免"维度灾难"，设计随机规划的近似解，保证决策的鲁棒性，是值得研究的问题。②多种随机变量可能存在相关关系，未来也可以嵌入随机变量之间的关系探索多随机变量规划方法、基于数据驱动和机器学习的预测或规划技术。③未来还可以考虑应急管理事前事后阶段，建立应急管理全过程库存规划模型，设计非线性多阶段动态规划算法。

（3）应急物资储备治理策略方面。从重大突发公共卫生事件应对暴露的短板来看，未来可从下述几个方面进行深入研究探讨：①优化应急物资库存布局路线规划，合理分配储备的种类、规模、结构，以最短时间调度分配应急物资，提高应急物资应对效率与专业性。②优化应急物资产能保障和区域布局。因为生产专业化分工，应急储备中心如何从供应链视角着手，统一原材料供应、物流运行、生产调度，如何设计与生产企业所在供应链的应急生产合作协议，实现应急物资供应链协调。③创新应急物资储备方式，如研究论述，常见的补贴协同治理方式虽在一定程度上有利，但也存在应用边界，如何创新完善应急物资储备方式与治理策略，都是后续待研究的问题。

参 考 文 献

曹忠鹏，代祺，赵晓煜.2012.公益事件营销中企业：消费者契合度和宣传侧重点影响效果研究[J].南开管理评论，15（6）：62-71.

但斌，贺庆仁，李宇雨.2017.易逝品多销售阶段预防性横向调拨与订货决策模型[J].管理工程学报，31（1）：133-141.

丁斌，邹月月.2012.基于政企联合储备模式下的应急物资的 EOQ 模型[J].大连理工大学学报（社会科学版），33（1）：90-94.

郭影，孟庆春，戎晓霞.2019.基于临期回收和响应供给策略的易逝性应急物资库存决策研究[J].中国管理科学，27（11）：127-137.

胡婉婷，丁晶晶，梁樑.2023.基于期权代储协议的应急物资政企联合储备模型研究[EB/OL].https://doi.org/10.16381/j.cnki.issn1003-207x.2022.0768[2024-03-28].

扈衷权，田军，冯耕中.2018.基于期权采购的政企联合储备应急物资模型[J].系统工程理论与实践，38（8）：2032-2044.

扈衷权，周晓阳，樊慧荣，等.2023.企业储备模式下应急物资储备及采购定价决策研究[J].系统工程理论与实践，43（2）：438-454.

刘斌，崔文田.2009.缺货损失高于补货成本的易逝品供应链协调[J].管理工程学报，23（3）：146，150-152.

刘红艳，李爱梅，王海忠，等.2012.不同促销方式对产品购买决策的影响：基于解释水平理论视角的研究[J].心理学报，44（8）：1100-1113.

路胜，冯凯，龚卫锋，等.2007.战备物资储备轮换更新机制初探[J].物流技术，26（4）：109-112.

马祖军，周愉峰.2018.国家血液战略储备库选址：库存问题[J].管理科学学报，21（3）：54-68.

欧阳桃花，郑舒文，程杨.2020.构建重大突发公共卫生事件治理体系：基于中国情景的案例研究[J].管理世界，36（8）：19-32.

潘伟，郭影.2017.机场应急物资补货策略研究[J].软科学，31（12）：118-123.

潘伟，郭影，刘汕，等.2015.我国随机事故发生时间的机场应急物资储备：基于单个应急准备阶段的医疗物资应急库存决策[J].管理评论，27（10）：195-203.

祁超，卢辉，王红卫，等.2021.应急医院工程快速建造及其对疫情防控的作用：以武汉市抗击新冠疫情为例[J].管理世界，37（6）：12，189-201，213.

石彪，池宏，祁明亮，等.2017a.资源约束下的应急预案重构方法研究[J].中国管理科学，25（1）：117-128.

石彪，薛旭旭，池宏，等.2017b.应急预案的执行状态优化问题研究[J].中国管理科学，25（3）：156-163.

苏凇，黄劲松.2013.关于逆营销的效果研究：基于 CLT 理论的视角[J].管理世界，（11）：118-129.

孙瑞山，孟令慧. 2013. 航空飞行事故时间分布规律研究[J]. 交通信息与安全，31（2）：83-87.

田军，葛永玲，侯丛丛. 2014. 政府主导的基于实物期权契约的应急物资采购模型[J]. 系统工程理论与实践，34（10）：2582-2590.

田军，张海青，汪应洛. 2013. 基于能力期权契约的双源应急物资采购模型[J]. 系统工程理论与实践，33（9）：2212-2219.

王珂，吴丽瑶，杨全. 2017. 基于价值损耗特性的应急物资储备轮换更新策略研究[J]. 武汉理工大学学报（信息与管理工程版），39（6）：654-659.

王宁，郭玮，黄红雨，等. 2015. 基于知识元的应急管理案例情景化表示及存储模式研究[J]. 系统工程理论与实践，35（11）：2939-2949.

徐飞，郭耀煌. 1996. 具有主从结构的多目标非线性两层优化问题的可行方向法[J]. 西南交通大学学报，31（4）：433-439.

许明辉，于刚，张汉勤. 2006. 带有缺货惩罚的报童模型中的 CVaR 研究[J]. 系统工程理论与实践，26（10）：1-8.

杨曼，刘德海，李德龙. 2023. 政企实物-生产能力应急物资储备与采购定价的微分博弈模型[J]. 管理评论，35（9）：274-286.

张海青，田军. 2011. 采购方主导的基于能力期权契约的应急物资采购模型[J]. 系统科学与数学，31（10）：1317-1327.

张江华，刘治平，朱道立. 2009. 多源点突发灾害事故应急疏散模型与算法[J]. 管理科学学报，12（3）：111-118.

张琳，田军，杨瑞娜，等. 2016. 数量柔性契约中的应急物资采购定价策略研究[J]. 系统工程理论与实践，36（10）：2590-2600.

朱翊敏. 2013. 慈善捐赠额度与产品类型对消费者响应的影响[J]. 经济管理，35（3）：85-95.

朱翊敏. 2014. 慈善营销中契合类型与信息框架对消费者响应的影响[J]. 南开管理评论，17（4）：128-139.

朱翊敏，李蔚，刘容. 2012. 慈善营销中契合度、熟悉度和产品性质对消费者响应的影响[J]. 南开管理评论，15（3）：33-41，71.

Aboolian R，Cui T T，Shen Z J M. 2013. An efficient approach for solving reliable facility location models[J]. INFORMS Journal on Computing，25（4）：720-729.

Agrawal V，Seshadri S. 2000. Distribution free bounds for service constrained（Q, r）inventory systems[J]. Naval Research Logistics，47（8）：635-656.

Akkas A，Gaur V，Simchi-Levi D. 2019. Drivers of product expiration in consumer packaged goods retailing[J]. Management Science，65（5）：2179-2195.

Alfares H K，Elmorra H H. 2005. The distribution-free newsboy problem：extensions to the shortage penalty case[J]. International Journal of Production Economics，93/94：465-477.

Ali Torabi S，Shokr I，Tofighi S，et al. 2018. Integrated relief pre-positioning and procurement planning in humanitarian supply chains[J]. Transportation Research Part E：Logistics and Transportation Review，113：123-146.

Altay N. 2013. Capability-based resource allocation for effective disaster response[J]. IMA Journal of

Management Mathematics, 24 (2): 253-266.

Altay N, Green III W G. 2006. OR/MS research in disaster operations management[J]. European Journal of Operational Research, 175 (1): 475-493.

Anaya-Arenas A M, Renaud J, Ruiz A. 2014. Relief distribution networks: a systematic review[J]. Annals of Operations Research, 223 (1): 53-79.

Andrews M, Luo X M, Fang Z, et al. 2014. Cause marketing effectiveness and the moderating role of price discounts[J]. Journal of Marketing, 78 (6): 120-142.

Arifoğlu K, Deo S, Iravani S M R. 2012. Consumption externality and yield uncertainty in the influenza vaccine supply chain: interventions in demand and supply sides[J]. Management Science, 58 (6): 1072-1091.

Arshinder, Kanda A, Deshmukh S G. 2008. Supply chain coordination: perspectives, empirical studies and research directions[J]. International Journal of Production Economics, 115 (2): 316-335.

Bakker M, Riezebos J, Teunter R H. 2012. Review of inventory systems with deterioration since 2001[J]. European Journal of Operational Research, 221 (2): 275-284.

Balcik B, Ak D. 2014. Supplier selection for framework agreements in humanitarian relief[J]. Production and Operations Management, 23 (6): 1028-1041.

Balcik B, Beamon B M, Krejci C C, et al. 2010. Coordination in humanitarian relief chains: practices, challenges and opportunities [J]. International Journal of Production Economics, 126 (1): 22-34.

Balcik B, Bozkir C D C, Kundakcioglu O E. 2016. A literature review on inventory management in humanitarian supply chains[J]. Surveys in Operations Research and Management Science, 21 (2): 101-116.

Bao C B, Li J P, Wu D S. 2018. A fuzzy mapping framework for risk aggregation based on risk matrices[J]. Journal of Risk Research, 21 (5): 539-561.

Baron O, Hu M, Najafi-Asadolahi S, et al. 2015. Newsvendor selling to loss-averse consumers with stochastic reference points[J]. Manufacturing & Service Operations Management, 17 (4): 456-469.

Beamon B M, Balcik B. 2008. Performance measurement in humanitarian relief chains[J]. International Journal of Public Sector Management, 21 (1): 4-25.

Beamon B M, Kotleba S A. 2006. Inventory modelling for complex emergencies in humanitarian relief operations[J]. International Journal of Logistics Research and Applications, 9 (1): 1-18.

Ben-Tal A, Chung B D, Mandala S R, et al. 2011. Robust optimization for emergency logistics planning: risk mitigation in humanitarian relief supply chains[J]. Transportation Research Part B: Methodological, 45 (8): 1177-1189.

Berenguer G, Shen Z J M. 2020. OM forum: challenges and strategies in managing nonprofit operations: an operations management perspective[J]. Manufacturing & Service Operations Management, 22 (5): 888-905.

Berk E, Gürler Ü. 2008. Analysis of the (Q, r) inventory model for perishables with positive lead times and lost sales[J]. Operations Research, 56 (5): 1238-1246.

Besiou M, van Wassenhove L N. 2020. Humanitarian operations: a world of opportunity for relevant and impactful research[J]. Manufacturing & Service Operations Management, 22 (1): 135-145.

Bloom P N, Hoeffler S, Keller K L, et al. 2006. How social-cause marketing affects consumer perceptions[J]. MIT Sloan Management Review, 47 (2): 49-55.

Bozorgi-Amiri A, Jabalameli M S, Mirzapour Al-e-Hashem S M J. 2013. A multi-objective robust stochastic programming model for disaster relief logistics under uncertainty[J]. OR Spectrum, 35 (4): 905-933.

Bradford J W, Sugrue P K. 1991. Inventory rotation policies for slow moving items[J]. Naval Research Logistics, 38 (1): 87-105.

Brønn P S, Vrioni A B. 2001. Corporate social responsibility and cause-related marketing: an overview[J]. International Journal of Advertising, 20 (2): 207-222.

Bu J Z, Gong X T, Chao X L. 2023. Asymptotic optimality of base-stock policies for perishable inventory systems[J]. Management Science, 69 (2): 846-864.

Cachon G P. 2003. Supply chain coordination with contracts[J]. Handbooks in Operations Research and Management Science, 11: 227-339.

Cachon G P. 2004. The allocation of inventory risk in a supply chain: push, pull, and advance-purchase discount contracts[J]. Management Science, 50 (2): 222-238.

Cachon G P, Lariviere M A. 2005. Supply chain coordination with revenue-sharing contracts: strengths and limitations[J]. Management Science, 51 (1): 30-44.

Campbell A M, Jones P C. 2011. Prepositioning supplies in preparation for disasters[J]. European Journal of Operational Research, 209 (2): 156-165.

Campbell A M, Vandenbussche D, Hermann W. 2008. Routing for relief efforts[J]. Transportation Science, 42 (2): 127-145.

Cao C J, Li C D, Yang Q, et al. 2018. A novel multi-objective programming model of relief distribution for sustainable disaster supply chain in large-scale natural disasters[J]. Journal of Cleaner Production, 174: 1422-1435.

Caunhye A M, Nie X F, Pokharel S. 2012. Optimization models in emergency logistics: a literature review[J]. Socio-Economic Planning Sciences, 46 (1): 4-13.

Chakravarty A K. 2014. Humanitarian relief chain: rapid response under uncertainty[J]. International Journal of Production Economics, 151: 146-157.

Chen J X, Liang L, Yao D Q. 2017. Pre-positioning of relief inventories for non-profit organizations: a newsvendor approach[J]. Annals of Operations Research, 259 (1): 35-63.

Chen J X, Liang L, Yao D Q. 2018. Pre-positioning of relief inventories: a multi-product newsvendor approach[J]. International Journal of Production Research, 56 (18): 6294-6313.

Chen S, Lee H, Moinzadeh K. 2016. Supply chain coordination with multiple shipments: the optimal inventory subsidizing contracts [J]. Operations Research, 64 (6): 1320-1337.

Chen Z, Qi Q, Wang C, et al. 2022. Simple and (approximately) optimal mechanism in efficiency and equality trade-off[R]. SSRN Electronic Journal.

Choi T M. 2012. Handbook of Newsvendor Problems: Models, Extensions and Applications[M]. New York: Springer.

Chua G A, Mokhlesi R, Sainathan A. 2017. Optimal discounting and replenishment policies for perishable products[J]. International Journal of Production Economics, 186: 8-20.

Corbett C J, Pedraza-Martinez A J, van Wassenhove L N. 2022. Sustainable humanitarian operations: an integrated perspective[J]. Production and Operations Management, 31 (12): 4393-4406.

Craig D, Porter D. 2003. Poverty reduction strategy papers: a new convergence[J]. World Development, 31 (1): 53-69.

Dai T L, Cho S H, Zhang F Q. 2016. Contracting for on-time delivery in the U.S. influenza vaccine supply chain[J]. Manufacturing & Service Operations Management, 18 (3): 332-346.

Dalal J, Üster H. 2018. Combining worst case and average case considerations in an integrated emergency response network design problem[J]. Transportation Science, 52 (1): 171-188.

Das R, Hanaoka S. 2014. Relief inventory modelling with stochastic lead-time and demand[J]. European Journal of Operational Research. 235 (3): 616-623.

Davis L B, Samanlioglu F, Qu X L, et al. 2013. Inventory planning and coordination in disaster relief efforts[J]. International Journal of Production Economics, 141 (2): 561-573.

de la Torre L E, Dolinskaya I S, Smilowitz K R. 2012. Disaster relief routing: integrating research and practice[J]. Socio-Economic Planning Sciences, 46 (1): 88-97.

Dhar R, Kim E Y. 2007. Seeing the forest or the trees: implications of construal level theory for consumer choice[J]. Journal of Consumer Psychology, 17 (2): 96-100.

Dubé J P, Luo X M, Fang Z. 2017. Self-signaling and prosocial behavior: a cause marketing experiment[J]. Marketing Science, 36 (2): 161-186.

Duff M. 2014. Mass dump of Tamiflu a bitter pill to swallow[EB/OL]. http://www.stuff.co.nz/national/9768461/Mass-dump-of-Tamiflu-a-bitter-pill-to-swallow[2023-08-05].

Duran S, Gutierrez M A, Keskinocak P. 2011. Pre-positioning of emergency items for CARE international[J]. Interfaces, 41 (3): 223-237.

Edmunds T A, Bard J F. 1991. Algorithms for nonlinear bilevel mathematical programs[J]. IEEE Transactions on Systems, Man, and Cybernetics, 21 (1): 83-89.

Eftekhar M, Jeanette Song J S, Webster S. 2022. Prepositioning and local purchasing for emergency operations under budget, demand, and supply uncertainty[J]. Manufacturing & Service Operations Management, 24 (1): 315-332.

Ergun O, Hopp W J, Keskinocak P. 2023. A structured overview of insights and opportunities for enhancing supply chain resilience[J]. IISE Transactions, 55 (1): 57-74.

Faraj S, Xiao Y. 2006. Coordination in fast-response organizations[J]. Management Science, 52 (8): 1155-1169.

Ferreira G O, Arruda E F, Marujo L G. 2018. Inventory management of perishable items in long-term humanitarian operations using Markov decision processes[J]. International Journal of Disaster Risk Reduction, 31: 460-469.

Fries B E. 1975. Optimal ordering policy for a perishable commodity with fixed lifetime[J]. Operations Research, 23 (1): 46-61.

Galindo G, Batta R. 2013. Review of recent developments in OR/MS research in disaster operations management[J]. European Journal of Operational Research, 230 (2): 201-211.

Gallego G, Moon I. 1993. The distribution free newsboy problem: review and extensions[J]. Journal of the Operational Research Society, 44 (8): 825-834.

Gao F. 2020. Cause marketing: product pricing, design, and distribution[J]. Manufacturing & Service Operations Management, 22 (4): 775-791.

Garrido R A, Lamas P, Pino F J. 2015. A stochastic programming approach for floods emergency logistics[J]. Transportation Research Part E: Logistics and Transportation Review, 75: 18-31.

Grahovac J, Chakravarty A. 2001. Sharing and lateral transshipment of inventory in a supply chain with expensive low-demand items[J]. Management Science, 47 (4): 579-594.

Green L V, Kolesar P J. 2004. ANNIVERSARY ARTICLE: improving emergency responsiveness with management science[J]. Management Science, 50 (8): 1001-1014.

Guide V D R, Jr, Souza G C, van Wassenhove L N, et al. 2006. Time value of commercial product returns[J]. Management Science, 52 (8): 1200-1214.

Guo P F, Liu F, Wang Y L. 2020. Pre-positioning and deployment of reserved inventories in a supply network: structural properties[J]. Production and Operations Management, 29 (4): 893-906.

Guo Y, Wood J, Pan W, et al. 2018. Inventory optimization of airport perishable emergency supplies with replacement strategy facing stochastic occurrence time by CVaR approach[J]. International Journal of Disaster Risk Reduction, 31: 170-183.

Gupta S, Starr M K, Farahani R Z, et al. 2016. Disaster management from a POM perspective: mapping a new domain[J]. Production and Operations Management, 25 (10): 1611-1637.

Haghani A, Oh S C. 1996. Formulation and solution of a multi-commodity, multi-modal network flow model for disaster relief operations[J]. Transportation Research Part A: Policy and Practice, 30 (3): 231-250.

Hong X, Lejeune M A, Noyan N. 2015. Stochastic network design for disaster preparedness[J]. IIE Transactions, 47 (4): 329-357.

Hoyos M C, Morales R S, Akhavan-Tabatabaei R. 2015. OR models with stochastic components in disaster operations management: a literature survey[J]. Computers & Industrial Engineering, 82: 183-197.

Hu P, Shum S, Yu M. 2016. Joint inventory and markdown management for perishable goods with strategic consumer behavior[J]. Operations Research, 64 (1): 118-134.

Hu S L, Dong Z S. 2019. Supplier selection and pre-positioning strategy in humanitarian relief[J]. Omega, 83: 287-298.

Hu Y, Chan C W, Dong J. 2021. Prediction-driven surge planning with application in the emergency department[R]. Working Paper.

Hu Z Q, Tian J, Feng G Z. 2019. A relief supplies purchasing model based on a put option contract[J].

Computers & Industrial Engineering，127：253-262.

Huang M，Smilowitz K R，Balcik B. 2013. A continuous approximation approach for assessment routing in disaster relief[J]. Transportation Research Part B：Methodological，50：20-41.

Jammernegg W，Kischka P. 2007. Risk-averse and risk-taking newsvendors：a conditional expected value approach[J]. Review of Managerial Science，1（1）：93-110.

Jammernegg W，Kischka P. 2009. Risk preferences and robust inventory decisions[J]. International Journal of Production Economics，118（1）：269-274.

Jammernegg W，Kischka P. 2013. Risk preferences of a newsvendor with service and loss constraints[J]. International Journal of Production Economics，143（2）：410-415.

Janssen L，Claus T，Sauer J. 2016. Literature review of deteriorating inventory models by key topics from 2012 to 2015[J]. International Journal of Production Economics，182：86-112.

Jia J，Zhao H. 2017. Mitigating the U.S. drug shortages through pareto-improving contracts[J]. Production and Operations Management，26（8）：1463-1480.

Kamburowski J. 2014. The distribution-free newsboy problem under the worst-case and best-case scenarios[J]. European Journal of Operational Research，237（1）：106-112.

Karaesmen I Z，Scheller-Wolf A，Deniz B. 2011. Managing perishable and aging inventories：review and future research directions[M]//Kempf K G，Keskinocak P，Uzsoy R. Planning Production and Inventories in The Extended Enterprise. New York：Springer：393-436.

Karimi-Nasab M，Konstantaras I. 2013. An inventory control model with stochastic review interval and special sale offer[J]. European Journal of Operational Research，227（1）：81-87.

Kendall K E，Lee S M. 1980. Formulating blood rotation policies with multiple objectives[J]. Management Science，26（11）：1145-1157.

Keskin N B，Li Y X，Song J S. 2022. Data-driven dynamic pricing and ordering with perishable inventory in a changing environment[J]. Management Science，68（3）：1938-1958.

Khouja M. 1999. The single-period（news-vendor）problem：literature review and suggestions for future research[J]. Omega，27（5）：537-553.

Klibi W，Ichoua S，Martel A. 2018. Prepositioning emergency supplies to support disaster relief：a case study using stochastic programming[J]. INFOR：Information Systems and Operational Research，56（1）：50-81.

Koschate-Fischer N，Stefan I V，Hoyer W D. 2012. Willingness to pay for cause-related marketing：the impact of donation amount and moderating effects[J]. Journal of Marketing Research，49（6）：910-927.

Koudstaal M，Sloof R，van Praag M. 2016. Risk，uncertainty，and entrepreneurship：evidence from a lab-in-the-field experiment[J]. Management Science，62（10）：2897-2915.

Kovács G，Spens K M. 2007. Humanitarian logistics in disaster relief operations[J]. International Journal of Physical Distribution & Logistics Management，37（2）：99-114.

Kraft T，Valdés L，Zheng Y C. 2018. Supply chain visibility and social responsibility：investigating consumers' behaviors and motives[J]. Manufacturing & Service Operations Management，

20（4）：617-636.

Krishna A，Rajan U. 2009. Cause marketing：spillover effects of cause-related products in a product portfolio[J]. Management Science，55（9）：1469-1485.

Leszczyc P T L P，Rothkopf M H. 2010. Charitable motives and bidding in charity auctions[J]. Management Science，56（3）：399-413.

Li J P，Bao C B，Wu D S. 2018. How to design rating schemes of risk matrices：a sequential updating approach[J]. Risk Analysis，38（1）：99-117.

Li Q，Yu P W，Wu X L. 2016. Managing perishable inventories in retailing：replenishment，clearance sales，and segregation[J]. Operations Research，64（6）：1270-1284.

Liang L，Wang X H，Gao J G. 2012. An option contract pricing model of relief material supply chain[J]. Omega，40（5）：594-600.

Liao Y，Banerjee A，Yan C Y. 2011. A distribution-free newsvendor model with balking and lost sales penalty[J]. International Journal of Production Economics，133（1）：224-227.

Liu F，Song J S，Tong J D. 2016. Building supply chain resilience through virtual stockpile pooling[J]. Production and Operations Management，25（10）：1745-1762.

Liu K L，Liu C C，Xiang X，et al. 2023. Testing facility location and dynamic capacity planning for pandemics with demand uncertainty[J]. European Journal of Operational Research，304（1）：150-168.

Liu T Q，Saldanha-da-Gama F，Wang S M，et al. 2022. Robust stochastic facility location：sensitivity analysis and exact solution[J]. INFORMS Journal on Computing，34（5）：2776-2803.

Liu Y，Tian J，Feng G Z，et al. 2019. A relief supplies purchasing model via option contracts[J]. Computers & Industrial Engineering，137：106009.

Liu Z C，Rexachs D，Epelde F，et al. 2017. A simulation and optimization based method for calibrating agent-based emergency department models under data scarcity[J]. Computers & Industrial Engineering，103：300-309.

Liu Z G，Li X Y，Durrani D K. 2021. Generating evacuation task plans for community typhoon emergencies：an integration of case-driven and model-driven approaches[J]. Operational Research，21：745-774.

Lodree E J，Jr. 2011. Pre-storm emergency supplies inventory planning[J]. Journal of Humanitarian Logistics and Supply Chain Management，1（1）：50-77.

Manopiniwes W，Irohara T. 2017. Stochastic optimisation model for integrated decisions on relief supply chains：preparedness for disaster response[J]. International Journal of Production Research，55（4）：979-996.

Martin G E. 1994. Note on an EOQ model with a temporary sale price[J]. International Journal of Production Economics，37（2/3）：241-243.

McCoy J H，Brandeau M L. 2011. Efficient stockpiling and shipping policies for humanitarian relief：UNHCR's inventory challenge[J]. OR Spectrum，33（3）：673-698.

Meng Q C，Guo Y，Zhao P X，et al. 2017. Optimization and simulation for airport emergency inventory with replacement[J]. International Journal of Simulation Modelling, 16（1）: 133-144.

Mete H O, Zabinsky Z B. 2010. Stochastic optimization of medical supply location and distribution in disaster management[J]. International Journal of Production Economics, 126（1）: 76-84.

Milofsky C, Oster S M. 1997. Strategic management for nonprofit organizations: theory and cases[J]. The Academy of Management Review, 22（2）: 568.

Mohammadi R, Ghomi S M T F, Jolai F. 2016. Prepositioning emergency earthquake response supplies: a new multi-objective particle swarm optimization algorithm[J]. Applied Mathematical Modelling, 40（9/10）: 5183-5199.

Nahmias S. 1975. Optimal ordering policies for perishable inventory—II[J]. Operations Research, 23（4）: 735-749.

Nahmias S. 1982. Perishable inventory theory: a review[J]. Operations Research, 30（4）: 680-708.

Nahmias S. 2011. Perishable Inventory Systems[M]. New York: Springer.

Najafi M, Eshghi K, Dullaert W. 2013. A multi-objective robust optimization model for logistics planning in the earthquake response phase[J]. Transportation Research Part E: Logistics and Transportation Review, 49（1）: 217-249.

Nan X L, Heo K. 2007. Consumer responses to corporate social responsibility（CSR）initiatives: examining the role of brand-cause fit in cause-related marketing[J]. Journal of Advertising, 36（2）: 63-74.

Ng M W, Szeto W Y, Waller S T. 2011. Distribution-free travel time reliability assessment with probability inequalities[J]. Transportation Research Part B: Methodological, 45（6）: 852-866.

Ni W J, Shu J, Song M. 2018. Location and emergency inventory pre-positioning for disaster response operations: min-max robust model and a case study of Yushu earthquake[J]. Production and Operations Management, 27（1）: 160-183.

Nikkhoo F, Bozorgi-Amiri A, Heydari J. 2018. Coordination of relief items procurement in humanitarian logistic based on quantity flexibility contract[J]. International Journal of Disaster Risk Reduction, 31: 331-340.

Noyan N. 2012. Risk-averse two-stage stochastic programming with an application to disaster management[J]. Computers & Operations Research, 39（3）: 541-559.

Noyan N, Balcik B, Atakan S. 2016. A stochastic optimization model for designing last mile relief networks[J]. Transportation Science, 50（3）: 1092-1113.

Nurmala N, de Vries J, de Leeuw S. 2018. Cross-sector humanitarian-business partnerships in managing humanitarian logistics: an empirical verification[J]. International Journal of Production Research, 56（21）: 6842-6858.

Ozguven E E, Ozbay K. 2013. A secure and efficient inventory management system for disasters[J]. Transportation Research Part C: Emerging Technologies, 29: 171-196.

Ozguven E E, Ozbay K. 2014. Emergency inventory management for disasters: a review[J]. Journal of Emergency Management, 12（4）: 269-286.

Ozguven E E, Ozbay K. 2015. An RFID-based inventory management framework for emergency relief operations[J]. Transportation Research Part C: Emerging Technologies, 57: 166-187.

Özdamar L, Ertem M A. 2015. Models, solutions and enabling technologies in humanitarian logistics[J]. European Journal of Operational Research, 244 (1): 55-65.

Paul J A, MacDonald L. 2016. Location and capacity allocations decisions to mitigate the impacts of unexpected disasters[J]. European Journal of Operational Research, 251 (1): 252-263.

Petruzzi N C, Dada M. 1999. Pricing and the newsvendor problem: a review with extensions[J]. Operations Research, 47 (2): 183-194.

Piff P K, Kraus M W, Côté S, et al. 2010. Having less, giving more: the influence of social class on prosocial behavior[J]. Journal of Personality and Social Psychology, 99 (5): 771-784.

Qin Y, Wang R X, Vakharia A J, et al. 2011. The newsvendor problem: review and directions for future research[J]. European Journal of Operational Research, 213 (2): 361-374.

Rabbani M, Manavizadeh N, Samavati M, et al. 2015. Proactive and reactive inventory policies in humanitarian operations[J]. Uncertain Supply Chain Management, 3 (3): 253-272.

Rawls C G, Turnquist M A. 2010. Pre-positioning of emergency supplies for disaster response[J]. Transportation Research Part B: Methodological, 44 (4): 521-534.

Rawls C G, Turnquist M A. 2011. Pre-positioning planning for emergency response with service quality constraints[J]. OR Spectrum, 33 (3): 481-498.

Rezaei-Malek M, Tavakkoli-Moghaddam R, Zahiri B, et al. 2016. An interactive approach for designing a robust disaster relief logistics network with perishable commodities[J]. Computers & Industrial Engineering, 94: 201-215.

Richardson D A, de Leeuw S, Dullaert W. 2016. Factors affecting global inventory prepositioning locations in humanitarian operations: a delphi study[J]. Journal of Business Logistics, 37 (1): 59-74.

Robinson S R, Irmak C, Jayachandran S. 2012. Choice of cause in cause-related marketing[J]. Journal of Marketing, 76 (4): 126-139.

Rockafellar R T, Uryasev S. 2000. Optimization of conditional value-at-risk[J]. The Journal of Risk, 2 (3): 21-41.

Rockafellar R T, Uryasev S. 2002. Conditional value-at-risk for general loss distributions[J]. Journal of Banking & Finance, 26 (7): 1443-1471.

Rodríguez-Pereira J, Balcik B, Rancourt M È, et al. 2021. A cost-sharing mechanism for multi-country partnerships in disaster preparedness[J]. Production and Operations Management, 30 (12): 4541-4565.

Roni M S, Jin M Z, Eksioglu S D. 2015. A hybrid inventory management system responding to regular demand and surge demand[J]. Omega, 52: 190-200.

Saadatseresht M, Mansourian A, Taleai M. 2009. Evacuation planning using multiobjective evolutionary optimization approach[J]. European Journal of Operational Research, 198: 305-314.

Salehi F, Mahootchi M, Husseini S M M. 2019. Developing a robust stochastic model for designing a blood supply chain network in a crisis: a possible earthquake in Tehran[J]. Annals of

Operations Research, 283: 679-703.

Salmerón J, Apte A. 2010. Stochastic optimization for natural disaster asset prepositioning[J]. Production and Operations Management, 19 (5): 561-574.

Savard G, Gauvin J. 1994. The steepest descent direction for the nonlinear bilevel programming problem[J]. Operations Research Letters, 15 (5): 265-272.

Scarf H E. 1957. A min-max solution of an inventory problem[M]//Arrow K J, Karlin S, Scarf H. Studies in the Mathematical Theory of Inventory and Production. Stanford: Stanford University Press: 201-209.

Schmidt C P, Nahmias S. 1985. (S−1, S) policies for perishable inventory[J]. Management Science, 31 (6): 719-728.

Schulz S F, Blecken A. 2010. Horizontal cooperation in disaster relief logistics: benefits and impediments[J]. International Journal of Physical Distribution & Logistics Management, 40 (8/9): 636-656.

Shamsi G N, Ali Torabi S, Shakouri G H. 2018. An option contract for vaccine procurement using the SIR epidemic model[J]. European Journal of Operational Research, 267 (3): 1122-1140.

Shen Z, Dessouky M, Ordonez F. 2011a. Perishable inventory management system with a minimum volume constraint[J]. Journal of the Operational Research Society, 62 (12): 2063-2082.

Shen Z J M, Zhan R L, Zhang J W. 2011b. The reliable facility location problem: formulations, heuristics, and approximation algorithms[J]. INFORMS Journal on Computing, 23(3): 470-482.

Sheu J B. 2007a. A coordinated reverse logistics system for regional management of multi-source hazardous wastes[J]. Computers & Operations Research, 34 (5): 1442-1462.

Sheu J B. 2007b. An emergency logistics distribution approach for quick response to urgent relief demand in disasters[J]. Transportation Research Part E: Logistics and Transportation Review, 43 (6): 687-709.

Shi C G, Lu J, Zhang G Q. 2005. An extended Kuhn-Tucker approach for linear bilevel programming[J]. Applied Mathematics and Computation, 162 (1): 51-63.

Shi C G, Lu J, Zhang G Q, et al. 2006. An extended branch and bound algorithm for linear bilevel programming[J]. Applied Mathematics and Computation, 180 (2): 529-537.

Singh J, Teng N N, Netessine S. 2019. Philanthropic campaigns and customer behavior: field experiments on an online taxi booking platform[J]. Management Science, 65 (2): 913-932.

Skorupski J. 2016. The simulation-fuzzy method of assessing the risk of air traffic accidents using the fuzzy risk matrix[J]. Safety Science, 88: 76-87.

Snyder L V, Atan Z, Peng P, et al. 2016. OR/MS models for supply chain disruptions: a review[J]. IIE Transactions, 48 (2): 89-109.

Sodhi M S, Tang C S. 2022. Rethinking the US strategic national stockpile for future pandemics with inventory, capacity, and capability[M]//Khan O, Huth M, Zsidisin G A, Henke M. Supply Chain Resilience. Cham: Springer: 191-209.

Stauffer J M, Kumar S. 2021. Impact of incorporating returns into pre-disaster deployments for rapid-onset predictable disasters[J]. Production and Operations Management, 30 (2): 451-474.

Taleizadeh A A, Mohammadi B, Cárdenas-Barrón L E, et al. 2013. An EOQ model for perishable product with special sale and shortage[J]. International Journal of Production Economics, 145 (1): 318-338.

Tang P, Shen G Q. 2015. Decision-making model to generate novel emergency response plans for improving coordination during large-scale emergencies[J]. Knowledge-Based Systems, 90: 111-128.

Taylor T A. 2002. Supply chain coordination under channel rebates with sales effort effects[J]. Management Science, 48 (8): 992-1007.

Tofighi S, Torabi S A, Mansouri S A. 2016. Humanitarian logistics network design under mixed uncertainty[J]. European Journal of Operational Research, 250 (1): 239-250.

Toregas C, Swain R, ReVelle C, et al. 1971. The location of emergency service facilities[J]. Operations Research, 19 (6): 1363-1373.

Toyasaki F, Arikan E, Silbermayr L, et al. 2017. Disaster relief inventory management: horizontal cooperation between humanitarian organizations[J]. Production and Operations Management, 26 (6): 1221-1237.

Tucker E L, Daskin M S, Sweet B V, et al. 2020. Incentivizing resilient supply chain design to prevent drug shortages: policy analysis using two-and multi-stage stochastic programs[J]. IISE Transactions, 52 (4): 394-412.

Upadhyay A, Mukhuty S, Kumari S, et al. 2022. A review of lean and agile management in humanitarian supply chains: analysing the pre-disaster and post-disaster phases and future directions[J]. Production Planning & Control, 33 (6/7): 641-654.

Vairaktarakis G L. 2000. Robust multi-item newsboy models with a budget constraint[J]. International Journal of Production Economics, 66 (3): 213-226.

van Mieghem J A. 2003. Commissioned paper: capacity management, investment, and hedging: review and recent developments[J]. Manufacturing & Service Operations Management, 5 (4): 269-302.

van Wassenhove L N. 2006. Humanitarian aid logistics: supply chain management in high gear[J]. Journal of the Operational Research Society, 57 (5): 475-489.

Varadarajan P R, Menon A. 1988. Cause-related marketing: a coalignment of marketing strategy and corporate philanthropy[J]. Journal of Marketing, 52 (3): 58-74.

Wang X H, Fan Y, Liang L, et al. 2019. Augmenting fixed framework agreements in humanitarian logistics with a bonus contract[J]. Production and Operations Management, 28 (8): 1921-1938.

Wang X H, Li F, Liang L, et al. 2015. Pre-purchasing with option contract and coordination in a relief supply chain[J]. International Journal of Production Economics, 167: 170-176.

Wang X H, Wu Y F, Liang L, et al. 2016. Service outsourcing and disaster response methods in a relief supply chain[J]. Annals of Operations Research, 240 (2): 471-487.

Wanke P F. 2008. The uniform distribution as a first practical approach to new product inventory management[J]. International Journal of Production Economics，114（2）：811-819.

Wee H M，Yu J. 1997. A deteriorating inventory model with a temporary price discount[J]. International Journal of Production Economics，53（1）：81-90.

Whybark D C. 2007. Issues in managing disaster relief inventories[J]. International Journal of Production Economics，108（1/2）：228-235.

Wood D F，Barone A，Murphy P，et al. 1995. The logistics of famine relief[M]// Murphy P，Wood D F，Wardlow D L，et al. International Logistics. New York：Springer：325-338.

Wu M，Zhu S X，Teunter R H. 2013. The risk-averse newsvendor problem with random capacity[J]. European Journal of Operational Research，231（2）：328-336.

Yadavalli V S S，Sundar D K，Udayabaskaran S. 2015. Two substitutable perishable product disaster inventory systems[J]. Annals of Operations Research，233（1）：517-534.

Ye Y S，Jiao W，Yan H. 2020. Managing relief inventories responding to natural disasters：gaps between practice and literature[J]. Production and Operations Management，29（4），807-832.

Yi W，Özdamar L. 2007. A dynamic logistics coordination model for evacuation and support in disaster response activities[J]. European Journal of Operational Research，179：1177-1193.

Yue J F，Chen B T，Wang M C. 2006. Expected value of distribution information for the newsvendor problem[J]. Operations Research，54（6）：1128-1136.

Yue J F，Wang M C，Chen B T. 2007. Mean-range based distribution-free procedures to minimize "overage" and "underage" costs[J]. European Journal of Operational Research，176（2）：1103-1116.

Zhang C，Atasu A，Ayer T，et al. 2020. Truthful mechanisms for medical surplus product allocation[J]. Manufacturing & Service Operations Management，22：735-753.

Zhang C，Ayer T，White III C C. 2023a. Truncated balancing policy for perishable inventory management：combating high shortage penalties[J]. Manufacturing & Service Operations Management，25（6）：2352-2370.

Zhang C，Ayer T，White III C C，et al. 2023b. Inventory sharing for perishable products：application to platelet inventory management in hospital blood banks[J]. Operations Research，71：1756-1776.

Zhang L，Tian J，Fung R Y K，et al. 2019. Materials procurement and reserves policies for humanitarian logistics with recycling and replenishment mechanisms[J]. Computers & Industrial Engineering，127：709-721.

Zhao Y X，Wang S Y，Cheng T C E，et al. 2010. Coordination of supply chains by option contracts：a cooperative game theory approach[J]. European Journal of Operational Research，207（2）：668-675.

Zhou Q S，Olsen T L. 2017. Inventory rotation of medical supplies for emergency response[J]. European Journal of Operational Research，257：810-821.

Zhou Q S，Olsen T L. 2018. Rotating the medical supplies for emergency response：a simulation based approach[J]. International Journal of Production Economics，196：1-11.

后　记

行文及此，落笔思源。应急管理学是一门具有严密思想体系与鲜明实践导向的应用学科。在拙著撰写过程中，作者深感学无止境。本书的付梓离不开各位前辈、老师的大力指导和帮助，谨在此献上我衷心的感谢。

在此感谢山东大学学术团队戎晓霞、赵培忻、张江华、于国栋、包春兵教授，以及薛小乐、谢磊、郑钦月副教授等老师的贡献和指导意见，在反复的讨论和修改过程中，帮助把握本书整体框架、研究内容主线、研究方法合理性。团队老师学术成绩斐然，严肃谨慎，满腔热血且积极向上。"师者，所以传道授业解惑也"，大抵如此。感谢一众热爱科研与生活的研究生，探讨学术、合作学习、教学相长、共同进步，怀揣着乐观、执着、勇气和血气方刚，使科研工作生活充满真挚的热情和友情。

在从事应急管理相关研究过程中，感谢诸多专家学者的帮助！日本工程院外籍院士、东京理科大学施建明教授，中国科学院科技战略咨询研究院徐伟宣研究员、池宏研究员，中国科学院自动化研究所曹志冬研究员，四川大学余乐安教授，中国科学技术大学魏玖长教授，中国科学院大学李建平教授、田歆教授，杜克大学张灿副教授，国防科学大学吕欣教授，中国人民大学潘伟教授，山东省安全生产技术服务中心田勇主任，山东师范大学刘希玉教授、马英红教授、夏同水教授等，为相关研究提出了建设性意见，结合国内外应急管理实践的成功经验和教训，指出了应急管理实践中亟待解决的科学问题。同时，感谢国家粮食和物资储备局科学研究院杨玉莘博士对应急物资储备实践问题的启发性意见。

感谢科学出版社编辑李嘉老师和各位出版社工作者的精心编审。还要感谢经常奋战在一线的应急管理救援人员，包括消防员、军人、部门工作人员、志愿者等，他们每一次的全力以赴和负重前行，均为应急管理事业贡献了宝贵的力量。最后，恳请各位读者批评指正，谨致谢忱。